生活保護ハンドブック

「生活保護手帳」を読みとくために

池谷秀登　[著]

日本加除出版株式会社

はじめに

　現在の生活保護行政は様々な課題を持ち，その評価も厳しいものがあるように思われます。しかし，生活保護行政の現場状況は一般にはあまり知られていないだけでなく，生活保護決定の根拠とされる各種通知等についてもケースワーカーによっては十分に理解されていないように感じます。

　そこで，本書は生活保護ケースワーカー，病院・施設や地域等の生活保護の関係機関等の方を対象として生活保護行政の実態を踏まえて，その運用について検討を行うこととしました。現在の福祉事務所では経験年数の浅いケースワーカーが増えていますから，新人ケースワーカーでも理解が容易な記述としました。

【生活保護行政の重層構造】

　生活保護行政の現場では，住民や要保護者が生活に困り途方に暮れていたときにケースワーカーの支援で問題が改善，解決する場合や，難しい支援ではあっても要保護者の生活課題が解決することでケースワーカーの達成感，仕事の充実感を得ることができる場合が日常的にあります。しかし一方で，相談に行ったのにプライバシーを根掘り葉掘り聞かれた挙句に「冷たい対応」をされたと感じる住民もいるように思われます。

　このように様々な形で住民と直接関わるのはケースワーカーであることから，生活保護行政はケースワーカーと要保護者の関係だけで行われているように見られることが多いと思われます。

　しかし，生活保護行政は生活保護法に基づいた制度運用ですから，ケースワーカーだけで生活保護行政が行われるわけではありません。公務員としてのケースワーカーは行政組織としての福祉事務所内外で行政機関との関係性をもちます。福祉事務所内部の関係としては，所長と査察指導員，ケースワーカーの関係とともに，査察指導員とケースワーカーの関係があり，福祉事務所外部では都道府県等の本庁や厚生労働省との関係もあります。

はじめに

　これらの重層的な関係により生活保護行政の枠組みが作られ，この枠組みの中で生活保護行政が動いているのです。つまり，行政組織間，行政内部での立場，職責，役割の違いからくる協同と「対立」があるのです。

【実施要領，通知と「生活保護手帳」】
　この枠組みで生活保護行政を貫くものとしてあるものが，「生活保護手帳」に整理されている実施要領と呼ばれている各種通知類です。「生活保護手帳」は市販され福祉事務所に配備されており，ケースワーカーはそれに沿って生活保護行政を実施しますが，多くのケースワーカーにとり「生活保護手帳」を体系的に学ぶ機会はありません。
　新人ケースワーカーの中には「生活保護手帳」を持ち帰る人もいますが，その内容から通読して理解することは難しいと思われます。この他にも『生活保護関係法令通知集』が毎年度発刊されていますが，「生活保護手帳」以上にその理解は難しいと思います。
　研修についても，ケースワーカーの日常業務の忙しさと自治体の力量から研修体制が不十分な場合もあるように思います。するとケースワーカーの仕事の習得方法は，日常業務の中での先輩からの助言，指導が中心となりますが，これは先輩からの属人的，口伝的業務習得であり，その内容は教えてくれる先輩次第ということとなります。そこで，扶助費の支給の可否や要保護者への対応を質問しても，先輩や上司により言うことが異なるという事態が生じます。
　まじめなケースワーカーであるほどこのストレスは大きなものとなり，結局どのように生活保護行政を学べばよいのか分からないという問題にもなります。
　また，このような問題はケースワーカーだけではなく，病院や施設等の関係機関職員からも，同様の事案にもかかわらず，福祉事務所やケースワーカーにより判断が異なるという指摘や，被保護者からも担当ケースワーカーが交代すると対応が異なるとの訴えも生じています。

はじめに

【本書の目的・特徴】

　筆者は大学卒業後，東京都板橋区に採用され福祉事務所に配属されました。その後32年間にわたり福祉事務所間の異動を繰り返し，ケースワーカー，査察指導員を行ってきました。

　その中で感じていたのは，ケースワーカーが「生活保護手帳」を学ぶ上での適した本が少ないことでした。生活保護行政では，「生活保護手帳」に登載されている実施要領の理解とその運用が必要ですが，なかなか分かりにくいところです。また実施要領は法律ではなく，行政解釈ですから変更（改正）が頻繁に行われます。

　そこで，本書では福祉事務所の現場の実情を踏まえて，生活保護法や各種通知等を基に，生活保護行政の運用を理解することを目的としました。その趣旨から，本書では「生活保護手帳」「生活保護手帳　別冊問答集」を中心におき，また引用文書，参照文書の多くを行政文書，行政統計とするとともに，厚生労働省（厚生省）の担当者の文書などを参考としています。その上で課題や問題点に対する生活保護行政の考え方の変遷を整理しました。また，実施要領の地方自治体による運用の現状をみるために，筆者も編集に携わった東京都福祉保健局「生活保護運用事例集」の問答を紹介しました。

　本書では，読みやすさを考え条文や通知類について，その都度「生活保護手帳」等に当たらなくともよいように掲載をするとともに，小山進次郎『生活保護法の解釈と運用』など現在でも大きな影響があるにもかかわらず，入手しにくい文献についても本文で紹介，引用をしました。

　生活保護行政の外部からの評価として裁判例についての検討も行っています。これは，ケースワーカーが行った処分が裁判になり，場合によっては違法とされることがあるからです。裁判所が生活保護法や通知等をどのように考えたのかが参考になるものと思われます。

【本書の構成】

　本書は次の三部構成としています。「第1編　生活保護を実施する組織」では生活保護行政を担う福祉事務所，ケースワーカーについてその存在理由

と何が求められているのかということ，更に，現在の福祉事務所やケースワーカーの問題点について検討をしました。生活保護行政の理解に当たって，福祉事務所やケースワーカーの厳しい現状についての認識は不可欠と考えたからです。

「第2編　生活保護の原理」では生活保護法の原理に関わる実務上の問題点について検討を行いました。多くのケースワーカーは実務上の問題が生じたときに該当通知を調べることはあっても，法の原理に遡り通知を学ぶ機会が少ないと考えられるからです。

「第3編　生活保護行政の課題」では，重要であるにもかかわらずあまり整理されず，トラブルが生じやすいと考えられる課題について検討を行いました。「現在進行形」の問題もあり解決が難しく問題の所在を明らかにしただけのものもあります。

【生活保護行政のコツ】

本書執筆にあたり，私見では生活保護法の趣旨からは疑問と考えられる通知類の評価について悩みました。この扱いをどのようにするのかで行きつ戻りつしましたが，本書をケースワーカーを中心とした現場の人たちが活用することを考え，通知の変遷や厚生労働省（厚生省）による趣旨を中心に据えることとしました。その上で若干のコメント，問題点の指摘等を行っています。

筆者がケースワーカーになった当初とまどったのは，通知の扱いについてでした。要保護者の状況は様々であり，通知が要保護者の状況にストレートに合致するものだけではなく，該当通知と思われものを適用すると要保護者の実情に合わない結果が生じることもあります。

このことについてしばらく悩み，考えましたが「生活保護手帳　別冊問答集」（1979年版）掲載の厚生省保護課長名の「はじめに」に回答がありました。そこでは，「生々しい現実の事例にこれを機械的にあてはめ性急な結論を導くことは厳に慎まなければならない」「個々のケースのかかえている問題の答えは，まさに生きたケースが持っている具体的事実のなかからしか見出すことのできないものである」「具体的な事例について諸々の条件を念入りに

はじめに

分析し，委ねられた権限の中で真に妥当な決定をしなければならない」というものでした（現在も文言は変わっていますが趣旨は同じと思います。）。

つまり，生活保護手帳や別冊問答集に「使われる」のではなく，生活保護法の理念に基づき要保護者の実態に合わせて「使いこなす」ことが生活保護行政のコツなのです。そのためには，生活保護手帳や各種通知をきちんと読むことを先輩から教わりました。

このことが理解できてからケースワーカーの仕事は，厳しいことはあっても人を助けることのできるやり甲斐のある仕事と感じるようになりました。これが，生活保護行政に携わる皆さんに本書で伝えたいことのひとつです。

「生活保護手帳」を理解する上で本書が一助になれば幸いです。

＊　　＊　　＊

本書は，これまで様々な場で多くの方々から筆者にいただいたご指導，ご教示，ご指摘の積み重ねの成果であることは言うまでもありません。とりわけ菊池馨実先生（早稲田大学法学学術院教授）には筆者が社会人として大学院入学時から現在に至るまでご指導いただいております。菊池先生のご指導がなければ大学に移籍することもなく本書も世に出ることはなかったと思います。感謝申し上げます。また，岡部卓先生（首都大学東京都市教養学部教授）にはケースワーカーの頃から様々なご指導をいただきました。ありがとうございます。本書刊行に当たり田川英信さん（世田谷区玉川福祉事務所）からは貴重なアドバイスをいただきました。御礼申し上げます。

日本加除出版の渡邊宏美さん，牧陽子さんにも大変お世話になりました。毎回約束どおりに原稿ができていないにも関わらず，笑顔で丁寧に助言をしていただきました。編集者とケースワーカーとは共通のものがあるのかもしれません。お二人がいなければ本書は完成しませんでした。ありがとうございました。

2017年1月

池　谷　秀　登

凡　例

[法　令]
　文中に掲げる法令については，主に以下の略語を用いました。

法　　　→　生活保護法（昭和25年5月4日法律第144号）
旧法　　→　旧生活保護法（昭和21年9月9日法律第17号）
社福法　→　社会福祉法

[判例・出典略語]
　判例・出典については，主に以下の略記法・略称を用いました。

民集　→　最高裁判所民事判例集
判タ　→　判例タイムズ
判時　→　判例時報

[文献等略語]
木村『社会福祉事業法の解説』
　　木村忠二郎『社会福祉事業法の解説』（時事通信社，1951年）
木村『生活保護法の実務』
　　木村忠二郎『生活保護法の実務』（時事通信社，1951年）
木村『改正生活保護法の解説』
　　木村忠二郎『改正生活保護法の解説』（時事通信社，1950年）
小山『生活保護法の解釈と運用（改訂増補）』
　　小山進次郎『生活保護法の解釈と運用』
　　　　　　　　　　　　　　　　（中央社会福祉協議会，改訂増補，1951年）
田中『生活保護の査察指導（試論）―現業活動の手引―』
　　田中明『生活保護の査察指導（試論）―現業活動の手引―』

凡 例

(社会福祉調査会，1975年)

『生活保護手帳』(中央法規出版)

『生活保護手帳　別冊問答集』(中央法規出版)

『新福祉事務所運営指針』

　　厚生省社会局庶務課監修『新福祉事務所運営指針』

(全国社会福祉協議会，1971年)

『福祉事務所運営指針』

　　厚生省社会局庶務課編『福祉事務所運営指針』

(全国社会福祉協議会連合会，1953年)

「東京都生活保護運用事例集（平成27年度修正版＜反映版＞)」

　　東京都福祉保健局「東京都生活保護運用事例集2013

(平成27年度修正版＜反映版＞)」

[告示・通知略語]

　　以下の告示・通知については，主に以下の略号・略記を用いました。

○生活保護法による保護の基準（昭和38年4月1日厚生省告示第158号)

　　改正　平成28年3月31日厚生労働省告示第176号による改正まで

　　→　厚生労働省告示　又は　**告**

○生活保護法による保護の実施要領について

（昭和36年4月1日厚生省発社第123号　厚生事務次官通知)

　　改正　平成28年3月31日厚生労働省発社援0331第2号による改正まで

　　→　事務次官通知　又は　**次**

○生活保護法による保護の実施要領について

（昭和38年4月1日社発第246号厚生省社会局長通知)

　　改正　平成28年5月31日社援発0531第14号による改正まで

　　→　社会・援護局長通知　又は　**局**

凡　例

○生活保護法による保護の実施要領の取扱いについて
（昭和38年4月1日社保第34号　厚生省社会局保護課長通知）
　　改正　平成28年5月31日社援保発0531第1号による改正まで
　→　保護課長通知　又は　**課**

○生活保護問答集について
（平成21年3月31日厚生労働省社会・援護局保護課長事務連絡）
　→　生活保護問答集　又は　**問**

○本書中，『生活保護手帳』『生活保護手帳　別冊問答集』に収録されている各種通知等を引用している箇所については，冒頭にそれぞれ　保護手帳　別冊問答集　と示した上で，通知等の種別・見出し番号等を掲示した。

○木村
　→　木村忠二郎　生活保護法制定時の厚生省社会局長

○小山
　→　小山進次郎　生活保護法制定時の厚生省社会局保護課長

初出一覧

本書収録にあたり加筆，修正をしています。

「生活保護法における自立助長の現代的意義—惰民防止から社会福祉的支援の展開—」
　　　　　　　　早稲田大学大学院法研論集131～133号（2009～2010年）

「生活保護における急迫保護の急迫性—年金（恩給）担保貸付の保護要件と急迫性の判断を基に」
　　　　　　　　賃金と社会保障1615・1616合併号（2014年）

「生活保護行政の現代的課題『京都認知症母親殺人事件』の教訓は生かされたか」
　　　　　　　　社会福祉研究120号（2014年）

「高校生就労収入生活保護法78条事件（横浜地裁平27年3月11日判決，賃社1637号）から考える法78条適用の問題」
　　　　　　　　賃金と社会保障1646号（2015年）

「生活保護行政における就労支援とは」
　　池谷秀登編著『事例から考える就労支援の基礎
　　　　　　～生活保護行政とケースワーク～』（萌文社，2016年）

本書について

　本書は，科学研究費助成事業基盤研究（C）「生活保護適正化の検証—第一次適正化における福祉事務所の実態を基に—」（課題番号ＪＰ25380768）及び科学研究費助成事業基盤研究（C）「生活保護不正受給の実証的研究—不正受給の実態と福祉事務所実施体制の検証—」（課題番号ＪＰ16K04180）の研究成果の一部です。

　本書の大部分は書き下ろしですが，筆者がこれまで考えていたことを踏まえているため既発表論文や厚生労働省，自治体の各種研修・会議，研究会等での報告を基にして構成を変えたり書き直したものがあります。

目　次

第1編　生活保護を実施する組織

第1章　生活保護を実施する機関 …… 3
- 第1　福祉事務所と福祉事務所職員 …… 3
  - 1　福祉事務所 …… 3
  - 2　福祉事務所の職員 …… 4
  - 3　現業を行う所員（ケースワーカー） …… 5
  - 4　指導監督を行う所員（査察指導員） …… 7
  - 5　社会福祉主事 …… 10

第2章　生活保護受給者の状況 …… 12
- 第1　被保護者の増加とその背景 …… 12
  - 1　不十分な防貧施策を支えている生活保護制度 …… 12
  - 2　高齢社会を支える生活保護制度 …… 13
- 第2　貧困の質的側面 …… 14

第3章　ケースワーカーの仕事 …… 18
- 第1　対人援助の重要性と限界 …… 18
- 第2　経済給付とケースワーカーの姿勢 …… 20
- 第3　福祉事務所の業務の特色 …… 23
  - 1　迅速性 …… 24
  - 2　直接性 …… 24
  - 3　技術性 …… 27

第4章　福祉事務所の課題 …… 29
- 第1　社会福祉主事の現状と専門性 …… 29
- 第2　生活保護ケースワーカーの状況 …… 30
  - 1　社会福祉法による職員定数 …… 30
  - 2　増加する担当世帯数 …… 33

目次

3	経験年数	36
4	業務の質の複雑化	37
5	不祥事の発生	39

第5章 まとめ ……………………………………………… 43

第2編 生活保護の原理

第1章 なぜ原理を学ぶのか …………………………… 47
- 第1 実施要領，通知と法 ……………………………… 47
- 第2 生活保護法を理解する視点 ……………………… 48

第2章 生活保護法の目的 ……………………………… 51
- 第1 生活保護法の目的（法1条） …………………… 51
  - 法の目的 …………………………………………… 51
- 第2 国家責任 …………………………………………… 52
- 第3 最低生活の保障の意義 …………………………… 57
- 第4 自立の助長 ………………………………………… 58
  1 自立の助長とは，どのようなことか …………… 58
  2 自立助長をめぐる議論 …………………………… 63
  3 自立をどのように考えるのか …………………… 65
  4 自立助長の意味の変化とその背景 ……………… 66
  5 生活保護制度の在り方に関する専門委員会報告 …… 67
  6 生活困窮者自立支援法にみる自立 ……………… 70
  7 自立助長のまとめ ………………………………… 71
  8 裁判例にみる自立の考え方 ……………………… 73
  9 自立支援とケースワーカー ……………………… 75

第3章 無差別平等 ……………………………………… 77
- 第1 無差別平等の原理 ………………………………… 77
  - 欠格条項の撤廃 …………………………………… 77
- 第2 外国人の保護 ……………………………………… 79

	1	外国人についての生活保護行政の扱い	79
	2	外国人をめぐる裁判例	81
	3	現在の課題	85
	4	被保護外国人の状況	91

第4章　最低生活保障　96

第1　健康で文化的な最低限度の生活　96
1　要旨　96
2　保護の種類　101
3　特別基準　104

第5章　補足性の原理①～保護の要件　107

第1　補足性の原理の意味　107
1　補足性の原理とは　107
2　保護の要件　108

第2　利用し得る資産　108
1　不動産　111
2　家電製品等の生活用品　120
3　自動車　125
4　預貯金　141

第3　稼働能力の活用　148

第4　稼働能力活用要件　150
1　生活保護要件「稼働能力の活用」の判断基準とは　150
2　通知「稼働能力の活用」の難しさ　152
3　稼働能力の活用についての最近の裁判例　155
4　稼働能力活用の裁判例のまとめ　167
5　稼働能力活用要件のまとめ　169

第5　「あらゆるもの」とは　171

第6章　補足性の原理②～保護に優先　173

第1　優先の意味　173
第2　扶養問題の難しさ　176

目　次

　　第3　平成25年法改正と扶養 …………………………… 182
　　第4　扶養照会，扶養調査 ……………………………… 187
　　　1　扶養照会，調査の流れ …………………………… 188
　　　2　扶養に関する調査，照会の方法 ………………… 189
　　　3　まとめ ……………………………………………… 195
　　第5　生活保護の扶養問題 ……………………………… 197
第7章　補足性の原理③～急迫保護 ………………………… 199
　　第1　急迫保護の「急迫」の意味 ……………………… 199
　　第2　生活保護行政による急迫性判断の変遷 ………… 199
　　第3　裁判例による急迫性の判断 ……………………… 202
　　第4　急迫事由，急迫状況の判断基準 ………………… 204
　　第5　急迫した事由と急迫した状況の場面の問題 …… 206

第3編　生活保護行政の課題

第1章　申請保護の原則 ……………………………………… 211
　　第1　申請主義 …………………………………………… 211
　　第2　旧生活保護と現行法の保護請求権 ……………… 212
　　第3　申請できる者 ……………………………………… 216
　　第4　法24条申請による保護の開始 …………………… 218
　　第5　保護の申請は「非要式行為」…………………… 219
　　第6　法定期限 …………………………………………… 232
　　第7　みなし却下 ………………………………………… 234
　　第8　扶養義務者への通知 ……………………………… 235
　　第9　裁判例 ……………………………………………… 235
　　　1　相談申請時の福祉事務所対応の裁判例 ………… 235
　　　2　福祉事務所には生活保護申請権を侵害しない義務があるとされた裁判例 ………………………………… 237
　　第10　急迫時の保護 ……………………………………… 238

| 第11 | まとめ | 238 |

第2章 返還決定（法63条）と自立助長 241
- 第1　保護費の返還として法63条と法78条 241
- 第2　法63条の適用範囲 241
- 第3　法63条の返還額 244
  - 1　保護金品に相当する金額の範囲内 244
  - 2　「実施機関の定める額」とは 252
- 第4　最近の裁判例に見る法63条 262
  - 1　自立更生費の必要性の把握について 262
  - 2　申請時に申告していた年金の収入認定漏れの保護費の消費済みの扱い 265
- 第5　まとめ 268

第3章 不正受給（法78条）の課題 269
- 第1　はじめに 269
- 第2　法78条の「不実の申請その他不正な手段」の意味 270
- 第3　行政実務における法78条適用判断基準の変遷 272
  - 1　厚生（労働）省の当初の解説 272
  - 2　「生活保護行政を適正に運営するための手引」による法78条の判断基準 274
  - 3　「生活保護費の費用返還及び費用徴収決定の取扱い」通知 276
- 第4　法78条における高校生をめぐる行政実務の考え方の変遷 278
  - 1　高校生の就労収入の未申告とは 278
  - 2　生活保護指導監査方針における高校生への対応 279
  - 3　「生活保護新任査察指導員研修」における高校生の扱い 280
- 第5　小括～行政実務による法78条の判断について 281

目 次

　　第6　裁判例での法78条適用 ………………………… 282
　　第7　法78条の控除と返還免除 ……………………… 284
　　　1　本来の収入算定で収入認定額が生じない場合 …… 284
　　　2　法78条費用徴収金の返還免除 ………………… 287
　　　3　法78条の費用返還の性質 ……………………… 289
　　第8　徴収金と保護費との調整（法78条の２） …… 290
　　第9　不正受給とケースワーカー …………………… 293

第4章　就労支援
　　　　～生活保護行政における就労支援の意義 …… 295
　　第1　生活保護行政が就労支援を行うことの意味 …… 295
　　第2　「就労意欲が低い」ことを考える …………… 296
　　　1　「働けない」「働かない」とは ………………… 296
　　　2　支援のあり方 …………………………………… 297
　　第3　就労支援の難しさ ……………………………… 299
　　第4　生活保護行政の実践から学ぶ ………………… 301
　　第5　就労意欲の低い人への支援とは ……………… 302
　　第6　まとめ ………………………………………… 304

第5章　指導・指示・助言 ………………………………… 305
　　第1　ケースワーカーから被保護者への働きかけの根拠 … 305
　　第2　法27条の指導・指示 ………………………… 306
　　　1　指導と指示 ……………………………………… 306
　　　2　旧生活保護法との関係 ………………………… 307
　　第3　指導・指示とは ………………………………… 308
　　　1　口頭による指導，指示と文書による指導・指示 … 308
　　　2　最小限度の指導・指示 ………………………… 310
　　第4　指導・指示の範囲と内容 ……………………… 312
　　　1　保護受給中の指導・指示 ……………………… 313
　　　2　違法，不適切な内容の指導・指示 …………… 314
　　第5　指導・指示の手順 ……………………………… 317

1	口頭による法27条1項の指導・指示	317
2	文書による法27条の指導・指示	318
3	文書による指導・指示内容が履行されない場合	318
第6	不適正な指導・指示	319
第7	不利益処分は文書による指導・指示が必要	321
第8	指導・指示文書への記載内容	322
1	法27条の指導・指示文書への記載	322
2	適切な履行期間の設定	325
第9	弁明の機会の付与（法62条4項）	326
第10	不利益処分（保護の廃止, 停止, 変更）の妥当な程度	327
1	処分についての保護課長通知	328
2	裁判例	329
第11	法27条の性格	331
第12	法27条の2の相談, 助言	334
1	法27条の2の性格	334
2	法27条と法27条の2の境界	335

第6章 死後の生活保護 338

第1	葬祭扶助の歴史	338
1	救護法の埋葬	338
2	旧生活保護法の葬祭扶助	339
第2	葬祭扶助を行う者の有無と他法との関係	341
第3	葬祭を行う者	343
1	要否判定の有無	343
2	香典の扱い	344
第4	孤独死	348
第5	遺留金品	349
第6	相続財産管理人の選任による遺留金品の処理	351
第7	相続財産管理人の選任ができない遺留金の扱い	355
第8	地方自治体の提起	359

第1編 生活保護を実施する組織

第1章　生活保護を実施する機関

第1　福祉事務所と福祉事務所職員

　生活保護の目的とは，憲法25条の理念に基づき，国が生活に困窮する全ての国民に対し，その困窮の程度に応じ，必要な保護を行い，その最低限度の生活を保障するとともに，その自立を助長すること（生活保護法（以下，「法」という。）1条）とされています。すなわち，国の責任により国民に対して最低生活の保障と自立の助長を行うということです。

　それでは国民の生存権を保障する生活保護の実施を担う行政組織とは，どのような組織でしょうか。

1　福祉事務所

　法1条では「国」が必要な保護を行い，最低限度の生活保障と自立を助長すると規定されていますが，直接住民に対して生活保護の実施を行うのは国ではなく，知事，市区町村長の管理に属する地方自治体の「福祉に関する事務所」が行うこととなります（社会福祉法（以下，「社福法」という。）14条5項・6項）。

　都道府県，市，特別区は条例で福祉に関する事務所を設置しなくてはならず（社福法14条1項），町村は福祉に関する事務所を設置することができる（社福法14条3項）とされています。

　このように，住民に対して生活保護行政を実際に行うのは，地方自治体の行政組織となります。この行政組織は，社会福祉法[1]の規定では「福祉に関する事務所」と称され，都道府県，市，特別区は福祉に関する事務所の設置義務があり，町村は設置が任意となります。

---

1) 社会福祉事業法は1951（昭和26）年に制定されました。その後，再三の改正を経て2000（平成12）年に社会福祉法と題名が改正されました。本稿では特に断りのない限り，現行の社会福祉法の条文に基づきます。

第1編　生活保護を実施する組織

　「福祉に関する事務所」を一般に「福祉事務所」と呼んでいますが，これは当初より「通知名」として用いられていました[2]。この通知本文では「福祉に関する事務所（以下，「福祉事務所」という。）」としていますが，名称は各自治体が条例で規定できるとしています。

　その理由について，生活保護法制定時の厚生省社会局長・木村忠二郎によると，大阪，京都，名古屋，横浜，神戸の五大市では既に「民生安定所」という名称を設けていること，社会福祉の権限を地方の事情に応じて与えてもよいことなどから，通称としては福祉事務所の名称を用いることとし，名称は地方で自由につけることができることにしたと説明されています[3]。

　また，厚生省社会局庶務課が福祉事務所の「運営の道標ともいうべき」ものとして1953（昭和28）年に発刊した『福祉事務所運営指針』では，「福祉に関する事務所」について，名称は自由ですが，できるだけ福祉事務所の名称を使うことが望ましいと次のように述べています。

　「社会福祉事業法は，福祉事務所について単に『福祉に関する事務所』と規定するだけで固有名詞としての『福祉事務所』という名称を用いていないので，その名称は地方の実情に応じ自由につけることができるようになっている。しかし，福祉三法において福祉事務所という名称を用いていることからいっても，独立組織の場合においては，できるだけ福祉事務所という名称に統一することが望ましい」[4]。

　本書では，生活保護を実施する「福祉に関する事務所」の呼び方を，現在一般に使用されている福祉事務所とします。

2　福祉事務所の職員

　福祉事務所の職員には，「所の長」のほか「指導監督を行う所員」「現業を行う所員」「事務を行う所員」を置かなくてはならないこととされ（社福法15

2）昭和26年厚生省社会局長通知（社乙発第104号）「福祉地区及び福祉事務所設置条例（準則）について」
3）木村『社会福祉事業法の解説』53頁
4）『福祉事務所運営指針』14頁

条1項)、それぞれの職務は次のように規定されています（社福法15条2項～5項）。

・所の長
　都道府県知事又は市町村長（特別区の区長を含む。）の指揮監督を受けて、所務を掌理する。
・指導監督を行う所員
　所の長の指揮監督を受けて、現業事務の指導監督をつかさどる。
・現業を行う所員
　所の長の指揮監督を受けて、援護、育成又は更生の措置を要する者等の家庭を訪問し、又は訪問しないで、これらの者に面接し、本人の資産、環境等を調査し、保護その他の措置の必要性の有無及びその種類を判断し、本人に対し生活指導を行う等の事務をつかさどる。
・事務を行う所員
　所の長の指揮監督を受けて、所の庶務をつかさどる。

　この中で、「指導監督を行う所員」と「現業を行う所員」は、社会福祉主事でなければならないと規定されています（社福法15条6項）。そこで、これらの職員と社会福祉主事について検討します。

3　現業を行う所員（ケースワーカー）

　現業を行う所員とは地区担当員・現業員とも呼ばれますが、一般にはケースワーカーと呼ばれています。

　現業を行う所員について、前述の木村忠二郎は次のように説明をしています。「現業をおこなう所員は、第一線のケース・ワーカーとして、生活保護法、児童福祉法、身体障害者福祉法の対象となるもの、その他一般に要援護者について、面接、調査、判断、指導という方法によりケース・ワークをおこな」う。「現業をおこなう所員は、家庭を訪問して現業をおこなう訪問員と、事務所をおとずれたものにたいする面接を主としておこなう面接員との二つに職務を分化させることが適当であるが、小さな事務所では、事実上この分化はできない。面接は、保護事務を処理するにあたって、最初の、そ

してきわめて重要な社会事業の技術の一つであるので，とくに練達の職員をこのことにあたらせねばならない。家庭訪問員は，すなわちケース・ワーカーであり，保護事務の処理，児童福祉の措置，身体障害者の更生相談等について，第一線的役割をはたすのものである。」[5]

　また，1971（昭和46）年に厚生省社会局庶務課が監修した『新福祉事務所運営指針』では，職員の職務内容について「面接相談員」と「現業員」を区分して次のように職務内容の説明がされています。

　「**面接相談員**　福祉事務所に相談をもちこんでくる人の多くは，日々の窮乏と困難に心身ともに疲れ，生活意欲が低下している者であるので，これらの人々に希望と更生への意欲をふるいおこさせるような態度をもって接することが必要である。したがって面接者は，ケースワークの原理，原則を体得した上で対象者のもつ問題を個別化してとらえ，適切な助言，指導を行なうことが要請されている。」[6]

　「**現業員**　現業員は，査察指導員の指導監督のもとに，保護の決定実施面においては，保護の要否および程度を判定するための調査，決定手続，被保護者の生活指導等きわめて重要な役割をになうものであり，福祉事務所における活動の中核体である。

　現業員は，このような使命を体し，社会福祉行政の理念，公的扶助運営等の正しいあり方を身につけ，かつ，社会的に弱い人々の自立更生に奉仕するという至純な情熱と積極的な意欲をもって，それぞれの要保護者の個別的需要とその人間性，行動，欲求等の特性をも正しく理解し，公的扶助施策がその本来の主旨に沿って十分な機能を果たしうるよう積極的な実践活動をしなければならない。

　しかして現業員には，生活保護事務の取扱いにおいて，有能なケースワーカーとしての資質とならんで周到ち密，かつ，迅速，適確に事務を処理する能力をもつ事務取扱者としての資質が要求されている。」[7]

5）木村『社会福祉事業法の解説』70〜71頁
6）『新福祉事務所運営指針』120頁
7）『新福祉事務所運営指針』123頁

現在，福祉事務所によっては，保護申請時の面接担当員と保護開始後の地区担当員を分けている場合が都市部を中心に多いと思われますが，ともに「現業を行う所員」すなわち，ケースワーカーとして位置づけられています。

4　指導監督を行う所員（査察指導員）

　社会福祉法15条3項の「指導監督を行う所員」は，査察指導員と呼ばれているものです。

　査察指導という言葉は一般に聞きなれませんが，査察指導員はスーパーバイザー（supervisor），ケース・スーパービジョン（case supervision）の訳語とされています[8]。

　当時の厚生事務官である吉田正宣によると，厚生省がスーパービジョンを「査察指導」と統一的に訳しているのは，査察指導の文言が「監督」という語に比べてスーパービジョンの本質を言い表すのにふさわしいと考えられたからであり，監督というと何か強力な権限の行使のみが連想されますが，スーパービジョンの本質は，そのような狭い意味の監督ではなく，部下の能力を発展活用せしめる指導援助だからであると述べています[9]。

　それでは，査察指導員の職務，スーパービジョンとはどのようなものでしょうか。

　前述の木村によると，「指導監督を行う所員」とは，福祉事務所で行われる生活保護法などによる援護，育成，更生の措置に関連する調査，判断，指導などをする現業を行う所員に対して，査察指導を行う所員であり，深い知識，技術と経験を持つ査察指導員のたくみな指導によって，全体の所員が必ずしも十分な知識，技術を持たなくても，個々の職員の持つ能力以上に高度に技術化された専門事務を遂行できることを期している，と述べられていま

8）庄司洋子・木下康仁・武川正吾・藤村正之編『福祉社会事典』（弘文堂，1999年）353頁
9）吉田正宣「スーパーヴィジョンの概説―査察指導―」『社会事業講座専門編スーパーヴィジョン』（福祉春秋社，1951年）6頁（一番ヶ瀬康子・井岡勉・遠藤興一編『戦後社会福祉基本文献集5　社会事業講座』（日本図書センター，2000年））

す[10]。

　また，当時の厚生省社会局監査指導課長・田中明の著した『生活保護の査察指導（試論）―現業活動の手引―』[11]では，査察指導の定義について，スーパービジョン一般を定義づけたものであって，現業員に対する指導監督としての査察指導（スーパービジョン）そのものを定義づけたものではないと断りながら，幾つかの説を紹介した後に，我が国の福祉行政機関の現状から最も一般的に通用している概念として次のように述べています。

　「査察指導とは，他の職員の職務に関して指導監督をする責任的地位にある者，またはその責任を委任された者が，その責務として直接指揮下にある個々の職員に対してその職員が責務とされた職務を遂行するよう，日常の職務を通じて援助し，かつ，指導する協力的な権限を伴う継続性を持った監督の過程である。」[12]

　そして，査察指導は次の5つの要素から構成されると説明します。すなわち，①権限に基づいて行われること，②協力的な援助，指導過程であること，③継続性を有する管理であること，④職員の職能啓発をねらいとしたものであること，⑤組織的な人的相互関係であることです。

　このように，生活保護行政を実施する上で，査察指導員の位置づけは重視されたものとなっています。前述の吉田正宣もスーパービジョンの概念と重点を次のように述べています。

　「その本質をなすものは，『援助』と『指導』とであり，その目指すところは，『関係職員の職務能力を向上発展せしめ，これをその職員が自らの能力として意識して日常の職務遂行のうえに反映せしめることによって，行政

---

10) 木村『社会福祉事業法の解説』70頁
11) 田中『生活保護の査察指導（試論）―現業活動の手引―』（社会福祉調査会，1975年）1頁．本書は，「福祉事務所における生活保護現業事務のポイントは査察指導員の指導監督のあり方如何にあるということは，生活保護の事務監査等を通じて既に明らかなところである。」「本書は，現場における現業活動の過程で試行錯誤しつつ積み上げた知識経験を踏まえて現在実際に実施されている具体的な内容をもとにまとめあげた」と位置づけられています。
12) 前掲注11) 田中『生活保護の査察指導（試論）―現業活動の手引―』421頁

機関の目的とする業務を効果的に運営し，もって機関の究極の目的である要保護者に対する効果的なサーヴィスを確保せんとする』ものであるといえよう。」[13]

このように，査察指導員の重要な業務としてケースワーカーの能力向上のために指導することが挙げられます。また，厚生省はその指導のあり方について，ケースワーカーをいかに育成するかという視点が重要であると，『福祉事務所運営指針』では次のように述べ，査察指導員の職務に人材育成の重要性を繰り返し強調しています。

「1　指導と援助が協力的に行われること

　査察指導は権限を伴なった指導監督の過程であるが，その基調をなすものは協力乃至は協調である。職員の持つ能力が，より有効に発揮出来るように，その知識，技術，判断力の養成に，地区担当員と一緒になって務めることであって，一方的な指示によってその改善をはかろうとするものではない。

2　向上意欲を助長せしめること

　総ての人は現在の段階より，より高い段階へ向上しようとする欲望を持つことは当然であるが，向上の為には努力がなければならない。指導員は部下の職員が現状に満足することなくそしてまた，努力しようとする自覚が日常の職務の中に実行されて行くように仕向けてやるようにする。

3　自信を持たすこと

　向上しようとする意欲が本人の努力によって前進しているという確信を持つならば，それだけ向上に対する意欲は強くなるのであるから，地区担当員の行動に確信を持たすように絶えざる配慮を必要とする。」[14]

一方で，吉田は査察指導の重要性を「生活保護の実施の面から見れば，ここ数年に亘って保護費の激増の傾向を辿っており，異常の膨張振りを示していることがうかがわれる。さらに被保護者に対する処遇の状況を見ても全国の町村における地域差は著るしく不均衡を来しており一見して扶助額の決定

---

13) 前掲注9) 吉田「スーパーヴィジョンの概説―査察指導―」26～27頁
14) 『福祉事務所運営指針』203～204頁

に適正を欠いていることがわかる。ここにおいて査察指導の，公的扶助運営の分野において担う役割の大なることが理解される。」[15]と述べるように，当時の厚生省の担当者からは査察指導機能を，保護費の適正化や削減を行うことも期待されていたのです。

5　社会福祉主事

　査察指導員，現業員（ケースワーカー）は社会福祉主事でなければならないとされています（社福法15条6項）。社会福祉法の規定では，社会福祉主事とは年齢20歳以上の者であって，人格が高潔で，思慮が円熟し，社会福祉の増進に熱意があり，一定の資格等を有する人とされています（社福法19条）[16]。

　社会福祉主事は1950（昭和25）年に制定された「社会福祉主事の設置に関する法律」が原型となっています。この法律は，生活保護の担い手を従来の民生委員から社会福祉専門の有給職員に転換するために設けられたもので，現在の生活保護法の実施とともに進められました。

　社会福祉主事の成立の経過について，生活保護法立案者である小山進次郎は，木村忠二郎の『社会福祉事業法の解説』を引用して次のように説明をしています。

15）前掲注9）吉田「スーパーヴイジョンの概説—査察指導—」4頁
16）社会福祉法19条
　　社会福祉主事は，都道府県知事又は市町村長の補助機関である職員とし，年齢20年以上の者であつて，人格が高潔で，思慮が円熟し，社会福祉の増進に熱意があり，かつ，次の各号のいずれかに該当するもののうちから任用しなければならない。
　一　学校教育法（昭和22年法律第26号）に基づく大学，旧大学令（大正7年勅令第388号）に基づく大学，旧高等学校令（大正7年勅令第389号）に基づく高等学校又は旧専門学校令（明治36年勅令第61号）に基づく専門学校において，厚生労働大臣の指定する社会福祉に関する科目を修めて卒業した者
　二　都道府県知事の指定する養成機関又は講習会の課程を修了した者
　三　社会福祉士
　四　厚生労働大臣の指定する社会福祉事業従事者試験に合格した者
　五　前各号に掲げる者と同等以上の能力を有すると認められる者として厚生労働省令で定めるもの
　　（2項・省略）

「昭和25年の生活保護法の全面改正は，社会保障制度の一環としての公的扶助制度の確立を目途とし，国民の最低生活の保障を受ける権利を法定したのであるが，この権利義務の関係を明確にするため十分な事務組織を確立することが不可欠となったので，新たな構想に基づいて新法において創設されたのが『社会福祉主事制度』である」[17]。

　また，「社会福祉主事の設置に関する法律」については，国会での生活保護行政を官吏に行わせるのではなく，民生委員を公選として報酬を出す方が実情に即した施行ができるのではないかとの質問に対して，社会局長の木村忠二郎は「社会福祉主事という制度を新たに考えましたのも，単なる普通の役人という型でないようにしたい。これにつきましては，やはり一定の教養を持たせるとか，あるいは一定の知識技能を持たせるとか，これにつきまして十分努力いたしまして，この取扱いをする人は従来のいわゆる官吏型でないようにいたしたい」と答えています[18]。

　また，社会福祉主事の養成計画，増員計画についての質問に対しても，木村は「普通の府県市町村の吏員でなく，特に社会福祉主事という特別の職名を持ちましたものを置きまして，この職に当たらせるということも，普通のあり来たりの吏員にやらせるのじゃなくて，社会事業というものに十分精神的にも又技術的にも理解があり，見識を持っておるというような者をこの職に任ずるようにしたい。従いましてこの者の資格につきましては政令を以ちまして，特別の資格要件を定めたい」と答えています[19]。

　法21条では社会福祉主事は都道府県知事又は市町村長の補助機関と位置づけられています。これは，社会事業に対して専門性の高い職員としての社会福祉主事を配置することは，生活保護行政の実施にあたり必要なこととして法律に規定されたのです。

---

17) 小山『生活保護法の解釈と運用（改訂増補）』363～364頁
18) 参議院厚生委員会会議録第18号（昭和25年3月27日）9頁・木村
19) 参議院厚生委員会会議録第31号（昭和25年4月21日）6頁・木村

第2章　生活保護受給者の状況

　生活保護は生活困窮のため要保護状態にある人[20]に対し，最低生活の保障と自立の助長を行うものです。現在，被保護者が増加していますが，これは最低生活を維持できない貧困に陥った人が増加したものと考えられます。したがって，貧困を問題にせず被保護者の増加だけに目を奪われ議論することは，意味のあることではありません。

　また，貧困とは経済困窮が長期化することで，生きる意欲が奪われる，適切な人間関係が保てない等の問題も生じることがあります。更にこのような問題が続くことで就労ができず貧困状態がより悪化することもあります。ケースワーカーは保護費の支給事務だけでなく，このような人たちへの支援も行う必要があります。

　そこで，本章では生活保護を必要とする人たちの状況について概要を見たいと思います。

第1　被保護者の増加とその背景

1　不十分な防貧施策を支えている生活保護制度

　現在，生活保護受給者（以下，「被保護者」という。）は214万人を超え，被保護世帯は163万7800世帯を超えています[21]。被保護者数だけを見るならば，1950（昭和25）年の生活保護法成立以降，大きく増加していますが，その後の人口増を勘案すると，保護率が最高となっているわけではありません。また，被保護世帯数も大きく増加していますが，核家族化により世帯数自体が増加していることからも，敗戦直後との単純な数値の比較はあまり意味がな

---

20) 被保護者と要保護者の違いは法6条に規定されています。
　　法6条では「被保護者」とは現に保護を受けている者。「要保護者」とは現に保護を受けているといないとにかかわらず，保護を必要とする状態にある者，とされています。
21) 厚生労働省発表2017年1月11日発表，2016年10月分概数。

いようにも思われます。

　しかし，生活保護を受給しなくては生活できない貧困に陥った人たちが増加していることは重大な問題であり，その人たちを支えている制度が生活保護であるという認識は必要です。

　被保護世帯の増加の原因について，厚生労働省は保護開始・廃止人員と失業率の推移を示し，完全失業率と保護開始人員には正の相関関係があると指摘しています[22]。また，生活保護制度ができた翌年の1951（昭和26）年から現在までの景気動向と保護率，被保護世帯数，被保護人員をグラフにして示しており，長期的な視点でもこの指摘が該当することを示しています[23]。

　厚生労働省が指摘するように，景気などの経済情勢と貧困問題は関連性があると考えられますが，別の見方をすれば経済情勢の悪化から生じる失業や低賃金，不安定就労などに対して，雇用制度や社会保険等の施策が不十分なために，生活保護の受給者が増加しているともいえます。

　つまり，被保護者の増加自体が問題なのではなく，失職や低賃金などに対して，労働政策や社会保険政策の不十分さにより，生活が困窮している人が増加していることが問題なのです。むしろ，生活保護が機能しているからこそ，貧困に陥る人の生活を支えることができているのです。

　したがって，被保護者の増加問題は生活保護だけを議論しても解決されない問題なのです。本質的には貧困問題をどのように解決するのかが重要であり，労働法制や労働施策，社会保障制度などの全般にわたる防貧施策をどのようにするのかの議論が不可欠と思われます。

2　高齢社会を支える生活保護制度

　被保護者の年齢分布を見ますと，60歳以上の被保護者が急激に増加していることが分かります。2011（平成23）年では70歳以上の人が28.1％であり，60歳以上の人は51.1％でしたが，2014（平成26）年では70歳以上は31.7％，

---

[22] 社会・援護局保護課「社会・援護局関係主管課長会議資料」（平成26年3月3日）20頁，73頁
[23] 社会・援護局保護課「社会・援護局関係主管課長会議資料」（平成26年3月3日）19頁

60歳以上は54.4％と増加し過半数を超えています[24]。

現在の年金水準では，年金受給年齢になっても貧困から脱却できるとは思えませんから，60歳代前半の被保護者の多くは生活保護を受給し続けることになると考えられます[25]。

2014（平成26）年現在の平均寿命は男性80.50年，女性86.83年ですが，今後も平均寿命は延びると考えられますから[26]，年金制度等の高齢者施策が大幅に改善されなければ，生活保護を受給する高齢者は増加すると考えられます。

一方で年金財政の問題からマクロ経済スライドが導入されました。年金制度維持のために必要と述べられていますが，生活保護との関係で考えると高齢者の防貧機能を弱め，被保護高齢者はますます増加するものと思われます。ここでも低所得高齢者への施策が問題となるのです。

このように生活保護世帯の増加は景気動向等の経済問題と高齢者の増加などの社会全体を取り巻く問題によるものなのです。

第2　貧困の質的側面

貧困はお金がないことだけが問題なのではありません。もちろん，お金がないという経済的問題が根底にはありますが，そこから様々な生活上の課題が生じる場合が多いのです。経済的困窮が長期化することで，社会生活上の問題が生じ，また精神的に追い詰められて目先の問題に追われ，先を見通す余裕がなくなるのです。子供のいる家庭であれば，その影響は子供にも生

---

[24] 社会・援護局保護課「社会・援護局関係主管課長会議資料」（平成26年3月3日）22頁，援護局保護課「社会・援護局関係主管課長会議資料」（平成28年3月3日）59頁

[25] 厚生年金保険受給者の平均年金月額は，2014（平成26）年度末現在で老齢年金は14万5000円ですが，国民年金受給者の老齢年金の平均年金額は5万4000円，2014（平成26）年度新規裁定で5万1000円となっています。厚生労働省年金局「平成26年度厚生年金保険・国民年金事業の概況（平成27年12月）」8頁，16頁

[26] 内閣府「平成28年版　高齢社会白書」6頁。2060年には男性84.19年，女性90.93年となる見込みといわれ，65歳以上の人口割合である高齢化率は39.9％になると予想がされています。

じ，貧困の連鎖が生じることもあります。

これらの問題について，2000（平成12）年に厚生労働省の検討委員会「社会的な援護を要する人々に対する社会福祉のあり方に関する検討会」報告が出されました。

ここでは，現代の貧困は「心身の障害・不安」「社会的排除や摩擦」「社会的孤立や孤独」といった問題が重複・複合化していると指摘をし，その上で，「社会による排除・摩擦や社会からの孤立の現象は，いわば今日の社会が直面している社会の支え合う力の欠如や対立・摩擦，あるいは無関心といったものを示唆しているともいえる。」と述べています。

また，2004（平成16）年の厚生労働省社会保障審議会福祉部会「生活保護制度の在り方に関する専門委員会」報告でも，被保護世帯の状況について，「今日の被保護世帯は，傷病・障害，精神疾患等による社会的入院，ＤＶ，虐待，多重債務，元ホームレスなど多様な問題を抱えており，また相談に乗ってくれる人がいないなど社会的きずなが希薄な状態にある。さらに，被保護者には，稼働能力があっても，就労経験が乏しく，不安定な職業経験しかない場合が少なくない。」と指摘をしています。

筆者が行った東京都板橋区での公立小中学の不登校調査では，中学生では被保護世帯の1割以上の生徒が不登校でした。また，中学生の準要保護世帯の生徒と，その他の世帯（生活保護も準要保護も受けていない世帯）の生徒を比較すると，1.32倍でしたが，被保護世帯とその他の世帯では4.8倍の差があり，準要保護世帯と被保護世帯の差が3.63倍でした。最近でも東京都東村山市議会で教育部長が「平成26年度におけます不登校児童・生徒の出現率を，生活保護を受ける世帯の児童・生徒と生活保護を受けない世帯の児童・生徒と比較したところ，4.76倍で生活保護を受けている世帯の児童・生徒の出現率が高い状況となっております。」と答弁をしています[27]。

---

27) 平成28年6月9日6月定例会における大塚恵美子議員の質問に対する曽我伸清教育部長の答弁「平成28年東村山市議会6月定例会東村山市議会会議録第10号」
https://www.city.higashimurayama.tokyo.jp/gikai/gikaijoho/kensaku/h28_honkaigi/kaigiroku20160609.html

【家庭の経済状況と不登校児発生について】

	生活保護受給児童	準要保護児童	その他の児童
中学校	11.58%	3.19%	2.41%

池谷秀登「不登校児童・生徒と貧困」(「不登校児対策PT平成19年度まとめ」板橋区教育委員会)

　この問題は，特定の自治体だけの問題ではなく，経済的な問題と不登校の問題は関連している可能性があります。不登校問題を全て経済問題に帰着できるとも思いませんが，この調査結果からは，被保護世帯の子供の置かれた厳しい状況が示されているように思います。

　経済的な困窮は，様々な生きづらさを生み出すことになります。厚生労働省の調査でも，被保護者の自殺率が高いと指摘され，その原因の1つに被保護者が精神疾患を有する割合が高いことが挙げられています。

　貧困と生活不安の中で，うつ病などの精神疾患に罹患することもあると思われます[28]。精神疾患患者の生活の支えとして生活保護が重要な役割を担っている現状とともに，現在の生活保護行政はこれらの人たちの自殺を防げていないことも示しているようにも思われます。

　このように貧困は経済的な問題から，生きにくさ，生活しにくさ，人間関係の持ちにくさなど生活全体の問題に支障が生じます。このような状態の人を支えるのが生活保護行政であり，福祉事務所のケースワーカーなのです。

---

[28] 例えば，ホームレス状態の人の精神疾患患者割合が高いことの実証的研究として，森川すいめいほか「東京都の一地区におけるホームレスの精神疾患有病率」日本公衆衛生雑誌58巻5号331～339頁（2011年）。ここでは，路上生活者で精神疾患を有する人が62.5％存在しているとします。ただし，精神疾患を有しているため路上生活者になったのか，路上生活に陥ったため精神疾患を生じたのか等の因果関係については今後の検討を要するとされています。しかし，どちらであれ生活保護により救済する人々であることには変わりはありません。

生活保護受給者の自殺者数について

　生活保護受給者の自殺率は、平成20年で被保護人員10万対54.8、平成21年で同62.4、平成22年で同55.7となっており、全国の自殺率よりも高い。

　その原因としては、生活保護受給者には、自殺の大きな要因と考えられている精神疾患（うつ病、統合失調症、依存症）を有する者の割合が全国平均よりも高いことが考えられる。

	生活保護受給者		（参考）全国	
	被保護人員10万対		人口10万対	
平成20年	843人	54.8	32,249人	25.3
平成21年	1,045人	62.4	32,845人	25.8
平成22年	1,047人	55.7	31,690人	24.7
平成23年	1,187人	58.6	30,651人	24.0
平成24年	1,227人	58.7	27,858人	21.8
平成25年	1,225人	57.6	27,283人	21.4

　平成22年4月9日厚生労働省社会・援護局保護課、平成27年3月9日社会・援護局関係主管課長会議資料を筆者が併せました。上記解説は平成22年に示されていたものです。

第3章　ケースワーカーの仕事

第1　対人援助の重要性と限界

　被保護者の中には，経済的な困窮とともに生活面で様々な課題を有する人たちも増加しています。したがって，経済給付だけを軸とした生活保護行政では解決が困難な状態が生じているのです。

　例えば，「引きこもり」の人への支援，薬物依存症の人への支援，児童虐待などの暴力，介護サービスを拒む認知症高齢者支援など，社会的に解決手段が未整理な課題が被保護者の有する深刻な課題として生活保護行政の前に登場しますが，これらの問題が生活保護費を支給するという経済給付だけでは解決しないことは明らかです。

　貧困から生じる生活上の課題は，経済的なものと異なり数値化により測定をすることが困難です。被保護者個人の「困難さ」には基準がなく，辛さ，大変さという感情は人それぞれだからです。

　自分自身の生活の上で起きている課題が理解できない人，認識できない場合もあります。認知症高齢者や障害を持つ人が，いわゆる「ごみ屋敷」状態の極めて不衛生な環境で生活していても，それ自体が問題であるということが理解されない場合があります。

　このほかにも配偶者からの暴力から逃げることを考えられない人，借金に追われアパートを出されホームレスになりながらも借金をしたこと自体を「自己責任」と考え，行政に救済を求めない人もいます。求職活動をしていても長期間就職が決まらないことで，求職活動の意欲がなくなるだけでなく，生きる意欲さえなくす人もいます。

　これらの問題の解決自体は個別的，具体的内容になりますが，この部分の支援が生活保護における自立助長ということであり（法1条），相談援助が必要になります。しかし，福祉事務所のケースワーカーが，どのように，どこまで支援を行うのかの基準があるわけではありません。

貧困からの脱却への支援としては，経済給付とケースワークなどの相談援助の両面が必要ですが，対人援助であるケースワークについては，法制定時の保護課長・小山進次郎も，その重要性は認めつつ「法律技術上の制約によりケースワークを法律で規定することが至難である」「ケースワークの多くが法律上では行政機関によって行われる単なる事実行為として取り扱われ法律上何等の意義も与えられていない」と述べざるを得ませんでした[29]。

　これは，経済給付であれば却下等の処分が行われたときに，被保護者は行政不服審査による救済手段があり得ますが，ケースワークは量的，質的に算定が困難ですから，それが不十分であったか否かを制度として規定することは難しいということのようです。

　被保護者の立場から見ると，経済給付が拒まれたときには救済手段があるものの，ケースワークを拒まれたり不十分性を感じたとしても，生活保護法上は救済手段がないということになります[30]。

　この問題は，ケースワーカーから見ると「どこまで」「どのように」ケースワークを行えばよいのかが曖昧であり，その判断を行うべき基準がないということです。そこで，どうしてもケースワーカー個人の判断次第ということになってしまいます。

　また，経済給付についても毎月の最低生活費の算定であれば，地域，居住形態，家族構成，年齢等を基に決まりますから，どのケースワーカーが行っても金額は同一となります。しかし，職業訓練を受講するための費用である生業扶助や，家具什器費や移送費（臨時的一般生活費）など一時扶助といわれるものは，その被保護世帯にとっての必要性の有無，程度等の判断が

---

29) 小山『生活保護法の解釈と運用（改訂増補）』95〜96頁
30) この問題についてはソーシャルワーク（相談援助）を法定化し扶助の中に福祉扶助を新設する見解（阿部和光「公的扶助法における権利と法の構造」日本社会保障法学会編『講座社会保障法5巻　住居保障法・公的扶助法』（法律文化社，2001年）114〜116頁），要保護者との合意に基づく相談助言義務とした上で，相談助言の種類内容を法定して権利規定として再構成する見解（丸谷浩介「長期失業者に対する雇用政策と社会保障法」日本社会保障法学会編『新・講座社会保障法3　ナショナルミニマムの再構築』（法律文化社，2012年）266〜267頁）などがあります。いずれも生活保護におけるケースワークの必要性を認めた上で現状の問題点を前提としたものです。

必要になりますから，その判断次第で扶助の可否が決まることになります[31]。ここでも，その判断はケースワーカー次第となる要素は否定できません[32]。

第2　経済給付とケースワーカーの姿勢

　生活保護の目的の1つは，健康で文化的な最低限度の生活の保障です。生活保護行政の中で，扶助の給付の程度，支給要件等については法定受託事務とされています。

　法定受託事務とは，国が本来果たすべき役割にかかるものであって，国においてその適正な処理を特に確保する必要があるものとして法律又は政令に特に定めるものをいいます（地方自治法2条9項1号）。生活保護法で法定受託事務に該当する具体的な条文は地方自治法の「別表1」に明示されています。

　生活保護行政の実施に当たって扶助の内容，要件等を具体的に定めた「生活保護法による保護の実施要領」（以下，「実施要領」という。）は厚生労働大臣が定める地方自治法245条の9の「処理基準」[33]とされ，地方自治体が実施する生活保護行政の適正な処理の確保を行うものとされています。そこで，厚生労働省告示「生活保護法による保護の基準」，事務次官通知「生活保護

---

31) 例えば，生業扶助に規定されている「技能習得費」では，支給の判断に当たって次のような通知がされています。「生計の維持に役立つ生業に就くために必要な技能を修得する経費を必要とする被保護者に対し，その必要とする実態を調査確認のうえ，基準額の範囲内における必要最小限度の額を計上するものとすること。」
32) これらの支給については，ケースワーカー個人の判断ではなく福祉事務所が組織的に決定するという考え方があります。確かに支給の可否等をケース診断会議で検討することは，ケースワーカーの恣意性を防ぐように思われます。しかし，福祉事務所内でその提起を行うのは被保護者を担当しているケースワーカーですから，ケースワーカーが問題意識をもって，提起をしなければ組織的決定の検討の俎上にも上がらないことになります。
33) 法定受託事務を処理するに当たり，よるべき基準（処理基準）を各大臣，都道府県知事は定めることができ（自治法245条の9），これには法的拘束力はないものの，従わない場合には，是正の指示等の関与が行われる可能性があることから（前田雅子「公的扶助」加藤智章・菊池馨実・倉田聡・前田雅子『社会保障法』（有斐閣，第6版，2015年）402頁），生活保護行政の世界では事実上拘束力があるとの理解がされています。

法による保護の実施要領について」，社会局長通知「生活保護法による保護の実施要領について」，保護課長通知「生活保護法による保護の実施要領の取扱いについて」等に基づき，地方自治体は生活保護行政を実施することになります。

　これらの告示，通知などは生活保護法制定以降，改廃が繰り返され，膨大なものとなっており，その一部が整理された通知集として，毎年度『生活保護手帳』として発刊されています[34]。

　『生活保護手帳』では，その冒頭に生活保護業務の従事者に対して「生活保護実施の態度」が7項目を挙げて示されています。これは，1998（平成10）年度までは保護課長名，1999（平成11）年度より保護課名の文書でしたが，2005（平成17）年度より保護課の名前は消えています。また，1996（平成8）年度と2014（平成26）年度版では，前文が若干変わっていますが本文については同様です。

　ここでは，特に「4　被保護者の立場を理解し，そのよき相談相手となるようにつとめること」の項目で，被保護者の個々についてその性格や環境を把握理解し，それに応じた積極的な援助をたゆまず行わなければならないと述べています[35]。

　これは，生活保護の実施に当たって申請行為ができない人の存在や，自分の置かれた状況を適切に説明できない人たちもいることを前提に，その人ごとの状況を理解し積極的な援助を行うことを求めたものといえます。年金等の支給決定と異なり，生活保護の扶助の給付は被保護者一人一人の状況を十分に把握し理解することが必要だからです。

　このことは，生活保護の実施上の問題を問答形式とした『生活保護手帳別冊問答集』[36]に顕著に示されています。ここでも冒頭の「厚生労働省社会・援護局保護課長事務連絡『生活保護問答集について』より」の記載の下に7

---

34) 1998（平成10）年度までは厚生省社会・援護局保護課，監査指導課監修とされていましたが，1999（平成11）年度より全国社会福祉協議会の編集発行になり，2005（平成17）年度より編集は生活保護手帳編集委員会，発行は中央法規出版となっています。
35) 生活保護実施の態度『生活保護手帳2016年度版』2頁

項目を掲げていますが,「3　要保護者の立場や心情を理解し,その良き相談相手であること」の項目では,要保護者は生活保護の申請に至るまでには,様々な生活課題に直面し,心身ともに疲弊していることが少なくない,要保護者には相談に乗ってくれる人がいないなど,社会的な絆が希薄で,不安感,疎外感を持って生活している場合も多い,したがって,ケースワーカーは要保護者の立場や心情をよく理解し,懇切丁寧に対応し,積極的に良き相談相手となるよう心掛けなければならないと述べています。

また,「4　要保護者の個別的,具体的事情に着目し,決定実施は具体的妥当性を持つものとすること」の項目では,「保護の決定実施に当たっては,要保護者それぞれのもつ様々な事情を十分に把握するとともに,それらの点に着目した実施要領の引用を行うなど,その個別性,具体性に即応した妥当な取扱いをしなければならない。」と被保護者ごとの個別性を配慮することが必要とされています[37]。

要保護者の個別性に着目するということは,生活保護行政とは経済給付だけを行うことだけではなく,ケースワークも必要であることを前提に,扶助の決定等の判断に当たっても被保護者の個別性の配慮が必要であるということです。このことは,1968（昭和43）年の『生活保護手帳（別冊）』では,「常に生活保護法の基本理念にたちかえって考えてみること」の見出しの下に,次のように直截に述べられています。

「保護層へ転落してきた要因を統計的に,またケースワークを通してみ

---

36) 1968（昭和43）年に厚生省社会局保護課監修,編集・発行全国社会福祉協議会として『生活保護手帳（別冊）』が発刊されました。本書は序文に「即刊の『百問百答集』『生活と福祉』等で取り上げた取扱要領のうち実施機関において,しばしば直面するであろう重要な問題を中心に問題点を整理し,詳しい問答を含めて生活保護の生きた実務書として集大成」したとしています。現在は『生活保護手帳　別冊問答集』は重要な解釈集と位置づけられ（白石正美「生活保護制度の概要」生活と福祉664号15頁。なお白石の肩書は自立推進・指導監査室室長補佐）また,「保護課長事務連絡」とされています（厚生労働省社会・援護局保護課「連載 第1回 改正生活保護法逐条解説　法改正の背景と経過 第24条第1項・第2項（保護の開始の申請）」『生活と福祉』全国社会福祉協議会701号25頁（2014年））。したがってここでの問答は生活保護手帳の各通知よりも「拘束力」は弱いことになります。

37) 生活保護問答集について（『生活保護手帳　別冊問答集2016』）2頁

ると，貧困の原因はまことに多様である。そこには純経済的条件によるもののほかに，心身上の障害，人間関係の不調整といった個人的家庭的側面に直接的要因の認められる場合が少なからずある。また基本的人権を盾に権利のみを主張し，義務を怠り，保護の受給要件を欠いているものもある。それら個々具体的な対象の内包する困難な問題は，単なる生活保護の経済給付や決定実施事務のくりかえしによって解決されるものではない。さらにすすんで社会福祉主事の専門的立場からこれら行政処分の一つ一つをもう一度みなおしてほしいものである。そして，その意味を深く掘り下げて考えてみるとき，これらの措置が人間としての最低生活の保障，疾病の治療，自立への意欲の積極的な増進により，社会生活への適応を図るという共通の理念を志向するものであることを発見するであろう。」[38]

第3　福祉事務所の業務の特色

　生活保護は最低生活の保障と自立の助長を目的としており，そのために経済給付と対人援助が行われます。経済給付だけで問題が解決する場合もありますが，対人援助が必要な場合も少なくありません。ケースワーカーはそのために配置された職種といえます。

　生活保護行政において，なぜケースワーカー（地区担当員，現業員）という職が設けられたのか，そしてケースワーカーを配置した福祉事務所という組織は，地方自治体の他の行政組織とどのように異なるのか，言い方を変えると，他の行政組織では代替できない福祉事務所の存在理由について考えてみます。

　福祉事務所が創設され20年を経た1971（昭和46）年に厚生省社会局庶務課監修のもとに『新福祉事務所運営指針』が発行されました。その位置づけは「今後，福祉事務所に対する運営指導は，この指針をもとにおこなわれる」「明日への福祉事務所像を求めて，その道しるべ」というものです。

---

38) 厚生省社会局保護課監修「序文」『生活保護手帳（別冊）』（全国社会福祉協議会，1968年)38～39頁

そこでは，福祉事務所が備えておかなくてはならない条件・特色として，①迅速性，②直接性，③技術性を挙げています[39]。

1 迅速性

福祉事務所は国民の生存権を保障する組織ですから，要保護者に対しては迅速な保護を行うことが必要となります。具体的には，保護開始の申請があった日から14日以内に保護の要否，種類，程度及び方法を決定し，申請者に対して決定の理由を付した書面をもって通知をしなくてはなりません（法24条3項～5項）。

福祉事務所は法定期間の厳守とともに，要保護者が「昨日から食事をしていない」「電気やガスが止められて生活できない」等の急迫している場合は迅速性の趣旨から14日以内にこだわらず，直ちに保護を行う必要もあります（詳しくは第3編第1章を参照）。

福祉事務所は保護申請を受けた後，早急に保護の決定を行わなくてはなりませんが，総務省の調査では2010（平成22）年～2012（平成24）年までで14日を超えた割合が33～38％。30日を超えたものは1.8～2％あるとされており，その改善が強く求められます[40]。

2 直接性

直接性とは，福祉事務所が住民の生活実態を直接把握，理解して援助しなくてはならないということです。これは生活保護の実施に当たり，要保護者個々の貧困に陥った原因や生活状況等を十分に把握，理解することが必要だからです。

したがって，他の行政機関や関係機関からの報告や書類審査だけで決定するのではなく，福祉事務所が自らの責任で直接住民の生活実態を把握して保護の決定，自立の助長を行う必要があるということです。

ですから，被保護者の生活状況や，生活上の課題をケースワーカー自ら

---

39)『新福祉事務所運営指針』10～12頁
40) 総務省行政評価局「生活保護に関する実態調査結果報告書」（平成26年8月）148頁

が直接把握することが強く求められ，ケースワーカーの業務の中でも被保護者宅への家庭訪問が必須の業務とされています。そこでは，ケースワーカーが家庭訪問の年間計画を立て，被保護者の実情に応じた定期的なサイクルで家庭訪問を行うこととされ[41]，生活保護事務監査においてもケースワーカーによる家庭訪問の計画と，その実施状況が厳密にチェックされることになっています。

保護手帳 調査及び援助方針等 局第12－1（1）（2）ア

局　第12

1　訪問調査

　要保護者の生活状況等を把握し，援助方針に反映させることや，これに基づく自立を助長するための指導を行うことを目的として，世帯の状況に応じ，訪問を行うこと。訪問の実施にあたっては，訪問時の訪問調査目的を明確にし，それを踏まえ，年間訪問計画を策定のうえ行うこと。なお，世帯の状況に変化があると認められる等訪問計画以外に訪問することが必要である場合には，随時に訪問を行うこと。また，訪問計画は被保護者の状況の変化等に応じ見直すこと。

（1）　申請時等の訪問

　　保護の開始又は変更の申請等のあった場合は，申請書等を受理した日から1週間以内に訪問し，実地に調査すること。

（2）　訪問計画に基づく訪問

　　訪問計画は，次に掲げる頻度に留意し策定すること。

　ア　家庭訪問

　　世帯の状況に応じて必要な回数を訪問することとし，少なくとも1年に2回以上訪問すること。（以下略）

41）各福祉事務所は，毎月訪問，隔月訪問，3か月に1度訪問等の被保護世帯ごとに家庭訪問の頻度について格付けを行っています。厚生労働省は，社会・援護局長通知「生活保護法による保護の実施要領について」において，少なくとも家庭訪問は1年に2回以上訪問することとしています。

> **保護手帳** 課第12の問1
> 〔訪問調査における訪問基準の作成について〕
> 問（第12の１）　実施機関において，被保護世帯の世帯類型や助言指導の必要性等に応じた統一的な訪問基準を作成し，それに基づいて訪問計画を策定することとして差しつかえないか。
> 答　訪問調査については，①生活状況の把握，②保護の要否及び程度の確認，③自立助長のための助言指導などを目的として実施することが考えられるところであるが，これらの訪問目的を達成するために考慮された訪問基準であれば，お見込みのとおり取り扱って差しつかえない。
> 　なお，上記の訪問基準の設定を行った場合であっても，被保護者の個々の状況に応じて，適宜，必要な訪問調査の実施に留意されたい。

生活保護法施行事務監査の実施について

平成12年10月25日　社援第2393号
各都道府県知事・各指定都市市長宛　厚生省社会・援護局長通知
第13次改正　平成28年3月29日社援発0329第9号

4　訪問調査活動の充実
（1）　訪問計画の策定
　ア　実施機関において統一的な訪問基準を策定する場合には，生活状況の把握，保護の要否及び程度の確認，自立助長のための助言指導などについて，訪問調査活動の目的を達成するために考慮されているか。
　　なお，個々の被保護世帯への訪問基準の設定にあたっては，訪問基準を画一的に当てはめることなく，稼動能力の活用を図る必要のある者，多様なニーズを抱える高齢者等に着目し，当該世帯への指導援助の必要性が勘案されたものとなっているか。
　イ　個別のケースに対する訪問計画は，ケースの実態，訪問調査活動の目的に応じて適切なものとなっているか。
　　また，ケースの生活状況等の変化に応じて適時適切な見直しは行われているか。

（2） 訪問調査活動の状況
　ア　訪問は，訪問計画に沿って確実に実施されているか。
　　　また，ケースの状況変化を考慮し，必要に応じた随時の訪問が実施されているか。
　　　特に，長期間未訪問又は計画に比べ実施回数が少ないケースはないか。
　イ　訪問調査活動の目的に添って必要な指導援助が行われているか。
　　　また，多様なニーズを抱える高齢者世帯等に対しては，介護保険制度等による介護サービスの活用など必要な指導援助は行われているか。
　ウ　世帯主のみならず，必要に応じて世帯員と面接を行うなど世帯員全員に対し適切な指導援助が行われているか。
　エ　面接すべき者の不在が続く場合には，訪問方法を工夫するなど適切な対応措置はとられているか。
　　　また，民生委員，親族等からも，生活状況等の聴取を行うなど，不在理由を確認し，家庭内面接を行うよう努力されているか。
　オ　長期にわたって来所による面接が続き，訪問調査活動の目的が達成されていないケースはないか。
　カ　訪問調査結果は，査察指導員等に速やかに報告されているか。
　　　また，早期にケース記録に明確に記録され，その都度決裁されているか。

　生活保護行政が年金支給のように，要件が確認されれば扶助費を継続的に支払えばよいのではなく，自立を支援することが必要なことから，このような直接性が求められると考えられます。自治体の行政機関の中で，このような定期的な家庭訪問を義務化して職員に対して厳密に履行を求められる組織はあまりないように思われます。

3　技術性

　要保護者の中にはケースワーカーに対して正当な権利主張ができない人がいます。また，貧困に陥った人の中には大変な苦労をし，人間不信に陥る人も少なくありません。中には，世間では受け入れられない独善的な主張を

繰り返す人もいるかもしれません。

　これらは，長期間の貧困や生活困窮の中で「生きる知恵」として身についたものもあります。そこで，このような人たちの気持ちを十分に洞察する素養や背景を理解する知識とともに対人援助の技術が必要になります。そのために，ケースワーカーは社会福祉主事であることが求められましたが，このことは「資格」の有無だけではなく，常に研鑽を積まなくてはならないということです。これが，技術性を具備するということなのです。

　以上の迅速性，直接性，技術性を組織的として備えるために設置したものが福祉事務所であり，専門性を持つ社会福祉主事としてのケースワーカーを配置することとされたのです。

第4章　福祉事務所の課題

第1　社会福祉主事の現状と専門性

　社会事業に熱意ある専門職員を配置するため社会福祉主事を設けましたが，現在の福祉事務所では，社会福祉主事の配置は100%に達してはいません。厚生労働省の全国調査である「平成21年　福祉事務所の現況調査」では，社会福祉主事資格取得率は生活保護担当査察指導員が74.6%，ケースワーカーは74.2%とされています[42]。

　2014（平成26）年8月の総務省行政評価局「生活保護に対する実態調査結果報告」では，2003（平成15）年，2004（平成16）年，2009（平成21）年での生活保護ケースワーカーの社会福祉主事取得率は74～75%前後を推移しています。また，査察指導員の社会福祉主事取得率は調査対象102事務所では，2010（平成22）年～2012（平成24）年で80～85%となっています[43]。

　社会福祉主事の資格取得方法についても課題があります。社会福祉士，精神保健福祉士はその資格で社会福祉主事の任用資格を得られますが，その他の場合は都道府県講習会（19科目279時間），指定養成機関修了（22科目1500時間），全社協中央福祉学院社会福祉主事資格認定通信課程等の1年間等の専門教育のほかに，社会福祉法19条1項1号にある大学等で厚生労働大臣の指定する社会福祉に関する科目を修めて卒業した者も社会福祉主事任用資格を有するとされています。

　最後の「大学等で厚生労働大臣の指定する社会福祉に関する科目を修めて卒業した者」の中には社会福祉について学ばなくとも，指定科目を3科目履修した場合は社会福祉主事任用資格を有することとされます。

　この指定科目については変更が行われてきましたが，現在では社会福祉や社会保障について学ぶことのない学生が「法学」「民法」「行政法」の3

42）「平成21年　福祉事務所の現況調査」の「4　資格の取得状況」
43）総務省行政評価局「生活保護に関する実態調査報告書」73頁，75～76頁

科目を履修することでも社会福祉主事任用資格を得ることできます。これが俗に「3科目社会福祉主事」と呼ばれるもので，社会福祉の専門性のない社会福祉主事との指摘もされています。

　福祉事務所の社会福祉主事の約7割が「3科目社会福祉主事」であるとの指摘もあります[44]。この7割の人全てが社会福祉を学んだことのない人たちとも思えませんが，どのような科目取得で社会福祉主事とされているのかは分かりません。

　社会福祉主事をめぐる問題は，社会福祉法で定められているにもかかわらず，社会福祉主事を福祉事務所に配置しない地方自治体の姿勢の問題があります。しかし，専門性を問わずに形式的に「3科目社会福祉主事」を配置すれば解決するものでもありません。

　この問題は，社会福祉主事の配置や社会福祉主事制度の問題とともに，生活保護行政における専門性をどのように考えるべきか，どのようにケースワーカーや査察指導員の専門性を確保していくのかという問題なのです。

第2　生活保護ケースワーカーの状況

1　社会福祉法による職員定数

　社会福祉法では福祉事務所の所員の定数は条例で定めると規定されています。ケースワーカーの数は都道府県の福祉事務所では，被保護世帯の数が65世帯，市・特別区では80世帯を標準として定めるものとされています[45]。社会福祉事業法成立時には法定数とされていましたが，2000（平成12）年改正により標準とされました。

　社会福祉事業法成立時にケースワーカーの配置数を法定数としたのは，福祉事務所ごとに必要な定数を満たしていなければ，適正な業務を完遂することができないことになると考えられ，そこでケースワーカーの数は，福祉事務所ごとにそれぞれの数以上でなければならないこととされました。

---

44)「福祉専門職の教育課程等に関する検討会報告書」（平成11年3月10日）

つまり，福祉事務所の職員の中でも特にケースワーカーは，この人員の多少が，ただちに福祉事務所の事業の成否に影響があることから，その最低基準が設けられたということです[46]。

ケースワーカーの定数の基準は当初，都市で70ケースに1人，村落で60ケースに1人くらいが適当と考えられていましたが，財源の都合上，現在（ケースワーカー1人当たり市部では80世帯，町村部では65世帯）のように定めたとされています[47]。

社会福祉事業法立法当時の，ケースワーカーの定数基準について留意しなくてはいけない点は，定数の基準に被保護世帯をとっているのは，被保護世帯65ケースある地域には，他の要援護者，措置児童，身体障害者のケースもいるであろうから，それらを含んだ上でケースワーカー1人という意味で，生活保護のみの事務しかできないという意味ではない，とされていることです[48]。つまり，福祉三法（生活保護法，児童福祉法，身体障害者福祉法）の担当ケースワーカーの算定基準ということであり，1950年代の敗戦後の混乱がまだ続いていた福祉三法時代の体制と考えられます。

これに対して，福祉六法（上記福祉三法に精神薄弱者福祉法（現・知的障害者福祉法），母子福祉法（現・母子及び父子並びに寡婦福祉法），老人福祉法）体制に移った1970年代以降，当時の厚生省は「法律上規定されている現業員は，定数の基準に被保護世帯をとっているが，これはあくまで算定基準で

---

45) 社会福祉法16条（所員の定数）
　　所員の定数は，条例で定める。ただし，現業を行う所員の数は，各事務所につき，それぞれ次の各号に掲げる数を標準として定めるものとする。
　一　都道府県の設置する事務所にあつては，生活保護法の適用を受ける被保護世帯（以下「被保護世帯」という。）の数が390以下であるときは，6とし，被保護世帯の数が65を増すごとに，これに1を加えた数
　二　市の設置する事務所にあつては，被保護世帯の数が240以下であるときは，3とし，被保護世帯数が80を増すごとに，これに1を加えた数
　三　町村の設置する事務所にあつては，被保護世帯の数が160以下であるときは，2とし，被保護世帯数が80を増すごとに，これに1を加えた数
46) 木村『社会福祉事業法の解説』72頁
47) 木村『社会福祉事業法の解説』74頁
48) 木村『社会福祉事業法の解説』74頁

あって，現業員が被保護世帯のみを取り扱うという趣旨ではなく，児童・身体障害者・老人・精神薄弱者及び母子世帯を扱うこととなっている。しかし，現在のところ法律上規定はないが，地方交付税上で生活保護法を除く福祉五法担当現業員が標準団体の1福祉事務所につき6名が予算措置されているので，福祉五法担当現業員が規定どおり配置された場合には現業員は，福祉五法担当現業員と生活保護担当現業員に分かれる」としています[49]。

つまり，生活保護ケースワーカーについては，他法を含まず算定することが実態に沿い，妥当な配置と考えられていたのです。

2000年以降は地方分権を背景に，社会福祉法の条文上は「標準数」とされましたので，各自治体の判断に負うことになり，地域の実情に応じて適切な人員配置を行うことになります[50]。このことは，ケースワーカーの人員配置は，自治体の地域事情や被保護者の状況により，生活保護行政が十分に機能するように，場合によっては標準数以上のケースワーカーを配置する責任が自治体に求められているということです。このように考えなければ，福祉事務所設置の意味，ケースワーカー設置の意味，法が標準数を示した意味が没却されることになりかねないからです。つまり，ケースワーカーの配置数が法定数から標準とされることにより，自治体の責任がより増大したとも考えられます。

また，査察指導員については，条文上明示されていませんが，当初は所員6人〜8人に1人が適当とされていました[51]。『新福祉事務所運営指針』では「法律上何らの規定はないが，現業員7名につき指導員1名が適当である」とされています[52]。現在も厚生労働省の「生活保護法施行事務監査」の事前提出資料では，「査察指導員の『標準数』欄は現業員の標準数を7で除して得た数とし」としており[53]，ケースワーカー7人に査察指導員1人が適切と考えられているようです。

---

49)『新福祉事務所運営指針』33頁
50) 社会福祉法令研究会編『社会福祉法の解説』（中央法規出版，2001年）136頁
51) 木村『社会福祉事業法の解説』74頁
52)『新福祉事務所運営指針』32頁

ケースワークについて援助・指導する査察指導員についても，配置基準がなければ，査察指導員を社会福祉主事として配置する意味が失われてしまうからです。

2　増加する担当世帯数

しかし，自治体によってはケースワーカーの担当世帯数が標準世帯数を大きく超えるところも生じています。

厚生労働省の「平成21年　福祉事務所の現況」によりますと，全国の福祉事務所1,242か所中，生活保護ケースワーカーの配置標準数に対する配置状況は89.2％であり，郡部福祉事務所100.7％，市部福祉事務所88.2％となっています。充足率100％未満の福祉事務所は全国で414か所で，全体の33％となっています[54]。

東京都内の福祉事務所のケースワーカー１人当たりの担当世帯数については，2013（平成25）年４月現在で，家庭訪問を行う地区担当ケースワーカーだけでの計算では，特別区平均96.7世帯，市部平均115.6世帯，島部を含めた全都平均108.5世帯となっています。面接相談員と家庭訪問を行う地区担当ケースワーカーの合算では特別区平均87世帯，市部平均109.2世帯，全都平均99世帯となっています。

ケースワーカーの担当世帯数が多いということは，事務処理，対人援助の負担が増加するということであり，被保護者の立場からはケースワーカーとの落ち着いた相談がしにくくなるということです。

このようなケースワーカーの担当世帯数の多さ，充足率の低さは，近年になって生じたものではないようです。1961（昭和36）年の厚生省の監査結果報告書によると，当時の福祉事務所数は市部645，郡部377，合計1,022か所ありました。このうち職員の充足が不十分であると指摘された福祉事務所

53）厚生省社会・援護局監査指導課長通知「厚生労働省による都道府県・指定都市に対する生活保護法施行事務監査にかかる資料の提出について」（平成12年10月25日社援監第18号）
54）厚生労働省「平成21年　福祉事務所の現況」の「３　生活保護担当員現業員の配置状況」

は271か所あり，市部福祉事務所の33.2％，郡部福祉事務所の43.3％となっています。また，増員を指示した現業員（ケースワーカー）数は416人とされています（当時の全国の現業員数が4,887人）[55]。1983（昭和58）年には「生活保護行政の現状と課題—昭和57年度監査結果の概要—」を厚生省社会局監査指導課が出しています[56]。そこでは「現業員の充足・未充足別福祉事務所数」が1978（昭和53）年から1982（昭和57）年まで一覧となっています。未充足福祉事務所の割合は，市部福祉事務所が少ない年度では11.2％，多い年度では15.0％，郡部福祉事務所では少ない年度で7.6％，多い年度で16.4％となっています。

　この状況に対して監査指導課は「未充足の期間が長期化することにより，訪問調査活動等によるケース処遇や審査，指導援助などが不十分となり，加えて被保護世帯数が増加傾向にあるため，現業員の不足数が更に増える……という悪循環を招いている福祉事務所も認められる。そして，監査結果をみると，個別ケースの『指導指示率』は，現業員の充足率に反比例して，充足率が低いほど高く，訪問調査活動の実施状況にもその傾向が認められる。このように，職員充足の問題が保護の実施水準に大きな影響をおよぼしていることは明らか」であるとしています。当然の指摘と考えられます。

　次に，自治体での生活保護ケースワーカーの担当世帯数の具体的変遷を見てみましょう。東京都内X自治体の3つの福祉事務所の1990年から5年ごとの担当世帯数とケースワーカーの推移で見ると，その増加の傾向が分かります。

---

55) 厚生省社会局生活保護監査参事官室「昭和36年度生活保護法事務監査結果並びに指定医療機関指導検査結果の報告書（昭和37年9月）」。割合については計算があわない部分がありますが，ここでは原文どおりとしました。

56) 厚生省社会局監査指導課「生活保護行政の現状と課題—昭和57年度監査結果の概要—」生活と福祉332号3～6頁

第4章　福祉事務所の課題／第2　生活保護ケースワーカーの状況

【東京都内X自治体のケースワーカー1人当たり担当世帯数推移表】

〔単位：世帯〕

事務所名	1990年	1995年	2000年	2005年	2010年	2015年
A事務所	72.2	65.4	88.4	83.8	94.8	90.8
B事務所	74.6	76.1	89.2	86.6	93.4	89.4
C事務所	69.8	69.6	87.8	87.0	92.0	89.2

X自治体労働組合調べ

【東京都内X自治体のケースワーカー配置数推移表】

〔単位：人〕

事務所名	1990年	1995年	2000年	2005年	2010年	2015年
A事務所	24	24	23	32	37	49
B事務所	19	19	23	34	44	57
C事務所	21	21	22	33	43	54

X自治体労働組合調べ

　ケースワーカーの担当世帯数が社会福祉法の標準世帯を超えているのは，被保護世帯が増加している一方で，自治体がそれに合わせたケースワーカーの十分な増員を行っていないことが原因です。しかし，X自治体のケースワーカーの推移を見ると，標準数には満たないものの，人員増自体は行われています。それでも被保護者の増加にケースワーカーの配置が追い付かないのです。

　この背景の1つに，地方公務員の定数削減があります。「平成28年版　地方財政白書」によると，一般行政職員は2005（平成17）年を100とした時に，2015（平成27）年には86.6となっており10年間で10％以上の定数減が行われています[57]。この傾向は2005（平成17）年前から続いており，行政改革により地方公務員の定数削減が進むことで，本来必要な人員が手当できない状態に陥っているのではないでしょうか。

57）総務省「平成28年版　地方財政白書」71頁

3　経験年数

　公務員，民間企業を問わず，一般に一定程度の経験年数を経ることで仕事を覚え「一人前」になります。福祉事務所のケースワーカーも同様ですが，事務処理とともに，様々な課題を有する被保護者に対する相談援助もあることから，特に経験の蓄積は重要となります。

　被保護者の貧困原因は多様であり，障害や疾病を有するだけでなく，中には過酷な環境で生活してきた人も少なくありません。自らの考えをうまく伝えられない人，権利を適切に訴えることができない人もいます。

　ケースワーカーは，これらの被保護者の状況に応じて支援を行う必要があり，そのための知識や技術の習得が必要になります。しかし，この習得には研修や机上の文献から学ぶだけでは不十分であり，どうしても実際の被保護者を支援する経験を積むことが必要となります。

　実際の事案から正しく経験を積むためには，査察指導員や先輩ケースワーカーからの指導や助言が必要になります。この経験を蓄積することにより，被保護者への適切な相談援助の対応が行えるとともに，法の趣旨や各種通知を理解し，被保護者の現状に照らし合わせることで，適切な扶助費の支給判断が行えるようになります。

　しかし，経験が浅い職員が多い福祉事務所の場合には，後継者育成を経験が浅い先輩が行うこととなり，法に基づく適切な保護の決定，相談援助の対応を伝えられないままの「人材育成」が行われる事態が生じます。この状態は，負のスパイラルに陥る可能性があり，生活保護制度の誤った理解や，被保護者への不適切な対応が，その福祉事務所自体で自覚がないまま一般化する可能性も生じかねません。

　「平成21年　福祉事務所の現況調査の概要」によりますと，査察指導員で経験年数1年未満が26.3％，ケースワーカーでは25.4％。いずれも4分の1の職員が1年未満の経験となります。3年未満では，査察指導員65.1％，ケースワーカー63.3％となります。

　「ベテラン」であるならば仕事ができるとは限りませんが，被保護者の増加と貧困問題の複雑化，職員配置の不十分性などを考えると，経験数3年

未満の職員が半分を超えているということは，職員にとっても被保護者にとっても厳しいものがあるように思われます[58]。

4　業務の質の複雑化

　生活保護は，自らの力で生活できないだけでなく，生活保護法以外の法や制度（他法・他施策）によっても生活することができないときに適用される制度（補足性の原理・法4条）ですから，他法や他の福祉制度の改正が行われることで，保護の方法・内容・扶助が変更になることがあります。

　これは，生活困窮に陥った人への最後のセーフティーネットとして作られた生活保護の機能からは当然です。つまり生活保護は，他の法律，制度の影響を大きく受けるということです。

　他の制度の新設，改正，運用の変更などの場合には，生活保護行政では，その扱いについて詳細な通知類が出されます。例えば介護保険法ができたときには，生活保護の扶助の種類に新たに「介護扶助」が作られ，その扱いに関連して厚生省社会・援護局長通知「生活保護法による介護扶助の運営要領について」（平成12年3月31日社援第825号）の新設等がされました。介護扶助の新設だけではなく，介護保険料の支払いのために生活扶助に「介護保険料加算」も新設され，その算定や支払方法等についての通知がされています。

　生活保護行政は，厚生労働省から出される通知を基に行われ，これらの通知は年度ごとに変更されるほか，課題が生じる都度発出されます。また，事務処理の方法，期間等についても詳細かつ具体的に指示が行われる場合もあり，ケースワーカーの業務運営を事実上拘束しています。

　それらの主な通知が『生活保護手帳』にまとめられ毎年発刊されています。また，生活保護手帳のほかにも『生活保護手帳　別冊問答集』[59]があります。これらは，福祉事務所現場の生活保護行政実施の必須文献とされています。

---

58) 厚生労働省「平成21年　福祉事務所の現況調査の概要」の「5　生活保護担当の査察指導員及び現業員の経験年数の状況」
59) その性格については，前掲注36）参照。

そこで、『生活保護手帳』に掲載された通知の分量から、ケースワーカーが理解し福祉事務所が行わなければならない業務量がどのくらい増加しているかを見てみます。

　例えば、『生活保護手帳』1996年度版は468頁ありましたが、2011年度版では774頁と1.6倍となっています。さらに2016年版では887頁と増えています。『生活保護手帳』は市販されている書籍ですので、装丁等本文とは異なるものもあり、ページだけの比較も少々乱暴とも思えますが、必要な通知や資料が増加していることの参考にはなるかと思います。

　また都道府県によっては、生活保護行政実務について、当該都道府県内の福祉事務所への技術的助言をまとめたものを発行している場合などもあります。

　東京都福祉保健局生活福祉部保護課による生活保護行政の解説集である「生活保護運用事例集」は、東京都の福祉事務所指導検査などで発見されることの多い運用の誤り、福祉事務所から問合せの多い事項、ケースワーカーの理解が不十分な問題などについて問答形式で解説しており、都内の福祉事務所のケースワーカーは、生活保護の実施に当たっては『生活保護手帳』同様に参照をしています。

　これがどのくらい変更されるかについて見てみますと、「1996年版」では問答形式の解説が223件示されていました。その後「2006年度版」では問答形式の解説が298件に増え、この解説は「2006年増補改訂版」では77件、「平成20年度修正版」では32件、「平成22年度修正版」では32件、「平成23年度修正版」では30件、「平成24年度修正版」では50件の修正、加除が行われ、2013年版では497頁、355の問答、12の参考資料が掲載されています。更に、2015年度には生活保護法の改正等を踏まえて「平成27年度修正版」が出され、ここでは2013年版を基に修正箇所が122か所あります。

　このように、生活保護行政では他法・他施策の動向による影響とともに、生活保護事務処理の緻密化、実施上の管理強化により、その業務が複雑化、煩雑化され、ケースワーカーの負担が増加しているのです。

5　不祥事の発生

　自治体の職員定数削減によるケースワーカーの業務負担が，生活保護行政の不祥事として表れています。ケースワーカーの担当する被保護世帯数が増加すれば，相談，家庭訪問，保護費の支給事務等の業務量も増加しますから，事務処理が追いつかないケースワーカーも一部に生じ，適正な生活保護行政を行えない状況も生じています。また，厚生労働省が求める様々な事務の増加も見過ごすことはできません。

　厚生労働省社会・援護局総務課指導監査室は2007（平成19）年にケースワーカーの保護費の着服，被保護者へのセクハラなどの不祥事の項目に「返還金の放置紛失等」「保護費戻入金放置等」を含めて「生活保護運営上の問題」としました[60]。

　また，2009（平成21）年には厚生労働省社会・援護局保護課長通知「現業員等による生活保護費の詐取等の不正防止等について」[61]を出し，ケースワーカーの事務処理の遅れなどを「現業員等による詐取，領得，事務け怠及び亡失（以下，「現業員等による詐取等」という。）」と詐取や横領等と同じ扱いにしています。この通知では，不正事案が生じた場合の生活保護費国庫負担金の清算方法について「現業員等による事務け怠，亡失事案に係る清算の方法について」という項目も記載されています。

60）厚生労働省社会・援護局総務課指導監査室「生活保護運営上の問題」生活と福祉621号3頁以下
61）厚生労働省社会・援護局保護課長通知（平成21年3月9日社援保発第0309001号）

現業員等による生活保護費の詐取等の不正防止等について

平成21年3月9日　社援保発第0309001号
各都道府県・各指定都市・各中核市民生主管部(局)長宛
厚生労働省社会・援護局保護課長通知

〔改正経過〕

　第1次改正　平成28年3月29日社援保発0329第1号

　保護の実施機関においては，生活保護費の支給等について適正な事務処理が必要不可欠であるが，近年，現業員等による生活保護費の詐取等の不正事案が発生しており，このことは生活保護行政に対する国民の信頼を損なうものであり誠に遺憾である。

　会計検査院の平成19年度決算調査報告においても，実施検査した212福祉事務所のうち43福祉事務所における現業員等による詐取，領得，事務け怠及び亡失（以下，「現業員等による詐取等」という。）の事態について，また，167の福祉事務所において，現業員等による詐取等が発生した上記43福祉事務所と同様の事務処理上の不備が見受けられた旨の指摘がされており，実施機関における相互けん制等の内部統制を十分機能させることなどによる生活保護費の支給等事務の適性な実施及び不正事案の再発防止について是正改善措置が求められたところにある。

　各自治体におかれては，詐取等を行った現業員等に対し懲戒処分等の厳正な措置が講じられているところであるが，今後，現業員等による詐取等が発生した福祉事務所は勿論のこと，現業員等による詐取等が発生していない福祉事務所についても不正事案が発生しないよう，その再発または発生の防止対策を更に徹底する必要がある。

　また，当該詐取等により不適正支出された生活保護費負担金については，その適正な精算を行い返還手続きを講じる必要がある。

　ついては，下記の事項に留意の上，生活保護費の支給等事務の適正な実施とその不正事案の再発等防止対策を講じ生活保護行政の適正な運営に資するよう，実施機関を指導されたい。

（以下略）

それにもかかわらず事務処理に係わる問題は続いています。2014（平成26）年以降でも、さいたま市では生活保護費約227万円を163世帯に重複支給（朝日新聞2014年11月8日）、仙台市では支給すべき保護費15件・約83万円の事務処理を怠る（朝日新聞2014年10月29日）、大阪市では199件・約162万円の生活保護費未払い（朝日新聞2014年8月1日）、尼崎市では生活保護事務処理の滞りを隠すためにコンピューターシステムを不正操作し、また書類等を自分のロッカーに隠していた（朝日新聞2014年5月30日）などが報じられました。

仙台市では最近も「不適切な事務処理」が発覚しています[62]。仙台市宮城野区では被保護者への未払い82件・約86万円、過払い30件・約25万円のほかに業者への未払い2件・約21万円、調査中の案件15件・約620万円とされています。同市の泉区では未払い47件・約35万円、過払い4件・約19万円があり、このほかに保護申請の遅延が2件（平成27年4月と12月申請についての未処理を平成28年6月と8月に処理）というものです。

このほかにも千葉県銚子市では2014（平成26）年から2016（平成28）年にかけて収入認定を怠り17人に計152万円の未払いが発生しました（毎日新聞2016年7月22日）。秋田県では重い障害のある世帯に対して4か月から6年5か月にわたり計約422万円の支給を怠っていました（毎日新聞2016年6月1日）。熊本市では124世帯に対して約1190万円の過大支給と52世帯に対して1078万円の過少支払いが生じており、2015（平成27）年11月に17世帯に2300万円の過大支給も生じ、調査の結果計176世帯で最大・過少支給が見つかりました（毎日新聞2016年1月30日）。

このように、事務処理懈怠の問題は一部の自治体、一部の職員だけの問題ではなくなっています。

事務処理の遅れを理由とした職員の処分からケースワーカーの担当世帯数が分かった事例を見てみましょう。

東京都東村山市では、ケースワーカーが7年間で過大支給70件・約4700

---

62) 記者発表資料平成28年9月20日「生活保護業務等に係る不適切な事務処理について」

万円，過少支給47件・約880万円の不適正な事務処理がありました。ケースワーカーの状況は，「平成26年3月　議会厚生委員会報告」の内容によりますと，2013（平成25）年のケースワーカー1人当たりの担当数は121世帯，再任用職員4人を含めても96世帯でした[63]。

　また，東京都多摩市では2名の職員の事務懈怠が発覚し，1人は22件・約1300万円の過支給，16件・約97万円の支給漏れが生じ，もう1人は52件・約2600万円の過支給，43件・約500万円の支給漏れが生じました。多摩市内に設置された「多摩市生活保護費適正支給に向けた第三者検討委員会」によると2005（平成17）年から2014（平成26）年までの担当世帯数は84.1～100.9世帯でした[64]。

　いずれもケースワーカー，上司など関係職員は処分をされていますが，生活保護費は国民の最低生活を保障するものであり，支給がされないことや適切に算定されない事態等は，人の「生き死に」に関わることであってはならないことです。

　事務処理の遅滞については様々な要素があり，担当世帯数の多さだけの問題ではないとも考えられますが，担当世帯数の多さの問題が全くないともいえないと思われます。当該自治体が判断した標準世帯数が妥当なものだったのでしょうか。

　また，査察指導の機能がどのくらい働いていたのでしょうか。事務処理が滞りがちであることや，被保護者との関係で悩みを持つケースワーカーを支えることは査察指導の重要な機能と考えられます。しかし，ケースワーカーと同様に査察指導員の負担も大きく，十分にその機能を発揮できなかった可能性もあるように思われます。

---

63) 東村山市ホームページ「平成26年　第1回議会報告会」『厚生委員会の報告内容』（更新日2014年5月29日）
64) 第1回多摩市生活保護費適正支給に向けた第三者検討委員会（平成26年7月22日）資料4

第5章　まとめ

　福祉事務所の設立理由，福祉事務所内のケースワーカー，査察指導員を配置する理由とともに，被保護者の生活困難についても経済的なものだけではない課題があることを見てきました。また，生活保護を取り巻くケースワーカーの厳しい状況も検討してきたところです。

　それでは，このような状況の中で，どのように生活保護行政は行われているのでしょうか。もちろん，生活保護法に基づいているのですが，様々な課題を抱えている被保護者に対して，ケースワーカーを始めとする生活保護行政では，生活保護法をどのように運用しているかが問題となります。

　2014（平成26）年に生活保護法の改正が行われました。これまでも介護保険の成立に伴い介護扶助の新設などの改正が行われていますが，1950（昭和25）年に成立以降，その原理についての改正は行われていません。つまり，生活保護の骨子は65年以上前から法律改正が行われていないのです。

　1950（昭和25）年当時と現代では，我が国の産業構造等が大きく変わっており，また家族形態や家族観を始め，進学率など社会状況も大きく変化しています。しかし，生活保護法が大きな改正を行わずとも，現在に至ったのは生活保護法の構造にあるといえます。すなわち，法の実施上の考え方を厚生労働省からの政治的（財政上の）判断を含めて社会状況に合わせた通知が出されるとともに，その通知を基にしつつも福祉事務所による事実上の幅広い判断による運用が行われてきたからです。

　つまり，生活保護基準やそれに基づく扶助費についても，法律ではなく厚生労働省の告示により示され，その改廃や支給の要件，判断基準，被保護者等への調査内容やその方法が詳細に指示されるなど，具体的な生活保護の運用が厚生労働省の通知により行われるという構造があります。また，福祉事務所ではそれに基づきながらも，扶助費の支給の可否など個別の被保護者への判断は独自に行うという，生活保護行政が実施されているからです。

　生活保護行政を見るためには，生活保護法の理解だけでは分かりません。

第1編　生活保護を実施する組織

この点が生活保護を分かりにくくしている原因の1つといえます。そこで，第2編では生活保護法とともに，生活保護行政に大きな影響のある行政通知を見ていくこととします。

第2編

生活保護の原理

第1章　なぜ原理を学ぶのか

第1　実施要領，通知と法

　生活保護は憲法で保障された国民の生存権の保障を具体化したものです。したがって，国民に対する国家の責任として実施され，その運用は全国統一とする必要があることから，保護の可否の判断や保護費の金額などの多くの部分が法定受託事務とされています。このため，生活保護行政は，生活保護法を基に厚生労働省から各種通知が福祉事務所に示されることで，その実務が行われることになります。

　被保護者に直接関わるケースワーカーは，生活保護の可否や保護費の程度，保護の方法などについての判断が必要であることから，保護の実施にあたっては，抽象的な法の条文よりも運用についての具体的な記述のあるこれらの通知を中心に参照することが多いことになります。これらの通知は「実施要領」と呼ばれています。このため，生活保護行政を実際に担う福祉事務所の現場では，これら通知が整理された法令通知集である『生活保護手帳』や問答による解釈集である『生活保護手帳　別冊問答集』が保護の実施の必携とされています。(第1編第3章第2参照)。

　また，地方自治体や福祉事務所によっては，保護の決定に当たり判断をより早く簡潔に行うために「判断の申合せ」や「福祉事務所内の生活保護運用ルール」を決め，それに沿って生活保護行政を実施しているところもあります。これらは，たびたび生じる類似の事例についての対応を整理・統一化し，ケースワーカーごとに被保護者への異なる対応を防ぐことを目的としたものや，オーバーワークともいえるケースワーカーや査察指導員が，被保護者からの相談に対して迅速に応えるマニュアルであることもあり，必ずしも否定されるものではないと思います。

　しかし，ここで問題なのは法の理解が不十分なために，実施要領の理解が表面的になり，具体的に生じている被保護者の課題に応えることができない

場合や，中には「福祉事務所内の生活保護運用ルール」が判断の簡易さを求めるあまり，法から逸脱することが生じる場合です。このようなことは，要保護者である住民に対して不利益を与えることであり，公務員として違法行為の責任を問われるなど，重大な問題を生じかねません。

　生活保護行政の各種通知は法を実施するために示され，また被保護者に生じる類型的な問題に対する判断をより具体的に示したものです。したがって，法を理解することは，各種通知の理解を深めるということでもあります。

　数年前にタレントの親族に関連して，扶養問題が大きな話題となりました。この時に，生活保護における扶養の扱いについて不正確な議論が行われたばかりでなく，扶養が生活保護法4条1項の「要件」とはされておらず，同法4条2項の「優先」とされていることを知らないことや，「要件」と「優先」の違いを理解できない福祉事務所の職員も少なくなかったように思います。

　扶養が法の要件なのか優先なのか，あるいは要件と優先の違いについての理解が不十分な場合，実務上は扶養の扱いについて実施要領に沿った処理を行っているつもりでも，その意味が理解できていないわけですから，住民への説明はもとより，複雑な事案やトラブルが起きたときなど法に基づいた対応がされていない可能性があります。

　このように，生活保護行政の運用に当たっては，法の理解は必要と考えられます。そこで，第2編では生活保護行政を実施する中で生活保護法と通知をどのように理解していくのかということを，法の原理に基づいて検討をしていくこととします。

第2　生活保護法を理解する視点

　貧困に陥る要因が複雑であることから，生活保護に至る経過は様々といえます。したがって，被保護者の状況も多様であり，高齢者世帯や母子世帯等

の世帯類型では被保護者の生活実態を表しているとはいえません[1]。また，被保護者の状況も日々変わることがあることから，経済給付の必要性についても変動することも少なくありません。つまり，人間の生活と同様に，生活保護行政は「生きて」いるのです。

生活保護行政が生きていることから，常に惹起する問題の解決に追われ，ケースワーカーや査察指導員の負担は大きくなっています。そのような状況だからこそ，生活保護行政を適切に運営するための視点が重要になります。

ケースワーカーが条文や通知に当たるときは，何らかの課題を有している被保護者に対して，どのような対応を行うのかを決めなくてはならない場合が多いと思います。正に判断を迫られているのです。

しかし，被保護者の状況の理解が誤っているなど，その前提が誤りであれば法や通知の適用が妥当ではなくなります。つまり，被保護者の状況を正しく把握，理解した上で，解決へ向けた方針を決め，妥当な条文や通知を当てはめることが必要になります。

ここで問題なのが，解決へ向けた方針になります。方針が各々のケースワーカーの主観に左右されることや，福祉事務所により異なることは，住民の不信感を招き，生活保護を不安定化させることになります。

この解決へ向けた方針を決める視点が，法の目的に沿う必要があるので

---

1) この類型は世帯を類型化しているだけで，被保護世帯の生活実態や生活上の課題を示していません。世帯類型は次のように分類されますが，複数該当するときには番号の若い類型に分類されます。したがって，母が精神障害を持つ一人親家庭は「母子世帯」に，また70歳の母と40歳の重度障害者は「その他世帯」とされます。
【世帯類型の定義】
高齢者世帯：男女とも65歳以上（2005（平成17）年3月以前は，男65歳以上，女60歳以上）の者のみで構成されている世帯か，これらに18歳未満の者が加わった世帯
母子世帯：死別，離別，生死不明及び未婚等により，現に配偶者がいない65歳未満（2005（平成17）年3月以前は，18歳以上60歳未満）の女子と18歳未満のその子（養子を含む。）のみで構成されている世帯
障害者世帯：世帯主が障害者加算を受けているか，障害・知的障害等の心身上の障害のため働けない者である世帯
傷病者世帯：世帯主が入院（介護老人保健施設入所を含む。）しているか，在宅患者加算を受けている世帯，若しくは世帯主が傷病のため働けない者である世帯
その他の世帯：上記以外の世帯

す。つまり，法を理解するということは，保護の要否や扶助額の決定に当たり，その根拠となる通知の理解とともに，生活保護の目的とその理念を理解するということです。

第2章　生活保護法の目的

　法5条は「前四条に規定するところは，この法律の基本原理であつて，この法律の解釈及び運用は，すべてこの原理に基いてされなければならない。」と規定し，法1条から4条までに生活保護の基本原理を定めたと明記しています[2]。

　法の解釈，運用は全てこの原理に基づいて行うこととされていますから，生活保護の実施においては，この原理の理解が必要となります。

第1　生活保護法の目的（法1条）

法の目的

> （この法律の目的）
> 法1条　この法律は，日本国憲法第25条に規定する理念に基き，国が生活に困窮するすべての国民に対し，その困窮の程度に応じ，必要な保護を行い，その最低限度の生活を保障するとともに，その自立を助長することを目的とする。

　生活保護の目的は，最低限度の生活保障と自立の助長です。

　法制定時に大きな影響を有した厚生省社会局保護課長・小山進次郎は法1条の要旨として，生活保護法の内在的目的を定めたものであるとして，以下の3点を挙げています[3]。

① この法律は，国民で生活に困窮するものの最低生活を保障しようとする

---

[2] 法7条から10条までは「保護の原則」としています。この原理と原則の違いですが，立法時の国会資料では，基本原理とは原則ではなく，原則のごとく例外はあり得ないという意味であると述べられています（資料集　戦後日本の社会福祉制度Ⅰ『生活保護基本資料　第5巻』（柏書房，2012年）325頁）。

[3] 小山『生活保護法の解釈と運用（改訂増補）』88頁

ものであること。
②　この法律による保護は、国の直接責任において行われるものであること。
③　この制度の目的は、この法律により保護される者の最低生活を保障するとともに、自立を助長しようとするものであること。

　更に法1条は単なる装飾的条文ではなく、最も実動的な条文であって、この制度の運用に当たっては、常にその指針となる性質のものであり、例えば、法27条に定められている福祉事務所による被保護者への指導・指示が違法か否かを判定する実質的な根拠条文は、この条文となるとの指摘も行っています[4]。

　そこで法の目的である「最低生活の保障」「自立の助長」とは何なのか、生活保護行政では、どのようにこれらを実現していくのかという問題が生じます。

第2　国家責任

　憲法25条1項は「すべて国民は、健康で文化的な最低限度の生活を営む権利を有する。」と定め、生存権について国民の権利を明記しています。つまり、生活保護法による最低生活の保障は国の義務ということであり、国民の権利なのです。同様に自立の助長についても、自立を助長する義務は国にありますが、国民の義務とはされていません。

　小山は保護を各自治体に任せるのではなく、直接国の責任とした考え方を要旨次のように5点に整理しています[5]。
①　生活保護法が保護の対象を労働能力の有無を問うことなく、生活の困窮という事実を保護の要件とする建前の下では、被保護者の態様はその時々の経済事情により大幅に変動する。経済の運行が都道府県という区域をもはるかに超えた広域を単位として営まれている以上、経済変動に

---

4 ）小山『生活保護法の解釈と運用（改訂増補）』89頁
5 ）小山『生活保護法の解釈と運用（改訂増補）』91～93頁

より発生する生活困窮者の生活保障を，地方公共団体の責任において実施することは不可能である。

　要するに失業による生活困窮をも保護の対象に取り入れたことで，生活保護の実施を全国的規模において実施することを不可避とした。
② 社会保障の制度として実施する以上，その保障の内容に相違があってよいはずなく，必然的に全国的規模で実施されることが要請される。
③ 地方自治体へ任せた上で，高率の財政援助を行っても不可能に近い。このような制度で処理するためには生活保護の経費について比較的単純な測定基準を作らなくてはならないが，一定の時期を固定しても同一府県内の市町村間に30〜50の段階があり，また時期的に変動をする。このやり方を強行すれば市町村のあるものを財政的に破綻させるか（おそらくはそのようなことは起こらないで），社会保障制度としての生活保護制度を崩壊させることになる。
④ 保護の責任を，その人が保護を要する状態に陥った当時，その市町村に居住していたからという理由でその市町村に負わせてしまうことは，たまたまその土地に居住していた人も保護することになるので感情的に無理が生じる。
⑤ 憲法25条2項に「国は，すべての生活部面について，社会福祉，社会保障及び公衆衛生の向上及び増進に努めなければならない。」と規定している。少なくともこれらの部面の事務に対する究極的責任は，国がこれを負担すべきことを要求していることだけは否定すべくもない。

　上記のように，国民に対する最低生活保障が国家責任である一方で，地方自治体が直接住民への生活保護行政を担っていることから，生活保護費の財源の扱いが問題となります。

　生活保護の財政については厚生省職員による解説書でも，生活保護費の特徴として，予算額によって保護の実施を制限することがなく，生活保護費の予算の制約により，保護の停廃止又は拒否を行うことができず，被保護者の増加により予算額に不足をきたす場合は，必ず追加（補正）予算又は予備費支出によって，必要額を確保しなければならない，これは財政法上も規定さ

れていると述べられています[6]。

しかし,保護費の全額を国が負担するのではなく,立法当初より地方自治体にも負担が課されており[7],現在は法75条1項で生活保護の国の財政上の負担は4分の3とされています[8]。

小山は財政負担を地方自治体にも課す理由について,地方自治体に財政負担をさせれば保護の濫給が防げると次のように述べます。

「この法律による保護が国家事務であるとの建前を機械的に貫けば,その費用も亦原則として国がその全額を負担すべしということになるのであるが,他面,都道府県及び市町村もその管内の住民の保護について当然責任を負うべきものであるということを考えると,これらの団体も亦適当な割合に

---

6) 社会福祉行政研究会編『社会福祉法制論・財政論』(新日本法規,1981年)392頁。同書は社会局長,児童家庭局長が巻頭文を書き,厚生省職員が執筆しています。
7) 負担割合は1950(昭和25)年の立法時から1984(昭和59)年まで国80%・地方自治体20%,1985(昭和60)年から1988(昭和63)年までは国70%・地方自治体30%,1989(平成元)年からは国75%・地方自治体25%となり現在に至っています。
8) 生活保護法
　　(国の負担及び補助)
　　75条　国は,政令で定めるところにより,次に掲げる費用を負担しなければならない。
　　一　市町村及び都道府県が支弁した保護費,保護施設事務費及び委託事務費の4分の3
　　二　市町村及び都道府県が支弁した就労自立給付金費の4分の3
　　(三・四　省略,2項　省略)
　　地方財政法
　　(国がその全部又は一部を負担する法令に基づいて実施しなければならない事務に要する経費)
　　10条　地方公共団体が法令に基づいて実施しなければならない事務であつて,国と地方公共団体相互の利害に関係がある事務のうち,その円滑な運営を期するためには,なお,国が進んで経費を負担する必要がある次に掲げるものについては,国が,その経費の全部又は一部を負担する。
　　(一～三　省略)
　　四　生活保護に要する経費
　　(五～三十四　省略)
　　(国の支出金の支出時期)
　　19条　国の支出金は,その支出金を財源とする経費の支出時期に遅れないように,これを支出しなければならない。
　　2　前項の規定は,地方公共団体の負担金等の国に対する支出金にこれを準用する。

おいてその費用を分担することが適当だということになるのである。更に，この法律の施行につき特に国の出先機関を設けることなく地方公共団体の長をしてこれに当らせている現状の下では，この事務処理の適否が地方公共団体の財政に影響を及ぼすようにしておく方がその取扱を慎重ならしめ，濫給が自ら抑制される点において効率的であるという利点がある」[9]。

　この結果，法制定時から費用負担の一部を地方自治体に負担させることとなりました。小山は行政上の実施責任と費用負担の責任とを分離することは不合理であり，保護の濫給又は漏給の温床となること，都市は町村に比較すると濫給に流れやすい傾向があるので市の負担を従来の2倍にすることで市は濫給を未然に防止し保護の適正を期する上で効果的であること，などを挙げています[10]。

　地方自治体の住民に対しての責任は，財政負担である必要はなく，的確に住民に対して保護を適用することも自治体の住民に対する責任です。地方自治体に負担を負わせている理由が，濫給の防止であるということは，地方自治体による生活保護行政を信用していなかったようにも思えます。あるいは，直接住民に対応する地方自治体に財政負担をさせることで，なるべく保護受給を認めない，厳しい運用を期待していたようにも考えられます。

　これらは機関委任事務の時代の議論ですが，現在の法定受託事務の段階ではどう考えるべきでしょうか。このことについて法定受託事務か否かよりも，生活保護の目的・性格に照らして政策的に考えるべきであると述べた上で，地方公共団体中心の財政負担方式の不合理性について次のような指摘があります[11]。

　すなわち，生活困窮者が各自治体に均等に分散しておらず，実際には偏りが生じることから，被保護者が多く税収が少ない財政力の弱い地方公共団体ほど，より多くの保護費を支出しなくてはならない矛盾が生じ，また，居住移転の自由が保障されていることから，生活困窮者が何らかの事情で他の地

---

9) 小山『生活保護法の解釈と運用（改訂増補）』772頁
10) 小山『生活保護法の解釈と運用（改訂増補）』774頁
11) 碓井光明『社会保障財政法精義』（信山社，2009年）430頁

方公共団体から集中的に流入してくる場合には、その原因が流入先の地方公共団体が関係していなくとも、保護の財政責任のみを負うことになるというものです。

この指摘は説得力があると考えられます。前者については被保護者が多い自治体は、被保護者だけではなく低所得者自体が多いことから、その対応として各種公共料金等の減額、免除や就学援助等の地方自治体の財政負担が大きくなる一方で、税収は少ないこととなります。また公営住宅が多い自治体には近隣自治体からの被保護者の転入が多いからです。

地方自治体の財政が厳しいだけでなく自治体間の財政格差も生じていることから、費用負担は国が全額負担し、危惧するような地方自治体による濫給があるならば、別の対応を行うことが妥当ではないかと思われます。この問題については、指定都市市長会も「生活保護費の全額国庫負担について生活保護は、ナショナルミニマムとして、本来、国の責任において実施すべきであり、その経費は全額国が負担すること。」と全額国庫負担を要請しています[12]。

一方で、生活保護財政の地方自治体の負担は、地方交付税が充当されている限り地方財政が圧迫されることはないとの指摘があります[13]。この見解は、自治体の財政負担が単純に保護費の25％とするものや、被保護者の増加が自治体財政を圧迫しているという意見に対しての有力な批判と思われますが、地方交付税の性格から扶助費の増加が地方自治体の財政を圧迫していないか否かは、地方自治体ごとに個別に算定・検討する必要があるように思われます。

---

12) 指定都市市長会「生活保護制度の見直しについての指定都市市長会要請」平成24年5月15日
13) 上原は保護費の自治体負担分や生活保護費の人件費、行政事務費については地方交付税交付金として補われていることを挙げ、国家責任の原理により、生活保護費や事務費は国により保障されているから、被保護者が増えたことにより、保護費が増えたとしても地方交付税が充当されている限り地方財政が圧迫されることはないと指摘しています。上原紀美子「国・都道府県・市町村の役割」吉永純・布川日佐史・加美嘉史編著『現代の貧困と公的扶助』(高菅出版、2016年)175頁、177頁

この問題については，財政問題の押し付け合いではなく，国の国民に対する責任の所在の問題として考える必要があると考えられます。

第3　最低生活の保障の意義

　最低生活保障については，「最低」という文言が目を引くところですが，生活保護は国民の権利ですから，国家が国民に対して「最低の生活」を我慢させるということではありません。最低限度の生活の「保障」であり，また「最低の生活」の前提は「健康で文化的な最低限度の生活」であることに注意しなくてはなりません。ここでは，国家が国民に対して「これ以下の生活をさせてはならない」という意味であることを理解する必要があります。ですから，理念的には生活保護で決められた生活水準以下の生活をする国民がいてはならないのです[14]。

　この理解が不十分ですと，生活保護を受けずにその水準以下で生活している人に対して「保護を受けずに頑張っている」等という誤った称賛を送ることになります。このことは，生活がどんなに困窮しても，生活保護を受給するよりは受給しないことの方が正しい，ということになりかねず，生活保護は国民の権利であることが忘れられてしまいます。その結果，保護受給することが恥ずかしいことであるという誤った考え方が広がることになりま

---

[14] 生活保護を必要とする要保護世帯のうち実際に保護を受けている世帯の割合を示す指標に「捕捉率」があります。補捉率が100％であれば要保護者はすべて保護されており，補捉率60％であれば40％が保護から漏れる「漏給」があるとされます。厚生労働省は2010年4月9日の第8回ナショナルミニマム研究会で「漏給をあらわすものではございませんけれども，現状把握の指標としてとらえるべき数字」（三石保護課長）として平成16年全国消費実態調査と平成19年国民生活基礎調査から補捉率を計算した「資料3－1　生活保護基準未満の低所得世帯数の推計について」を公表しています。この推計では所得のみでは平成16年全国消費実態調査では23.8～29.6％，平成19年国民生活基礎調査では15.3％。資産を考慮すると平成16年全国消費実態調査では75.8～87.4％，平成19年国民生活基礎調査では32.1％が補捉されていることになっていますが，これは所得のみでは70.4％～84.7％，資産考慮では22.6％～67.9％の漏給の可能性があるということです。http://www.mhlw.go.jp/stf/shingi/other-syakaihosyou.html?tid=129252

す。

　このようなことは、貧困のため十分な食事が摂れない、病気であっても治療ができない、子供を進学させられない等の様々な問題が生じても救済されないばかりか、そのような状態にもかかわらず保護を受給せず我慢することを強いられる事態が社会で一般化し、国民の生存権を保障した制度が画餅に帰すおそれさえ生じかねません。

　このような考えの背景には、生活保護が国家からの「恩恵」「お恵み」という考えがあるのではないでしょうか。

　生活保護基準以下の生活状況であっても、生活保護を受給するか否かは原則として本人の意思に基づくものであり、強制的に保護受給させるものではありません。しかし、生活保護水準以下の生活をしている人に対しては、行政機関は保護受給が可能なことを示した上で、本人の判断に委ねながらも、最低限度に満たない生活が続くことがないように支援する必要があると思われます。

第4　自立の助長

1　自立の助長とは、どのようなことか

　生活保護の目的である「自立を助長する」という規定は、旧生活保護法[15]にはなく、現在の生活保護法で導入されました。自立助長の意味を法制定時の国会資料「七　生活保護法案逐条説明」では、惰民醸成を避けるためにも必要であると次のように述べています。

　「本法による保護の目的が、単に生活に困窮する国民の最低限度の生活の保障と維持に在るだけではなく、進んでその者を自力更生させるにあることは、国の道義的責務よりしても当然のことであって、このような制度に伴い易いいわゆる惰民醸成を避けるためにも必要である。」[16]

---

15) 旧生活保護法は1946（昭和21）年10月に施行され、1950（昭和25）年5月に現行法の施行により廃止となりました。
16) 国会資料「七　生活保護法案逐条説明」305〜306頁

同様に，生活保護法制定時の厚生省社会局長・木村忠二郎は惰民養成を排除するためであると次のように述べています。

 「本法制定の目的が，単に困窮国民の最低生活の保障と維持にあるだけでなく，進んでその者の自力更生をはかることにあることは，国の道義的責務よりしても当然のことであるが，改正法においては第１条にその趣旨を明言してこの種の制度に伴い勝ちの惰民養成を排除せんとするものである。」[17]

 ところが，法制定時の社会局長木村と同時期に保護課長であった小山進次郎は自立の助長について次のように説明をしています。

 「『自立を助長する』 公私の扶助を受けず自分の力で社会生活に適応した生活を営むことのできるように助け育てて行くことである。助長という以上そういう内在的可能性を有している者に対し，その限度において云われるものであって，そのような可能性の態様や程度を考えず，機械的画一的に一つのことを強制するものでないことは申す迄もない。」[18]

 また，自立助長を法の目的とした意味について，生活保護法の社会福祉的側面があることが述べられています。

 「法第１条の目的に『自立の助長』を掲げたのは，この制度を単に一面的な社会保障制度とみ，ただこれに伴い勝ちな惰民の防止をこの言葉で意味づけようとしたのではなく，『最低生活の保障』と対応し社会福祉の究極の目的とする『自立の助長』を掲げることにより，この制度が社会保障の制度であると同時に社会福祉の制度である所以を明らかにしようとしたのである。」[19]

 その上で，小山は「自立助長」を法の中に含めた意味を述べ，惰民防止とする考えに対し厳しい批判を行っています。

 「最低生活の保障と共に，自立の助長ということを目的の中に含めたのは『人をして人たるに値する存在』たらしめるには単にその最低生活を維持させるというだけでは十分でない。凡そ人はすべてその中に何等かの自主独立の意味において可能性を包蔵している。この内容的可能性を発見し，これを

---

17) 木村『改正生活保護法の解説』49頁
18) 小山『生活保護法の解釈と運用（改訂増補）』94〜95頁
19) 小山『生活保護法の解釈と運用（改訂増補）』84頁

助長育成し，而して，その人をしてその能力に相応しい状態において社会生活に適応させることこそ，真実の意味において生存権を保障する所以である。社会保障の制度であると共に，社会福祉の制度である生活保護制度としては，当然此処迄を目的とすべきであるとする考えに出でるものである。従って，兎角誤解され易いように惰民防止ということは，この制度がその目的に従って最も効果的に運用された結果として起ることではあらうが，少くとも『自立の助長』という表現で第一義的に意図されている所ではない。自立の助長を目的に謳った趣旨は，そのような調子の低いものではないのである。」[20]

これらの説明を比べてみると，自立の助長について法制定時の社会局長と保護課長が異なる説明をしており判然としません。このことについて，後に小山は仲村優一（日本社会事業大学教授）との対談で，仲村の「結局行きついたところは，社会保障の法であることを第一義としつつ，社会福祉の性格としての自立助長ということをも一緒に考えていくというところに結論がおちついた。こういうふうに伺っているんですがそれでよろしいんでしょうか。」との質問に対して，次のように述べています。

「やや自問自答のきらいがありましてね。まあ結局，私が自分でしゃべって，そして，そうかなあというふうになる時間を若干かけたということですかね。ですから，今おっしゃったことと関係があるんでしょうか，あの当時出た解説書の中でも，先生が言われたこの本（小山『生活保護法の解釈と運用』のこと＝筆者注）と，それから木村さんの名前で出た本との間に，1条なんかについては，正確に読んでみりゃ，若干食い違いのあるような説明が多分出たはずですよ。それはそういう事情からなんですけどね。片っ方は，自問自答しているうちに，自分の頭で考えておったことを，大体これだときめて，爾後，自分たちの行政上の考えとしたし，片っ方は，そのときに自分が受け取った限度において，こうだと思ってそういうふうに書いた。こういうことが，表現の上で若干の違いを生じさせた，こういう結果になったんだ

20）小山『生活保護法の解釈と運用（改訂増補）』92～93頁

ろうと思いますがね。」[21]

　その上で，仲村が自立助長をどのように解釈したらよいのか，自立とはどのようなことなのかが現場では大きな課題となっていると質問したことに対して次のように続けています。

　「従来生活保護で金をやって，やった結果どうするかという問題は，生活保護からちょっと離れたケースワークの問題としてだけ議論されるという傾向が，当時出てきておったわけです。そこで，そうじゃないんだ。必要な金は被保護者におわたしをする。しかし，それで生活保護という制度の仕事が終わったということじゃないんで，そういうことは，いわば一つのプロセスなんで，そういうことを通じながら，さらにその人の人間として持っている可能性を十分発展させていく，いわば人権をそのまま実現させていくようにするところまで持っていくというのが，生活保護の，いわば内部の問題なんだ，運用自身の問題だ，ここを何とかはっきりしたいなあ，こういうことで入れたわけなんです。入れた動機はそういうことで，中では一応そういう説明をして入れたわけですけれども，当時のいろんなものごとの運び方の点でやや唐突の感があったために，別の解説書では，こういうふうに保護金品をやったりなんかするのは，決して惰民を養成するという目的じゃないんで，自立助長させる目的だ。こういうふうに解説をする。これはいわば古い考え方ですわね。それがそういうものを残した事情なんですけれどもね。つまり今日のように，広い範囲で論議されるべき問題が論議されて整理されて，その結果が法文化されるんじゃなくて，まだ議論しているまっ最中に，もうそれが法文のほうに出てきちゃった，そういう状態だったことが，ああいう食い違いを生んだんだろうと思うんですが，入れた人間の気持ちなりねらいというのは，そういうことだった。」[22]

　このように，自立助長については法案策定時に厚生省内でも十分議論されていないことが分かります。しかし，木村と小山の「食い違いのある説明」は生活保護法の目的である自立助長とはどのような意味なのか，ということ

21）厚生省社会局保護課編『生活保護三十年史』（社会福祉調査会，1981年）119〜120頁
22）前掲注21）『生活保護三十年史』124〜126頁

ですから仲村が指摘するように生活保護行政の上では非常に重要な問題なのです。

この問題の背景には，生活保護法（公的扶助）の歴史を振り返る必要があります。旧生活保護法（以下，「旧法」という。）では，戦前の救護法と異なり，失業者など稼働能力のある人でも保護の対象とする一方で，旧法2条では「能力があるにもかかはらず，勤労の意思のない者，勤労を怠る者その他生計の維持に努めない者」「素行不良な者」は保護対象としないという規定（欠格条項）がありました。しかし，この欠格条項は現行法に改正されたときに削除されています。

欠格条項とは保護する側が要保護者に対して「怠け者」「素行不良」と判断した場合には生活保護から排除するものです。この場合の排除の対象は稼働能力を有すると判断したにもかかわらず，就労を行わない（行えない）人たちでした。しかし，稼働能力の有無は抽象的なものですから，その判断は恣意的になりやすいのです（稼働能力の判断については第2編第5章第4参照）。

現在の生活保護法は失業者等の稼働能力のある人も生活困窮に陥った時には保護の対象としており，また欠格条項は削除されています。そこで，この欠格条項に代わるものとして「自立を助長する」という考え方が設けられたのか否か，ということがこの議論のポイントなのです。

立法時の厚生省社会局長・木村忠二郎は，自立助長を法の目的とした趣旨は惰民養成を排除するためであると述べ，保護の補足性（法4条）についても惰民養成防止から定めたと述べています[23]。木村は，社会局長という立場からの生活保護実務の解説書においても，旧法の欠格条項の代替機能としての自立助長を述べています[24]。つまり，木村の考えは無差別平等の原理により旧法の欠格条項が廃止されたために，その代わりに惰民養成防止のために「自立助長」を設けたということのようです。

一方で保護課長の小山進次郎は，「自立助長」を設けた理由について，前述のように惰民防止のためではなく，社会福祉的観点から採り入れたのであ

---

23) 木村『改正生活保護法の解説』49〜50頁
24) 木村『生活保護法の実務』206〜207頁

ると述べ，社会生活に適応した生活を助けることであって，強制をするものではないと述べています。

　旧法のような絶対的欠格条項を設けなかったことは，生活保護法の特徴の1つですが，立法段階では自立助長を惰民養成防止と国会でも説明されていました。木村の説明が素直なように思われますが自立助長は「食い違いのある説明」のままで生活保護行政では運用されることになったのです。

2　自立助長をめぐる議論

　しかし，法1条の自立助長の解釈について同時期の社会局長と保護課長の条文の理解が全く異なることは考えられません[25]。自立助長の説明については，政府の提案書，国会での議論を見る限り木村の説明が当時の考えの多数であったといえます。

　小山は，生活保護法に国家扶助的性質と社会福祉的性質の2つの側面を見て取り，後者の必要性を強調したので，国家扶助としてのみ生活保護法を述べる木村とは自立助長の機能の認識が異なり，自立の説明が異なったと考えられます。

　小山自身は欠格条項を明確にしなければならないと1949（昭和24）年の「生活保護制度の改善強化に関する件」の勧告に入れたと述べており[26]，その点では木村と生活保護の国家扶助的性質における惰民防止の考え方は同様です。また，小山は怠惰な者についてはケースワークにより社会生活に適応させると述べ[27]，木村の「悪癖を治療することも，社会事業の新しいひとつの分野であります」[28]と同様の考えを示しています。

　つまり，小山も生活保護法の国家扶助という観点からは「惰民」が生じる

---

25) 小山の『生活保護法の解釈と運用（改訂増補）』の序に木村は次のように書いています。「小山保護課長の統率の下に，この法律に関する基礎的な諸問題を解明し，その各条項について，要旨，理由，解釈，運用の各方面に亘る詳細な解説を公にせられることになった」（4～5頁）。
26) 前掲注21)『生活保護三十年史』116～118頁
27) 小山『生活保護法の解釈と運用（改訂増補）』96頁
28) 木村『生活保護法の実務』207頁

ことを認め，その防止としての自立助長については否定をしておらず，同時にそれとは異なる機能としての社会福祉という観点からも自立助長があるものとして，生活保護の社会福祉性による自立助長を強調したように思われます。

結局，国家扶助については小山と木村の自立助長の機能の考えは矛盾せず，想定する機能の違いにすぎないのです。

生活保護における自立助長の意味とは惰民防止のためである，という木村の説明こそが法立案者の意思でした。国家扶助としての生活保護においては小山も同様であったのです。生活保護法改正により無差別平等が原理として導入されたことで欠格条項が文言上はなくなりましたが，欠格条項の思想である惰民防止の考え方は残ったのです[29]。

したがって，小山が社会福祉的機能としての自立助長を述べても，国家扶助としての生活保護とは異なる機能の議論であり，生活保護行政の流れは自立助長を惰民防止として認識し推進されることとなりました[30]。

旧法のような絶対的欠格条項を設けなかったことは現行生活保護法の大きな特徴の1つですが，惰民防止思想は生活保護法1条の自立助長の中に組み込まれ，「生活保護を受給していると惰民になる」という考えは生き残りました[31]。

29) 植田美佐恵「生活保護の動向と自立助長」古賀昭典編著『現代公的扶助法論』(法律文化社，新版，1997年)321～322頁
30) 片岡直「現行生活保護法の目的と原理」古賀昭典編著『現代公的扶助法論』(法律文化社，新版，1997年)117頁は「自立をもっぱら経済的自立を意味し，『自立助長』を惰民養成の排除の観念と一体化したものとする考え方が，かなり有力なものとして行政の現場を支配していた」とします。
31) 「生活保護法の施行に関する件」(昭和25年5月20日発社第46号厚生事務次官から各都道府県知事宛)では，一般事項として「この法律による保護は，要保護者の困窮の程度に応じて必要の最小限度において行わなければならないものであるが，この保護を漫然と機械的に行うことによって，国民の勤労意欲を減退させたり，或いはこの法律により当然与えられるべき保護を理由なく抑制することによって，要保護者の更生の力を枯渇させるようなことがあっては，この法律の目的に背反するのであって，この法律の目的は，法第1条に明文化されているように要保護者の最低限度の生活を保障するとともに，その自立を助長することにあるのであるから，この旨を関係機関に十分認識させ，この目的達成のために法の最も効果的な運用を期する必要があること」とします。

このように，生活保護法の中から惰民防止思想が払拭されなかったことにより，その後の生活保護行政では財政抑制と連動した生活保護受給抑制が行われることになります。

3　自立をどのように考えるのか

木村と小山の自立助長の考え方には「食い違い」がありました。木村の考え方は惰民防止ですので，生活保護からの脱却が自立であり，保護廃止を自立と考えていたことは明らかです。それでは，惰民防止ではなく社会福祉的な視点としての自立助長を述べる小山はどのように考えていたのでしょうか。

小山は自立助長について，「公私の扶助を受けず自分の力で社会生活に適応した生活を営むことのできるように助け育てて行くことである。」[32]と述べています。「公私の扶助」と述べていることから，生活保護も当然含まれており，小山も自立を生活保護からの脱却（保護廃止）と考えていました。

つまり，両者とも生活保護の自立とは経済的な自立であり，保護からの脱却（保護の廃止）と考え，木村はこの規定を生活保護受給をすることによる惰民養成の防止と考え，小山は「助長」を社会福祉と考えて経済的自立を図ったのです。

法制定時の自立とは経済的自立を指し，保護からの脱却を図ることでした。木村と小山の「自立助長」の理解は異なっていますが，「自立」自体の理解は同様だったのです。この自立の考え方は保護から脱却するというものから，生活保護行政では生活保護を受給しないことに拡大していくことになります。

保護からの脱却だけを目的とする自立観では惰民防止の考えに容易に結びつきやすくなります。一方で，障害や疾病，高齢により保護からの脱却が困難な被保護者も少なくありません。すると，自立を保護脱却とする理解では，保護開始時より生活保護の目的達成ができない被保護者がいることになり，「保護の目的を達成できない人を保護する」という矛盾が生じます。

---

32) 小山『生活保護法の解釈と運用（改訂増補）』94頁

4　自立助長の意味の変化とその背景

　我が国のバブル崩壊以降には社会福祉的援護を要する人たちの増加にかかわらず，生活保護行政での十分な支援が困難なことが課題となりました。またホームレスや不登校児（生徒），引きこもり等の社会的に排除された人々の問題[33]を有効に解決できず，これらの問題は社会問題化してきました。

　低所得と社会的排除には密接な関係があることから[34]，生活保護においても扶助費の支給だけではこれらの問題を解決できず，社会福祉的支援が必要となります[35]。このことはアルコール依存症の人にただ保護費だけを渡しても最低生活は保障されないでしょうし，引きこもりの人に保護費を支給するだけでもその人の課題は解決できないことから明らかだと思います。

　しかし，生活保護から脱却することが自立と考える生活保護行政では生活保護の受給の可否，扶助費の多寡の問題だけが著しく強調される傾向になり，経済的側面のみに関心が高くなり社会福祉的支援が後退せざるを得ません。

　このような人たちの問題を正面から取り上げたものが2000（平成12）年12月に報告が行われた厚生労働省の「社会的な援護を要する人々に対する社会福祉のあり方に関する検討会」でした。検討会報告では，現代の社会福祉の対象を社会的ストレス，アルコール依存症，路上死，孤独死，自殺，家庭内の虐待・暴力等の問題とし，これらが重複化・複合化していると指摘しています（第1編第2章第2参照）。

　この報告では，生活保護制度については，最低生活の保障を基本に新たな形の社会的課題をも視野に入れて検証を行う必要があると報告されています。そして，生活保護の社会福祉的機能が強く求められ，その充実が現在生じている諸問題の解決に必要と考えられたのでした。

　自立助長を生活保護からの脱却とすることで，自立を経済的自立と考えていた生活保護行政は，ここへ来て転換を迎えざるを得ない局面へと移った

---

[33]　岩田正美「バスに鍵はかかってしまったか？」思想983号139頁（2006年）
[34]　前掲注33）岩田・140頁
[35]　岩田正美「『貧困を貧困として語る』ことからの再出発」青木紀・杉村宏編著『現代の貧困と不平等』（明石書店，2007年）280～282頁

のです。

5 生活保護制度の在り方に関する専門委員会報告

2004（平成16）年に社会保障審議会福祉部会生活保護制度の在り方に関する専門委員会（以下、「専門委員会」という。）が報告を出しました。専門委員会設置の目的は生活保護基準の考え方、自立助長の機能などについて、実態に基づいて議論をすることであり、「利用しやすく自立しやすい制度へ」という方向の下に検討がされ、生活保護制度のあり方を、最低生活保障を行うだけでなく、生活困窮者の自立・就労を支援する観点から見直すことでした。

専門委員会報告では、生活保護制度のあり方を最低生活保障とともに、被（要）保護者が地域社会の一員として自立した生活を送ることを支援するものとし、経済自立とともに社会福祉法3条で示されている基本理念に基づく自立支援を行うこととしており、従来の生活保護行政からの転換を見てとることができます。

専門委員会報告では生活保護の自立支援を社会福祉法3条の基本理念に基づくこととしています。このことは社会福祉（社会事業）の趣旨、理念が1951（昭和26）年から現代的に変わってきたように[36]、生活保護の自立助長も1950（昭和25）年から現代の貧困問題に対応できるように変化せざるを得

---

36) 社会福祉法3条の変遷

　社会福祉法の前身である社会福祉事業法は生活保護法の翌年である1951（昭和26）年に成立しました。ここでは社会事業の趣旨を「（社会福祉事業の趣旨）第3条　社会福祉事業は、援護、育成又は更生の措置を要する者に対し、その独立心をそこなうことなく、正常な社会人として生活することができるように援助することを趣旨として経営されなければならない。」とされています。

　この規定については、今日から見ると時代的な限界があり、要援護者等は援助がなければ「正常な社会人」にはなり得ないかのように解されるなど今日においては極めて前近代的であると評価せざるを得ない、との批判がなされています（社会福祉法令研究会編『社会福祉法の解説』（中央法規、2001年）105頁）。

　これに対し、現在の社会福祉法は「（福祉サービスの基本的理念）第3条　福祉サービスは、個人の尊厳の保持を旨とし、その内容は、福祉サービスの利用者が心身ともに健やかに育成され、又はその有する能力に応じ自立した日常生活を営むことができるように支援するものとして、良質かつ適切なものでなければならない。」とされています。

ない，ということなのです。

生活保護制度の在り方に関する専門委員会報告（抜粋）
平成16年12月15日

第1　生活保護制度の見直しの方向性について
　3　制度見直しの基本的視点
　　……本委員会は，「利用しやすく自立しやすい制度へ」という方向の下に検討を進めてきた。すなわち，生活保護制度の在り方を，国民の生活困窮の実態を受けとめ，その最低生活保障を行うだけでなく，生活困窮者の自立・就労を支援する観点から見直すこと，つまり，被保護世帯が安定した生活を再建し，地域社会への参加や労働市場への「再挑戦」を可能とするための「バネ」としての働きを持たせることが特に重要であるという視点である。この結果，被保護者は，自立・就労支援施策を活用することにより，生活保護法で定める「能力に応じて勤労に励み，支出の節約を図り，その他生活の維持，向上に努める義務」を果たし，労働市場への積極的な再参加を目指すとともに，地域社会の一員として自立した生活を送ることが可能になる。

　ここにおける自立の支援とは，保護から脱却を図る経済的自立を指す就労自立支援だけではなく日常生活自立支援，社会生活自立支援も提起されています。つまり，生活保護の自立の目標は生活保護を脱却する経済的な自立だけではなく，社会福祉的支援による生活を回復・維持・安定することも自立であるとされたのです。

生活保護制度の在り方に関する専門委員会報告書（抜粋）

第1の3（つづき）
「自立支援」とは，社会福祉法の基本理念にある「利用者が心身共に健やかに育成され，又はその有する能力に応じ自立した日常生活を営むことができるように支援するもの」を意味し，就労による経済的自立のための支援（就

労自立支援）のみならず，それぞれの被保護者の能力やその抱える問題等に応じ，身体や精神の健康を回復・維持し，自分で自分の健康・生活管理を行うなど日常生活において自立した生活を送るための支援（日常生活自立支援）や，社会的なつながりを回復・維持するなど社会生活における自立の支援（社会生活自立支援）をも含むものである。

専門委員会報告の意義は生活保護からの脱却を目的とした従来の経済的自立とは別に，社会福祉としての自立支援を前提とした社会生活自立，日常生活自立を含めたことであり，生活保護の自立を社会福祉法の「自立」概念で定義したことが挙げられます[37]。

このことは，小山が述べていた生活保護制度における社会福祉性を改めて現代的に提起したものであり，自立を保護からの脱却である経済的自立としてきたものから，その手段である「就労自立」が数ある自立の1つとして相対化され得ることが公式に表明された意義は大きいと考えられます[38]。

専門委員会報告で提起された経済的自立，社会生活自立，日常生活自立を生活保護行政で組織的に実施するために，厚生労働省は，自立支援プログラムを2005（平成17）年度から実施するための社会・援護局長通知[39]を行い，生活保護行政において自立支援プログラムの実施が始められました。

上記の局長通知では，自立支援プログラムの導入の趣旨が示され，被保護者と福祉事務所の現状が述べられています。そこでは，被保護者の現状は現代社会の反映としての多様な問題を有しており，福祉事務所では十分な支援が行えない状況があると，次のように指摘しています[40]。

---

[37] 岩田正美「『生活保護制度の在り方に関する専門委員会』を終えて」生活と福祉586号22頁（2005年）

[38] 埒洋一「社会福祉における就労支援とその理念――福祉戦略としての『ホームの政治』（3）」社会福祉48号101頁（2007年）

[39]「平成17年度における自立支援プログラムの基本方針について」平成17年3月31日社援発第0331003号

平成17年度における自立支援プログラムの基本方針について
（平成17年3月31日社援発第0331003号）

「今日の被保護世帯は，傷病・障害，精神疾患等による社会的入院，DV，虐待，多重債務，元ホームレス，相談に乗ってくれる人がいないため社会的なきずなが希薄であるなど多様な問題を抱えており，また，保護受給期間が長期にわたる場合も少なくない。

一方，実施機関においてはこれまでも担当職員が被保護世帯の自立支援に取り組んできたところであるが，被保護世帯の抱える問題の複雑化と被保護世帯数の増加により，担当職員個人の努力や経験等に依存した取組だけでは，十分な支援が行えない状況となっている。」

ここで示されている認識は，生活保護行政の実情を現していると思われます。被保護者の中には就労の有無の問題とは別に，社会生活，日常生活の困難な人が増加しており，また，これらの人への支援方法は一般に確立されていない場合が多いからです。

また，福祉事務所では被保護者の増加にかかわらず，ケースワーカーの配置が不十分な場合が多く，その結果として業務の質量の厳しさとその反映として，職員の定着率の悪さもあり，経験の蓄積も不十分となりがちとなっています（第1編第4章参照）。

6　生活困窮者自立支援法にみる自立

2013（平成25）年に「社会保障審議会生活困窮者の生活支援の在り方に関する特別部会」報告書が出され，生活困窮者自立支援法が2015（平成27）年より施行されました。同法の目的は1条で「生活困窮者に対する自立の支援に関する措置を講ずることにより，生活困窮者の自立の促進を図ることを目

---

40)「平成17年度における自立支援プログラムの基本方針について」平成17年3月31日社援発第0331003号

的とする。」とされており，ここでも自立がポイントとなっています。自立支援に関する措置は「生活困窮者自立相談支援事業」（4条），「生活困窮者住居確保給付金の支給」（5条），「生活困窮者就労準備支援事業」「生活困窮者一時生活支援事業」「生活困窮者家計相談支援事業」「生活困窮者である子どもに対し学習の援助を行う事業」「その他生活困窮者の自立の促進を図るために必要な事業」（6条）とされています。

同報告書では「自立を助長するというその理念を，新たな方法も取り入れながら再生していくことが求められている。すでに生活保護の自立支援プログラムの策定などをとおして，こうした方向での生活保護制度の改革が着手されている。」と述べられ，同報告書の「自立」の考え方は，専門委員会の「自立」の考え方の延長線上に位置づけることが可能であるとの指摘もされています[41]。

生活保護自立支援プログラムは通知により実施されたものでしたが，生活困窮者自立支援法に至り，自立支援は経済的自立以外のものも含めて法で明記されることとなったのです。

7　自立助長のまとめ

我が国の近代的意義における公的扶助の制度としては，救護法（1929（昭和4）年）が挙げられますが，救護法では救済する対象者を限定しており（救護法1条，12条）[42]，性向著しく不良な者や怠惰なものについては欠格事由と

---

41) 菊池馨実「生活保護受給者・生活困窮者等の自立支援」村中孝史ほか編著『労働者像の多様化と労働法・社会保障法』（有斐閣，2015年）73頁
42) 救護法
　1条　左ニ掲グル者貧困ノ為生活スルコト能ハザルトキハ本法ニ依リ之ヲ救護ス
　　一　65歳以上ノ老衰者
　　二　13歳以下ノ幼者
　　三　妊産婦
　　四　不具廃疾，疾病，傷痍其ノ他精神又ハ身体ノ障碍ニ因リ労務ヲ行フニ故障アル者
　2　前項第三号ノ妊産婦ヲ救護スベキ期間並ニ同項第四号ニ掲グル事由ノ範囲及程度ハ勅令ヲ以テ之ヲ定ム
　12条　幼者居宅救護ヲ受クベキ場合ニ於テ市町村長ノ哺育上必要アリト認ムルトキハ勅令ノ定ムル所ニ依リ幼者ト併セ其ノ母ノ救護ヲ為スコトヲ得

第2編　生活保護の原理

し（同法29条3号）[43]，通常の貧困者は救護の対象とはなりませんでした[44]。また道徳的欠格事由も有していました[45]。

このように救護法はその法原理としては積極的なものを持たず，極貧者へのやむを得ない救済措置として恩恵的救済思想が支配していたのです[46]。

敗戦後の1946（昭和21）年9月9日に救護法は廃止され，旧生活保護法が成立しました。そこでは，保護する対象者についての制限はないものの，救護法と同様に欠格条項が設けられ保護から排除すべき者が明記されています（2条）[47]。救護法の制限主義も，旧生活保護法の欠格条項も惰民防止が大き

---

43) 救護法
　　29条　救護ヲ受クル者左ニ掲グル事由ノ一ニ該当スルトキハ市町村長ハ救護ヲ為サザルコトヲ得
　　　一　本法又ハ本法ニ基キテ発スル命令ニ依リ市町村長又ハ救護施設ノ長ノ為シタル処分ニ従ハザルトキ
　　　二　故ナク救護ニ関スル検診又ハ調査ヲ拒ミタルトキ
　　　三　性行著シク不良ナルトキ又ハ著シク怠惰ナルトキ
44) 木村忠二郎『救貧法制概要』（平野書房，1934年）16～17頁では，次のように救護法の制限扶助を説明します。「救護法に於いては，貧困にして生活すること能はざる者の中労務に従事し得ざる者のみを救護することとしたのである。此の労務に従事し得ざる者とは如何なるものをいふかは，実際の執行に方り困難な問題を生ずるので，救護法においては」1条に定める者をこれに該当する者としました。
45) 荒木誠之『生活保障法理の展開』（法律文化社，1999年）121頁。また，小野哲郎『新ケースワーク要論：構造・主体の理論的統合化』（ミネルヴァ書房，2005年）79頁は，「当時の救護の一般的処遇・指導の原理は『惰民養成防止』『劣等処遇』に加えて教育勅語を理念とする精神主義にもとづく『強化・訓育』的方法と，親族相扶の思想による自助・自活の重視などを背景とした，濫給防止や救貧抑制的な機能が期待されていた」とします。
46) 荒木誠之『社会保障法読本』（有斐閣，第3版，2002年）158頁。また，小川政亮「社会保障法（法体制再編期）」鵜飼信成・福島正夫・川島武宜・辻清明編『講座　日本近代法発達史　第1巻』（勁草書房，1958年）167頁は，「濫給防止や醇風美俗の尊重のスローガンのもとに極力公的保護が制限されたのも，保護の希少性による恩恵効果の拡大を意図したためと考えることができる。そして，それは同時に救貧負担を最小限に食止めようとする資本の要請にも合致するものであった」とします。
47) 旧生活保護法
　　2条　左の各号の一に該当する者には，この法律による保護は，これをなさない。
　　　能力があるにもかかわらず，勤労の意思のない者，勤労を怠る者，その他生計の維持に努めない者，素行不良な者

な理由の1つとされていました[48]。1950（昭和25）年に現在の生活保護が成立したことで，欠格条項は廃止され，要保護状態であれば稼働能力者であっても保護受給ができる一般扶助による保護が行われるようになったのです。

そこで，自立助長とは何かの議論が生じ，これまで見てきたような議論が行われてきました。生活保護法成立時の木村や小山の議論は救護法や旧生活保護法の「欠格条項」の考え方を引きづっていた議論であったように思われます。

自立支援プログラムを契機に生活保護行政では，自立を経済的自立を目的とした就労自立のほか，日常生活自立，社会生活自立の3つとされています。日常生活自立と社会生活自立の区分について，画然と分けられるのかは疑問があるところですが，経済的自立だけを自立であるとされていないことが重要かと思われます。

経済的自立は保護の要件（法4条）と関わりやすいことから，支援の必要性が従来より述べられていましたが，社会生活，日常生活の自立が目的とされることで，生活保護行政ではこれらの生活支援を担うことが明らかにされ，その支援の責任も生じました。

8　裁判例にみる自立の考え方

法1条に掲げられる生活保護の目的である自立助長は，これまで見てきたように経済的自立だけではないことが明らかになりましたが，この「自立の助長」はどのような場面で機能するのでしょうか。

法1条の規定は生活保護法における原理ですから，生活保護法の解釈及び運用は全てこの原理に基づいてされなければならないとされています（法5条）。つまり，自立の判断が必要となる場面は，生活保護行政全ての場面となります。

48）木村忠二郎『救貧法制概要』（平野書房，1934年）16頁では，「労務に従事し得べき者については，其の者の労務に従事するの機会を与え依って以てその収入の増加を図り生活を維持せしめるのが真の救済であって，これに金品を給与し又は施設に収容して生活せしめるが如きは，其の者の労働の意思と気力とを失はしむるのみであって，百弊あって一利なきものと言わねばならぬ」とされています。

裁判例では「自立の助長」について，自己決定を含む意味のある「自律」を含めた広い概念であるとの指摘があります（金沢地判平成11年6月11日判タ1059号68頁）。この裁判はアパート生活をしている障害者である高眞司さんが訴えたものですが，ここでは生活保護の自立について人格的自律の意味で用いられており，経済的な自立を超えたものとして考えられています。

金沢地方裁判所平成11年6月11日判決（判タ1059号68頁）

○高訴訟第一審
法における「自立助長」の概念について
　生活保護制度は，沿革的にみると，経済的最低生活の保障のための制度との側面が強かったことは否定できない。しかし，法制定当時と比べると，国民の生活水準ははるかに向上し，その目指すところの健康で文化的な最低限度の生活概念も，制定当時からは相当違ったものになっていると思われる。また，高齢化社会の到来，障害者の自立及び社会参加の動き等，社会的な背景事情も時代とともに大きく変化している。これらに鑑みるならば，法の目的とする「自立」の概念も，単なる経済的自立（施しを受けない生活）にとどまらず，たとえば他人の介護なくして生きることのできない障害を有する要保護者との関係では，その自律的な生活を助長するとの意をも含めた，より広い概念と捉えるのが相当であると解される。

　また，保護費の返還金の処理に当たり被保護者への自立助長の判断が求められる裁判が北九州市（福岡地裁平成26年2月28日），大野城市（福岡地裁平成26年3月11日）で起きています。
　ここでは，自立助長は相談や給付の場面だけではなく，保護費の返還決定に当たっても自立について検討することが必要とされています。
　北九州市の事件では，生活保護受給者が民間保険契約を締結していましたが，同契約に基づき，入院給付金の給付を受けたところ，この入院給付金が収入に該当するとして，生活保護法63条に基づき費用返還決定の処分を受けたため，これらの処分の取消しを求めた事案でした。裁判所はエアコンの購

入費用が自立更生費として認められる余地が十分にあったのであるから，決定に際し，判断要素の選択に合理性を欠いていなければ，決定の返還額が異なった可能性は十分にあり，決定は社会通念に照らし著しく妥当性を欠くものであったと認められ，裁量権の逸脱又は濫用があったものとして違法であるとし，原告の請求を認容した事例です（判旨については第3編第2章に掲載）。

大野城市の事件では，福祉事務所長が生活保護受給者である原告に対して，生活保護費の過誤払が生じたため，生活保護法63条に基づき，その全額の返還を命じた処分の取消しが認められた事件でした。ここでは生活保護の実施機関が，生活保護費の過誤払金相当額全額の返還決定処分をするに際して，自立更生費の有無や全額返還が被保護者の自立を阻害するかを考慮しなかった場合，その処分は，判断要素の選択に合理性を欠き，社会通念に照らし著しく妥当性を欠くものとして，裁量権の逸脱ないし濫用により違法となるというものでした（判旨については第3編第2章に掲載）。

9　自立支援とケースワーカー

法の目的である自立について検討してきましたが，生活保護制度が経済的な給付を行うことだけを目的としているのではないことが，自立助長として意味づけられていることが分かります。高訴訟第一審判決が述べているように，沿革的には経済的自立が重視されていましたが，現代社会では経済的自立だけを目的とすることは不十分であり，経済的自立「だけ」を目的とすることは誤りでさえあるかもしれません。

これは，貧困に陥る原因が多様であり，更に複雑な事情も少なくないことから，貧困に陥った人を援助する生活保護では，経済給付を行うだけでは貧困からの脱却ができない人がいるからなのです。

また，経済給付についても毎月支払われる定型の保護費の支給だけではなく，臨時に必要とされる一時扶助の支給について，その必要性，必要な額を判断することが求められています。ここでは，被保護者一人一人の状況の理解とともに，その人にふさわしい自立の検討がされた上での支給決定とな

ります。

　更に裁判例で見たように，保護費の返還を求める場合においても，その返還額の決定に当たっては被保護者の状況から自立を検討する必要があります。

　このように生活保護の実施に当たっては，給付の必要性とともに，被保護者の自立を常に意識する必要があり，ケースワーカーがそれを担わなくてはなりません。したがって，ケースワーカーの業務は金銭給付に関する判断，事務処理とともに，被保護者の自立へ向けたケースワークが必要となるのです。

第3章　無差別平等

第1　無差別平等の原理

> **（無差別平等）**
> 法2条　すべて国民は，この法律の定める要件を満たす限り，この法律による保護（以下「保護」という。）を，無差別平等に受けることができる。

欠格条項の撤廃

　無差別平等の原理の趣旨は，第1に国民に保護を請求する権利があること，第2に保護請求権は国民の全てに対し無差別平等に与えられていることが挙げられます。

　稼働能力のある人を保護することは，旧法の大きな特徴でしたが，旧法には「素行不良な者」「能力があるにもかかわらず，勤労の意思のない者，勤労を怠る者」などを保護から排除する欠格条項がありました。無差別平等の原理とは，旧法2条にあった欠格条項規定を否定し保護要件のある人は過去を問わず保護するというものです。

　このことについて小山は次のように述べています。「旧法の第2条や第3条のような絶対的欠格条項を受給資格の上に設けなかったことは，新法の特長の一つである。これは何等かの意味において社会的規準から背離している者を指導して自立できるようにさせることこそ社会事業の目的とし任務とする所であって，これを始めから制度の取扱対象の外に置くことは，無差別平等の原則からみても最も好ましくない所だからである。」[49]

　無差別平等の原理により，救護法の制限扶助，旧法にある制限扶助主義的な考えを払拭したのです。

---

49) 小山『生活保護法の解釈と運用（改訂増補）』106頁

【救護法・旧生活保護法・生活保護法の比較】

	保護の対象	欠格条項
救護法	1条　左ニ掲グル者貧困ノ為生活スルコト能ハザルトキハ本法ニ依リ之ヲ救護ス 一　65歳以上ノ老衰者 二　13歳以下ノ幼者 三　妊産婦 四　不具廃疾，疾病，傷痍其ノ他精神又ハ身体ノ障碍ニ因リ労務ヲ行フニ故障アル者	29条 三　性行著シク不良ナルトキ又ハ著シク怠惰ナルトキ
旧生活保護法	1条　生活の保護を要する状態にある者の生活を，国が差別的又は優先的な取扱をなすことなく平等に保護	2条　左の各号の一に該当する者には，この法律による保護は，これをなさない。 1　能力があるにもかかわらず，勤労の意思のない者，勤労を怠る者その他生計の維持に努めない者 2　素行不良な者
現行法	2条　要件を満たす全ての国民	なし

　また，無差別平等とは，機械的に被保護者に対して均一な対応，均一な保護費の支給を行うことではありません。保護の受給資格において欠格条項のような差別的な対応をしないということである一方で，被保護者それぞれの状況に応じた支援対応が求められているということです。このことについても，法制定時から議論があったようで小山は次のように述べています。

「**無差別平等の原則の真義について**

　無差別平等の原則ということを余り機械的に考えることは危険でもあり，且つ，この法律の意図する所ではない。無差別平等の第一義的に期するところは，保護の受給資格において優先的又は差別的の取扱をしないことである。従って，保護の種類や方法の決定は勿論保護の程度の決定さえも，その処理における直接的な指導原理はこの無差別平等に求むべきものではなく，

第9条に掲げる必要即応の原則に仰ぐべきものなのである。特に世帯の状況に対する考慮を欠き，機械的に就労による所謂自立の強要をするが如きは無差別平等の原則の極端なる誤解と言うべきである。」[50]

このようなことまでも小山が述べなくてはならないほど，当時は制限扶助主義の考えは根強く，また無差別平等への誤解もあったと考えられます。

第2　外国人の保護

1　外国人についての生活保護行政の扱い

法1条とともに法2条でも「国民」が対象とされていますが，国民以外の扱いはどのようなものでしょうか。生活保護行政では昭和29年5月8日厚生省社会局長通知「生活に困窮する外国人に対する生活保護の措置について」（社発第382号）が出され，外国人については，法1条により「法の適用対象とならないのであるが，当分の間，生活に困窮する外国人に対しては一般国民に対する生活保護の決定実施の取扱に準じて左の手続により必要と認める保護を行うこと。」とされています。

旧生活保護法では，保護の対象者に国籍要件がないことから条文上は外国人も保護の対象とされていましたが[51]，現行法に「国民」の文言が入ることで，国民以外についてはどのような扱いとするのかの議論が生じることになったからです。

---

50) 小山『生活保護法の解釈と運用（改訂増補）』107〜108頁
51) 小山『生活保護法の解釈と運用（改訂増補）』103頁によると，1948（昭和23）年12月1日現在の外国人の旧生活保護法の受給数は99世帯198人。国別内訳は米国3世帯10人，英国1世帯3人，ベルギー国1世帯1人，ブラジル国1世帯4人，中華民国46世帯89人，オランダ1世帯1人，フイリピン5世帯23人，台湾省12世帯18人，ドイツ13世帯20人，蒙古人民共和国3世帯1人，ポルトガル1世帯1人，ポーランド1世帯1人，ソヴィエト連邦4世帯6人，トルコ2世帯5人，白系ロシア3世帯3人，無国籍2世帯10人（蒙古人民共和国が3世帯1人であるが小山の記述どおりとした。筆者注）。朝鮮・韓国人については「発表　在日朝鮮人の生活保護について（5月23日発表）」『厚生広報8巻12号』（厚生大臣官房総務課広報係1956年）2頁によると「昭和27年4月以前は朝鮮人を日本国民として取り扱っていたので，朝鮮人に対する定期的な統計はない。」との記述があります。

第2編　生活保護の原理

　この問題の実態は，敗戦時まで植民地としていたため日本国民とされていた在日朝鮮・韓国人に対する生活保護の適用をどのようにするのかということでした。1910（明治43）年の「韓国併合」により朝鮮を植民地とした結果，朝鮮人は帝国臣民とされ，植民地政策により生活困窮に陥り，朝鮮半島から渡日し日本で暮らす人たちが増加したのです[52]。しかし，1952（昭和27）年4月に効力が発生した「日本国との平和条約」により，在日朝鮮・韓国人は日本国民たる身分を失ったとされ，1952（昭和27）年以降，彼らは外国人として保護の対象ではなくなりました。

　しかし，日本に生活基盤を持つに至った歴史的な経過から，一方的に保護から排除することはあまりにも過酷なこととなります。そこで，次の昭和29年5月8日厚生省社会局長通知が出されました。

▶ **生活に困窮する外国人に対する生活保護の措置について** ◀

（昭和29年5月8日）
（社発第382号）
（各都道府県知事あて厚生省社会局長通知）

（前略）
一　生活保護法（以下単に「法」という。）第1条により，外国人は法の適用対象とならないのであるが，当分の間，生活に困窮する外国人に対しては一般国民に対する生活保護の決定実施の取扱に準じて左の手続により必要と認める保護を行うこと。

（中略）
問五　通知二において終戦前より国内に在留する朝鮮人，台湾人について特例を設けた理由。
（答）　終戦前より国内に在留する朝鮮人，台湾人は従来日本の国籍を有していたのであり，講和条約の発効によって始めて日本国籍を喪失したわけである。従って，講和条約発効前においては日本国民として法の適用を

---

[52] 渡日者のうち1959（昭和34）年時点では1938（昭和13）年以前に渡日した人たちが一番多く，日本生まれの在日朝鮮・韓国人は約38万7000人であり63.7％となっています（「外人登録写票」外務省調査月報（1960年12月）804頁）。

受けていた点，条約発効後においても従来のまま日本に在留する者多く，生活困窮者の人口に対する割合も著しく高い点，或は，種々の外交問題が解決していない以上，外交機関より救済を求めることが現在のところ全く不可能である点等よりして，かかる朝鮮人，台湾人の保護については，一般外国人と同様に複雑な手続を経ることは何らの実益も期待できないので，特にその取扱を一般外国人と異にし，保護の措置に関する手続を簡素化したものである。

問六　法の準用による保護は，国民に対する法の適用による保護と如何なる相違があるか。

（答）　外国人に対する保護は，これを法律上の権利として保障したものではなく，単に一方的な行政措置によつて行つているものである。従つて生活に困窮する外国人は，法を準用した措置により利益を受けるのであるが，権利としてこれらの保護の措置を請求することはできない。日本国民の場合には，法による保護を法律上の権利として保障しているのであるから，保護を受ける権利が侵害された場合にはこれを排除する途（不服申立の制度）が開かれているのであるが，外国人の場合には不服の申立をすることはできないわけである。

　なお，保護の内容等については，別段取扱上の差等をつけるべきではない。

（以下略）

この通知により，生活保護行政では他の外国人より「朝鮮人・台湾人」に対する手続の簡素化と，外国人の生活保護受給の権利性を否定し，行政措置として日本人と保護内容は同様の保護を行うという整理がされたのです。

2　外国人をめぐる裁判例

外国人と生活保護受給権についての裁判例では，平成13年9月25日最高裁判所の判決があります。この事件はいわゆる「不法残留外国人」が交通事故のため傷害を負い生活保護申請を行いましたが，福祉事務所は不法滞在外

国人であることを理由に保護申請を却下したため裁判となったものです。東京地方裁判所（平成8年5月29日判決），東京高等裁判所（平成9年4月24日判決）ともに外国人の保護を認めなかったため，最高裁判所に憲法14条，25条，生活保護法等の違反として上告したものです。

最高裁は次のように述べて，不法残留者を保護の対象としないことは憲法，生活保護法に反しないとしました。

 最高裁判所平成13年9月25日判決（判タ1080号83頁）

「生活保護法が不法残留者を保護の対象とするものではないことは，その規定及び趣旨に照らし明らかというべきである。」「具体的にどのような立法措置を講ずるかの選択決定は立法府の広い裁量にゆだねられている」「不法残留者を保護の対象に含めるかどうかが立法府の裁量の範囲に属することは明らかというべきであ」り「不法残留者が緊急に治療を要する場合についても，この理が当てはまるのであって，立法府は，医師法19条1項の規定があること等を考慮して生活保護法上の保護の対象とするかどうかの判断をすることができるものというべきである。」「したがって，同法が不法残留者を保護の対象としていないことは，憲法25条に違反しないと解するのが相当である。」「また，生活保護法が不法残留者を保護の対象としないことは何ら合理的理由のない不当な差別的取扱いには当たらない」

「不法残留者を保護の対象としていない生活保護法の規定が所論の上記各国際規約の各規定に違反すると解することはできない。」

この事件は不法残留外国人をめぐっての事件でした。それでは法に基づき，我が国で生活している外国人の生活保護については，どのように考えるべきでしょうか。

生活困窮に陥った永住者の在留資格を有する外国人が生活保護の申請をしたところ，保護申請却下処分を受けたとして，裁判で争いになった事件があります。

この事件では大分地方裁判所（平成22年10月18日判決・賃金と社会保障1534

号22頁）が「外国人について生活保護法の適用はなく，このことは永住資格を有する外国人についても同様であり，また，これが憲法25条等に反するものとも認められない。」としました。しかし，福岡高等裁判所では，永住外国人は生活保護法の準用の法的保護の対象となると次のような判断をします。

福岡高等裁判所平成23年11月15日判決（判タ1377号104頁）

「当初生活保護法の対象は日本国民に限定されていたものの，実際には本件通知（筆者注・前記の昭和29年5月8日の厚生省社会局通知）により外国人もその対象となり，日本国民とほぼ同様の基準，手続により運用されていたものである。その後，難民条約の批准等に伴い国籍条項の存在が問題となったところ，国籍条項を有する他の法律はこれを撤廃する旨の法改正が行われたにもかかわらず，生活保護法については，上記運用を継続することを理由に法改正が見送られる一方，生活保護の対象となる外国人を難民に限定するなどの措置も執られなかったこと，その後の平成2年10月には，生活保護法の制度趣旨に鑑み，生活保護の対象となる外国人を永住的外国人に限定したことが認められる。

すると，国は，難民条約の批准等及びこれに伴う国会審議を契機として，外国人に対する生活保護について一定範囲で国際法及び国内公法上の義務を負うことを認めたものということができる。すなわち，行政府と立法府が，当時の出入国管理令との関係上支障が生じないとの認定の下で，一定範囲の外国人に対し，日本国民に準じた生活保護法上の待遇を与えることを是認したものということができるのであって，換言すれば一定範囲の外国人において上記待遇を受ける地位が法的に保護されることになったものである。

また，上記のとおり生活保護の対象となる外国人を永住的外国人に限定したことは，これが生活保護法の制度趣旨をその理由としているところからすれば，外国人に対する同法の準用を前提としたものと見るのが相当である。

よって，生活保護法あるいは本件通知の文言にかかわらず，一定範囲の外国人も生活保護法の準用による法的保護の対象になるものと解するのが相当であ」るとしました。

これを不服とした行政側は最高裁判所に上告しました。最高裁判所は，高等裁判所の判決を破棄し，次のように外国人は生活保護法の保護の対象ではなく，受給権を要しないと判断をしました[53]。

 最高裁判所平成26年7月18日判決（賃金と社会保障1622号30頁）

「旧生活保護法は，その適用の対象につき『国民』であるか否かを区別していなかったのに対し，現行の生活保護法は，1条及び2条において，その適用の対象につき『国民』と定めたものであり，このように同法の適用の対象につき定めた上記各条にいう『国民』とは日本国民を意味するものであって，外国人はこれに含まれないものと解される。

そして，現行の生活保護法が制定された後，現在に至るまでの間，同法の適用を受ける者の範囲を一定の範囲の外国人に拡大するような法改正は行われておらず，同法上の保護に関する規定を一定の範囲の外国人に準用する旨の法令も存在しない。

したがって，生活保護法を始めとする現行法令上，生活保護法が一定の範囲の外国人に適用され又は準用されると解すべき根拠は見当たらない。」

「本件通知は行政庁の通達であり，それに基づく行政措置として一定範囲の外国人に対して生活保護が事実上実施されてきたとしても，そのことによって，生活保護法1条及び2条の規定の改正等の立法措置を経ることなく，生活保護法が一定の範囲の外国人に適用され又は準用されるものとなると解する余地はなく」「我が国が難民条約等に加入した際の経緯を勘案しても，本件通知を根拠として外国人が同法に基づく保護の対象となり得るものとは解されない。なお，本件通知は，その文言上も，生活に困窮する外国人に対し，生活保護法が適用されずその法律上の保護の対象とならないことを前提に，それとは別に事実上の保護を行う行政措置として，当分の間，日本国民に対する同法に基づく保護の決定実施と同様の手続により必要と認める保護を行

---

53) この最高裁判例について三輪は，本判決は法による保護の適用を求める申請に対する却下決定について判断しており，本件通知に基づく生活保護の実施については審理の対象外であるとし，最高裁は本件通知に基づく生活保護を「事実上の保護を行う行政措置」と述べるにとどめ，その法的性質について何も語っていないと指摘します（三輪まどか「永住外国人と生活保護法の適用」岩村正彦編『社会保障判例百選第5版』（有斐閣，2016年）161頁）。

> うことを定めたものであることは明らかである。」「以上によれば，外国人は，行政庁の通達等に基づく行政措置により事実上の保護の対象となり得るにとどまり，生活保護法に基づく保護の対象となるものではなく，同法に基づく受給権を有しないものというべきである。」

3　現在の課題

現在の生活保護行政が保護対象とする外国人の範囲を考えるに当たっては，前掲昭和29年通知以降の2つの通知を挙げておきたいと思います。

まず1966（昭和41）年「外国人保護の取扱いについて」（『日本国に居住する大韓民国国民の法的地位及び待遇に関する日本国と大韓民国の間の協定』関係）です。ここでは，大韓民国との条約に生活保護の取扱いが明記されたことを述べ，前掲昭和29年通知の措置により行うことが示されています。

外国人保護の取扱いについて

昭和41年1月6日　社保第3号
各都道府県・各指定都市・各民生主管部（局）長宛
厚生省社会局保護課長通知

今般，「日本国に居住する大韓民国国民の法的地位及び待遇に関する日本国と大韓民国の間の協定」（昭和40年条約第28号）が批准され，昭和41年1月17日から効力を生ずることとなったが，同協定及び同協定についての合意議事録の内容のうち生活保護に関する部分は別紙のとおりであるから了知されたい。

なお，同協定が発効になっても，生活に困窮する外国人に対する生活保護の取扱いは，従来と何ら変らないものであり，次の点に留意され取扱いに遺憾なきを期せられたい。

1　前記協定に基づき日本国で永住することを許可された大韓民国国民に対する生活保護に関しては昭和29年5月8日社発第382号各都道府県知事あて厚生省社会局長通達「生活に困窮する外国人に対する生活保護の措置に

ついて」により取扱うものであること。
2　前記協定に基づき日本国で永住することを許可された大韓民国国民以外の外国人についても従前どおり，上記社会局長通達により取扱うものであること。

別　紙
日本国に居住する大韓民国国民の法的地位及び待遇に関する日本国と大韓民国との間の協定（抄）

〔昭和40年　条約第28号〕

　日本国及び大韓民国は，
　多年の間日本国に居住している大韓民国国民が日本国の社会と特別な関係を有するに至っていることを考慮し，
　これらの大韓民国国民が日本国の社会秩序の下で安定した生活を営むことができるようにすることが，両国間及び両国民間の友好関係の増進に寄与することを認めて，次のとおり協定した。
第1条
1　日本国政府は，次のいずれかに該当する大韓民国国民が，この協定の実施のため日本国政府の定める手続に従い，この協定の効力発生の日から5年以内に永住許可の申請をしたときは，日本国で永住することを許可する。
　(a)　1945年8月15日以前から申請の時まで引き続き日本国に居住している者
　(b)　(a)に該当する者の直系卑属として1945年8月16日以後この協定の効力発生の日から5年以内に日本国で出生し，その後申請の時まで引き続き日本国に居住している者
2　日本国政府は，1の規定に従い日本国で永住することを許可されている者の子としてこの協定の効力発生の日から5年を経過した後に日本国で出生した大韓民国国民が，この協定の実施のため日本国政府の定める手続に従い，その出生の日から60日以内に永住許可の申請をしたときは，日本国で永住することを許可する。
3　1(b)に該当する者でこの協定の効力発生の日から40箇月を経過した後に出生したものの永住許可の申請期限は，1の規定にかかわらず，その出

生の日から60日までとする。
4 前記の申請及び許可については，手数料は徴収されない。
〔中略〕
第4条
日本国政府は，次に掲げる事項について妥当な考慮を払うものとする。
(a) 第1条の規定に従い日本国で永住することを許可されている大韓民国国民に対する日本国における教育，生活保護及び国民健康保険に関する事項
〔以下略〕

日本国に居住する大韓民国国民の法的地位及び待遇に関する日本国と大韓民国との間の協定についての合意された議事録（抄）

日本国政府代表及び大韓民国政府代表は，本日署名された日本国に居住する大韓民国国民の法的地位及び待遇に関する日本国と大韓民国との間の協定に関し次の了解に到達した。
〔前略〕
第4条に関し，
2 日本国政府は，協定第1条の規定に従い日本国で永住することを許可されている大韓民国国民に対する生活保護については，当分の間従前どおりとする。
〔以下略〕

また，1982（昭和57）年の「難民等に対する生活保護の措置について」では，難民条約23条は難民に対し公的扶助に関し日本国民と同一の待遇を与えることを義務づけていることを述べ，ここでも前掲昭和29年通知の措置は難民条約23条の義務を履行するものであると述べています。

難民等に対する生活保護の措置について

昭和57年1月4日　社保第2号
各都道府県知事・各指定都市市長宛
厚生省社会局長通知

　難民の地位に関する条約（昭和56年条約第21号）及び難民の地位に関する議定書（昭和57年条約第1号）が批准され，本年1月1日から発効したこと及び出入国管理令の一部が改正され（改正により「出入国管理及び難民認定法」に改題。以下「入管法」という。），同日から施行されたことに伴い，難民等に対する生活保護の措置については下記のように取扱うこととしたので，遺憾のないようにされたい。また，難民条約第23条は，同条約及び前記議定書に規定する難民に対し公的扶助に関し日本国民に対すると同一の待遇を与えることを義務付けているが，難民に対する下記1本文による措置は難民条約第23条の義務をも履行するものであるので，併せて貴管下実施機関に対し周知せしめられたい。

記

1　入管法第61条の2第1項の規定に基づき難民の認定を受けている者については，昭和29年5月8日社発第382号当職通知「生活に困窮する外国人に対する生活保護の措置について」により取扱うこと。ただし，定住促進センター又は一時収容施設に入所中の難民については，国又は国連難民高等弁務官から当面の生活に必要な各種の援護措置が講じられることにかんがみ，これらの施設に入所している間は，これらの者に対し保護を行う必要がないものであること。

2　入管法第61条の2第1項の規定に基づく難民の認定は受けていないが入管法第18条の2第1項の規定に基づき一時庇護のための上陸の許可を受けている者については，出入国管理及び難民認定法施行規則（昭和56年外務省令第54条）第18条第4項第2号の規定に基づき住居として指定された施設において当面の生活に必要な各種の援護措置が講じられることにかんがみ，これらの者に対し保護を行う必要がないものであること。

現在の生活保護行政では，具体的にどの範囲の生活困窮外国人を保護の対象としているのでしょうか。東京都は次のように整理しています。

1　保護の準用とその範囲

　生活保護法は，本来，その適用対象として日本国民を想定しており（法第1条），日本国籍を有しない者（以下「外国人」という。）に対しては，生活保護法を適用することはできないとされている。このことから，外国人に対して行う保護は，法定受託事務ではなく自治事務と位置づけられている。つまり，日本で生活している外国人であって，保護を要する状態にある者に対しては，自治事務として生活保護法を準用して保護を行うものとされている。なお，保護の内容については，日本国民に対して行う場合と全く同様である。

　この点について，厚生労働省は，外国人に対して生活保護法を準用するに当たっては，生活保護制度の目指す自立の助長を図るに当たって，就労活動等に法律上何らの制限がない者であることが必要であるとの理由（下記（3）の難民については本国で必要な援護が受けられないという理由）から，保護の準用の対象となる外国人は原則として次の（1）から（3）のいずれかの要件を満たすものに限るとの技術的助言を示している。

　（1）「永住者」・「定住者」・「永住者の配偶者等」・「日本人の配偶者等」のいずれかの在留資格（出入国管理及び難民認定法別表第2の在留資格）を有する者
　（2）　日本国との平和条約に基づき日本国籍を離脱した者等の出入国管理に関する特例法に定める特別永住者（在日韓国・朝鮮人，在日中国・台湾人）
　（3）　出入国管理及び難民認定法による難民認定を受けた者（在留資格は問わない）

　なお，入管法別表第1の5の特定活動（二）の在留資格を有する者のうち，日本国内での活動に制限を受けないもの等の，上記（1）～（3）以外の者についても保護の準用を行うことができる可能性があるため，疑義がある場合には東京都保護課を通して厚生労働省に照会する。

　また，人道上の見地などから要保護状態にある外国人で上記（1）から（3）に該当しない者を実施機関の判断で保護した場合は，都保護課を通じ

て厚生労働省に情報提供する。

2　保護の準用を行う場合における実施責任

　外国人に対する保護の準用に当たっては，在留カード又は特別永住者証明書に記載されている住居地を所管する実施機関が，保護の実施責任を負う。

　出入国管理及び難民認定法や日本国との平和条約に基づき日本の国籍を離脱した者等の出入国管理に関する特例法により，住居地を定めた日から14日以内に区市町村長を経由して法務大臣に届け出ること（住民登録で代替できる。）になっているが，何らかの事情によりこれが実態と合致していない外国人から保護の申請を受けた場合（当該外国人が入院している場合を含む。）は，変更されるまでの間，在留カード又は特別永住者証明書に記載されている住居地を所管する実施機関が保護の実施責任を負う。ただし，保護開始の時点で既に住居地が変更登録される見込みがたっている者については，当初から変更登録後の住居地を所管する実施機関が実施責任を負うこととして差し支えない。

　　　　　　　　「東京都生活保護運用事例集（平成27年度修正版＜反映版＞）」
　　　　　　　　（問12－1　外国人に対する保護の準用（1））431～432頁

　また，出入国管理及び難民認定法別表第二は次のとおりとなります。

【出入国管理及び難民認定法別表第二の在留資格】

在留資格	本邦において有する身分又は地位
永住者	法務大臣が永住を認める者
日本人の配偶者等	日本人の配偶者若しくは特別養子又は日本人の子として出生した者
永住者の配偶者等	永住者等の配偶者又は永住者等の子として本邦で出生しその後引き続き本邦に在留している者
定住者	法務大臣が特別な理由を考慮し一定の在留期間を指定して居住を認める者

4　被保護外国人の状況

現在，生活保護を受給している外国人の状況は次のとおりです。

国籍別で世帯数が1番多いのは「韓国・朝鮮」ですが，これは前述のとおり我が国の植民地政策の影響があるからです。戦前から「大日本帝国臣民」として日本に来日し生活を営み，日本で生まれ，日本で育った人が多いという歴史を見れば[54]，他の国よりも多いことは当然といえます。また特徴としては単身世帯が78.7％と多く，高齢者世帯が半数を超えていることが挙げられます。これらも，戦後期の在日韓国・朝鮮人に対する社会保障の不十分さから，高齢者の割合が高いことが理解できます。

次に中国，フイリピンとなっていますが，ここでは複数世帯が単身世帯を大きく超えており，人数的には19歳以下が多いことが分かります。この人員表は「世帯主が外国籍」の表ですので，母親が中国人あるいはフイリピン人で子供が日本人という家族構成が考えられます。特にフイリピン人の場合世帯総数の67％が母子家庭であることが特徴的といえます。

このように被保護外国人についても，我が国が国際化し外国人を受け入れるようになる中で，被保護外国人の国籍，年齢構成も多様化しているのです。外国人に生活保護法の法的権利がないということは，行政が誤った処分を行っても救済手段がないということです。生活保護行政では1950年代半ばに要保護性があると考えられる外国人に対して，日本人に行えば違法と判断される対応を組織的に行い，被保護者数を激減させた歴史を持っています[55]。

外国人の類型によっては生活保護の権利性を認めることが必要に思われます。

---

[54] 池谷秀登「生活保護第一次適正化時の在日朝鮮・韓国人の状況」『東京社会福祉史研究』第9号（2015年）25～48頁
[55] 池谷秀登「生活保護第一次適正化における在日朝鮮・韓国人への対応」東京社会福祉史研究会『東京社会福祉史研究』第10号（2016年）61～76頁

被保護外国人世帯数, 世帯主の国籍・世帯人員・世帯類型別

		総数	韓国・朝鮮	中国	フィリピン
総数	総数	44985	29549	4771	5358
	高齢者	17788	16382	749	38
	母子	7645	1578	823	3604
	障害	3511	2692	397	73
	傷病	6849	4575	1149	339
	その他	9192	4322	1653	1304
単身世帯	総数	27919	23271	1819	775
	高齢者	15699	14620	556	35
	母子	・	・	・	・
	障害	2656	2172	196	54
	傷病	4735	3569	477	214
	その他	4829	2910	590	472
2人世帯	総数	10509	4695	2255	2073
	高齢者	2051	1731	189	3
	母子	4101	895	569	1797
	障害	638	404	156	14
	傷病	1461	722	547	51
	その他	2258	943	794	208
3人世帯	総数	3993	1039	490	1557
	高齢者	32	26	4	−
	母子	2458	462	214	1244
	障害	141	85	24	3
	傷病	395	197	92	36
	その他	967	269	156	274
4人世帯	総数	1698	373	147	653
	高齢者	4	3	−	−
	母子	855	178	37	437
	障害	59	25	15	1
	傷病	150	48	19	23
	その他	630	119	76	192
5人世帯	総数	562	111	50	199
	高齢者	2	2	−	−
	母子	178	33	2	101
	障害	11	3	6	−
	傷病	65	24	11	9
	その他	306	49	31	89
6人以上世帯	総数	304	60	10	101
	高齢者	−	−	−	−
	母子	53	10	1	25
	障害	6	3	−	1
	傷病	43	15	3	6
	その他	202	32	6	69

第3章 無差別平等／第2 外国人の保護

[単位：世帯数]

ベトナム	カンボジア	アメリカ合衆国	ブラジル	ブラジル以外の中南米	その他
695	67	140	1520	969	1916
86	19	30	196	92	196
219	14	17	379	338	673
44	2	23	100	52	128
100	9	32	208	115	322
246	23	38	637	372	597
185	35	99	663	323	749
50	13	29	161	72	163
・	・	・	・	・	・
28	2	19	62	35	88
45	7	25	127	61	210
62	13	26	313	155	288
197	15	21	381	275	597
35	6	1	34	19	33
84	4	9	180	163	400
9	−	2	20	12	21
21	1	4	41	22	52
48	4	5	106	59	91
146	8	13	228	186	326
−	−	−	1	1	−
87	5	6	129	112	199
5	−	2	9	3	10
14	−	1	14	12	29
40	3	4	75	58	88
104	5	2	132	120	162
1	−	−	−	−	−
37	3	−	48	52	63
2	−	−	6	2	8
14	−	2	12	13	19
50	2	−	66	53	72
43	2	3	70	35	49
−	−	−	−	−	−
9	2	1	15	6	9
−	−	−	2	−	−
3	−	−	7	3	8
31	−	2	46	26	32
20	2	2	46	30	33
−	−	−	−	−	−
2	−	1	7	5	2
−	−	−	1	−	1
3	1	−	7	4	4
15	1	1	31	21	26

2013年7月末現在
出典　厚生労働省「平成25年度被保護者調査（個別調査）」表1－26

世帯主が外国籍の被保護世帯の人員数，世帯主の国籍・年齢階級別

	総　数	韓国・朝鮮	中国	フィリピン
総　数	72473	38213	8701	13841
～19歳	18735	3938	1867	7954
20～24	971	305	90	342
25～29	1038	337	114	245
30～34	1846	480	229	548
35～39	2927	847	369	901
40～44	4508	1426	545	1648
45～49	4865	1878	618	1391
50～54	4356	2221	853	499
55～59	4995	2843	1356	181
60～64	6144	4128	1429	72
65～69	6179	5052	662	35
70～74	5837	5315	231	11
75～79	4463	4190	126	6
80歳以上	5609	5253	212	8
平均年齢（歳）	46.6	59.8	45.5	23.7

注：本表は，世帯主が日本国籍を有していない世帯の人員数を集計している。

[単位：人員数]

ベトナム	カンボジア	アメリカ合衆国	ブラジル	ブラジル以外の中南米	その他
1777	132	217	3283	2287	4022
809	47	56	1326	1031	1707
21	1	3	68	77	64
47	4	4	123	81	83
95	10	7	207	112	158
142	9	6	251	132	270
134	4	17	215	172	347
103	2	29	192	183	469
127	8	25	197	118	308
77	11	21	193	126	187
57	8	11	197	97	145
48	12	9	173	86	102
58	8	8	87	35	84
38	2	7	32	23	39
21	6	14	22	14	59
30.8	37.8	43.4	32.2	29.8	32.1

2013年7月末現在
出典　厚生労働省「平成25年度被保護者調査（個別調査）」表2-15

第4章　最低生活保障

第1　健康で文化的な最低限度の生活

> **（最低生活）**
> 法3条　この法律により保障される最低限度の生活は，健康で文化的な生活水準を維持することができるものでなければならない。

1　要旨

「健康で文化的な最低限度の生活」について，小山は，国がこの制度によって保障しようとする最低生活の性格について規定したものであって，その要旨とするところは，それが単に辛うじて生存を続けることを得しめるという程度のものであってはならないこと，換言すれば，少なくとも人間としての生活を可能ならしめるという程度のものでなければならないことを明らかにしようとする点にあるとしています[56]。

ここで問題となるのは，「健康で文化的な最低限度の生活」とは，どのような生活なのかということになります。生活保護法8条では「保護は，厚生労働大臣の定める基準により測定した要保護者の需要を基とし，そのうち，その者の金銭又は物品で満たすことのできない不足分を補う程度において行うものとする。」と厚生労働大臣が定めるとされています。

このことが争われたのが朝日訴訟でした。最高裁判所は当事者の朝日茂さんの死亡により同時に裁判は終了し継承する余地もないとした上で「なお，念のために，本件生活扶助基準の適否に関する当裁判所の意見を付加する。」と次のように述べています。

---

[56] 小山『生活保護法の解釈と運用（改訂増補）』115頁

第4章　最低生活保障／第1　健康で文化的な最低限度の生活

 最高裁判所昭和42年5月24日判決（民集21巻5号1043頁）

○朝日訴訟

「もとより，厚生大臣の定める保護基準は，法8条2項所定の事項を遵守したものであることを要し，結局には憲法の定める健康で文化的な最低限度の生活を維持するにたりるものでなければならない。しかし，健康で文化的な最低限度の生活なるものは，抽象的な相対的概念であり，その具体的内容は，文化の発達，国民経済の進展に伴つて向上するのはもとより，多数の不確定的要素を綜合考量してはじめて決定できるものである。したがつて，何が健康で文化的な最低限度の生活であるかの認定判断は，いちおう，厚生大臣の合目的的な裁量に委されており，その判断は，当不当の問題として政府の政治責任が問われることはあつても，直ちに違法の問題を生ずることはない。ただ，現実の生活条件を無視して著しく低い基準を設定する等憲法および生活保護法の趣旨・目的に反し，法律によつて与えられた裁量権の限界をこえた場合または裁量権を濫用した場合には，違法な行為として司法審査の対象となることをまぬかれない。」

「本件生活扶助基準が入院入所患者の最低限度の日用品費を支弁するにたりるとした厚生大臣の認定判断は，与えられた裁量権の限界をこえまたは裁量権を濫用した違法があるものとはとうてい断定することができない。」

　最高裁判所は朝日さんの訴えを退ける判断を行っていますが，注意したいのは，健康で文化的な最低限度の生活の認定判断は厚生大臣の合目的裁量に任されていますが，「現実の生活条件を無視して著しく低い基準を設定する等憲法および生活保護法の趣旨・目的に反し，法律によって与えられた裁量権の限界をこえた場合または裁量権を濫用した場合には，違法な行為として司法審査の対象となることをまぬかれない。」としていることです。

　朝日訴訟の最高裁判決はいわゆる「傍論」でしたが，その後，老齢加算廃止をめぐる生活保護基準について最高裁判所の判決が出されています。この事件は平成16年度より3年間かけて老齢加算を減額，廃止する保護基準改定を厚生労働大臣が行ったことにより，全国で裁判が行われたものです。

この中で東京高等裁判所[57]と福岡高等裁判所[58]とで結論が分かれ，いずれも最高裁判所に上告されました。後掲のとおり，東京高等裁判所の上告審は最高裁判所平成24年2月28日判決，福岡高裁上告審は最高裁判所平成24年4月2日判決で，最高裁はともに厚生労働大臣による老齢加算廃止について違法性はないとしています。

　上告審判決では，生活保護基準の設定に当たり厚生労働大臣の裁量権の範囲の逸脱，濫用がある場合には違法となるとされていますが，この行政裁量の範囲は広いものが認められています。

　最高裁平成24年2月28日判決では，厚生労働大臣に専門技術的かつ政策的な見地からの裁量権が認められるとされ，最高裁昭和57年7月7日大法廷判決（堀木訴訟）を引用しています。堀木訴訟・最高裁大法廷判決は「憲法25条の規定は，国権の作用に対し，一定の目的を設定しその実現のための積極的な発動を期待するという性質のものである。しかも，右規定にいう『健康で文化的な最低限度の生活』なるものは，きわめて抽象的・相対的な概念であつて，その具体的内容は，その時々における文化の発達の程度，経済的・社会的条件，一般的な国民生活の状況等との相関関係において判断決定されるべきものであるとともに，右規定を現実の立法として具体化するに当たつては，国の財政事情を無視することができず，また，多方面にわたる複雑多様な，しかも高度の専門技術的な考察とそれに基づいた政策的判断を必要とするものである。したがつて，憲法25条の規定の趣旨にこたえて具体的にどのような立法措置を講ずるかの選択決定は，立法府の広い裁量にゆだねられており，それが著しく合理性を欠き明らかに裁量の逸脱・濫用と見ざるをえないような場合を除き，裁判所が審査判断するのに適しない事柄であるといわなければならない。」と述べ，広範な立法裁量を認めています。

　堀木訴訟は，国民が選んだ（国会議員による）国会で決められた法律についての立法裁量の議論ですが，生活保護基準は行政の一組織である厚生労働大臣が定めるものです。そこで厚生労働大臣の裁量についての問題となりまし

---

57) 平成22年5月27日判決・判タ1348号110頁
58) 平成22年6月14日判決・判タ1345号137頁

たが，最高裁判所は堀木訴訟を引用することにより厚生労働大臣の定める生活護基準に広範な裁量を認めました。

　老齢加算の廃止については「厚生労働大臣の判断に，最低限度の生活の具体化に係る判断の過程及び手続における過誤，欠落の有無等の観点からみて裁量権の範囲の逸脱又はその濫用があると認められる場合」あるいは，「激変緩和等の措置を採るか否かについての方針及びこれを採る場合において現に選択した措置が相当であるとした同大臣の判断に，被保護者の期待的利益や生活への影響等の観点からみて裁量権の範囲の逸脱又はその濫用があると認められる場合に」生活保護法3条，8条2項の規定に違反し，違法となるとしています[59]。

　最高裁判所平成24年2月28日判決（民集66巻3号1240頁）

○生活保護老齢加算廃止訴訟

　「生活保護法3条によれば，同法により保障される最低限度の生活は，健康で文化的な生活水準を維持することができるものでなければならないところ，同法8条2項によれば，保護基準は，要保護者（生活保護法による保護を必要とする者をいう。以下同じ。）の年齢別，性別，世帯構成別，所在地域別その他保護の種類に応じて必要な事情を考慮した最低限度の生活の需要を満たすに十分なものであって，かつ，これを超えないものでなければならない。そうすると，仮に，老齢加算の一部又は全部についてその支給の根拠となっていた高齢者の特別な需要が認められないというのであれば，老齢加算の減額又は廃止をすることは，同項の規定に沿うところであるということができる。もっとも，これらの規定にいう最低限度の生活は，抽象的かつ相対的な概念であって，その具体的な内容は，その時々における経済的・社会的条件，一般的な国民生活の状況等との相関関係において判断決定されるべきものであり，これを保護基準において具体化するに当たっては，高度の専門

---

[59]「結論的には適法とされたものの基準改定に至るまでの判断の過程及び手続について精査がなされ，被保護者の期待的利益などへの慎重な配慮を求めたという意味で本判決は実務上重要な意義を有する」との指摘があります。菊池馨実「老齢加算廃止と生活保護法・憲法25条」岩村正彦編『社会保障法判例百選　第5版』（有斐閣，2016年）9頁

技術的な考察とそれに基づいた政策的判断を必要とするものである（最高裁昭和51年（行ツ）第30号同57年7月7日大法廷判決・民集36巻7号1235頁参照）。したがって，保護基準中の老齢加算に係る部分を改定するに際し，最低限度の生活を維持する上で老齢であることに起因する特別な需要が存在するといえるか否か及び高齢者に係る改定後の生活扶助基準の内容が健康で文化的な生活水準を維持することができるものであるか否かを判断するに当たっては，厚生労働大臣に上記のような専門技術的かつ政策的な見地からの裁量権が認められるものというべきである。」

「老齢加算の廃止を内容とする保護基準の改定は，①当該改定の時点において70歳以上の高齢者には老齢加算に見合う特別な需要が認められず，高齢者に係る当該改定後の生活扶助基準の内容が高齢者の健康で文化的な生活水準を維持するに足りるものであるとした厚生労働大臣の判断に，最低限度の生活の具体化に係る判断の過程及び手続における過誤，欠落の有無等の観点からみて裁量権の範囲の逸脱又はその濫用があると認められる場合，あるいは，②老齢加算の廃止に際し激変緩和等の措置を採るか否かについての方針及びこれを採る場合において現に選択した措置が相当であるとした同大臣の判断に，被保護者の期待的利益や生活への影響等の観点からみて裁量権の範囲の逸脱又はその濫用があると認められる場合に，生活保護法3条，8条2項の規定に違反し，違法となるものというべきである。」

最高裁判所平成24年4月2日判決（民集66巻6号2367頁）

○老齢加算取消上告審

「生活保護法8条2項によれば，保護基準は，要保護者（生活保護法による保護を必要とする者をいう。）の年齢別，性別，世帯構成別，所在地域別その他保護の種類に応じて必要な事情を考慮した最低限度の生活の需要を満たすに十分なものであるのみならず，これを超えないものでなければならない。そうすると，仮に，老齢加算の一部又は全部についてその支給の根拠となっていた高齢者の特別な需要が認められないというのであれば，老齢加算の減額又は廃止をすべきことは，同項の規定に基づく要請であるということができる。もっとも，同項にいう最低限度の生活は，抽象的かつ相対的な概念で

あって，その時々における経済的・社会的条件，一般的な国民生活の状況等との相関関係において判断決定されるべきものであり，これを保護基準において具体化するに当たっては，国の財政事情を含めた多方面にわたる複雑多様な，しかも高度の専門技術的な考察とそれに基づいた政策的判断を必要とするものである（最高裁昭和51年（行ツ）第30号同57年7月7日大法廷判決・民集36巻7号1235頁参照）。したがって，保護基準中の老齢加算に係る部分を改定するに際し，最低限度の生活を維持する上で老齢であることに起因する特別な需要が存在するといえるか否かを判断するに当たっては，厚生労働大臣に上記のような専門技術的かつ政策的な見地からの裁量権が認められるものというべきである。」

「厚生労働大臣の判断に上記（2）の見地からの裁量権の範囲の逸脱又はその濫用がある場合，あるいは，②老齢加算の廃止に際して採るべき激変緩和措置は3年間の段階的な廃止が相当であるとしつつ生活扶助基準の水準の定期的な検証を行うものとした同大臣の判断に上記（3）の見地からの裁量権の範囲の逸脱又はその濫用がある場合に，生活保護法8条2項に違反して違法となり，本件改定に基づく本件各決定も違法となるものというべきである。」

2　保護の種類

法には，保護の種類として8つの扶助（法制定時には7つでしたが介護保険法に合わせて介護扶助が新設されました。）が規定されています[60]。

厚生労働大臣が生活保護基準を決めますが，保護の範囲，方法が法で決められていないと，生活保護が不安定になるからと考えられます。小山は「保護の範囲が法令上明確に保障されず，専ら社会通念によって定められるとすることは結局この最も重要なものの決定を行政庁の認定に委ねるという結果になるので，国民の権利又は利益を守るという立場からは不徹底の謗りを免れない。これが新法において各種の扶助についてその保護の範囲を法律で明

60）法11条　保護の種類は，次のとおりとする。一　生活扶助，二　教育扶助，三　住宅扶助，四　医療扶助，五　介護扶助，六　出産扶助，七　生業扶助，八　葬祭扶助

確に定めた所以である。」[61] としています。

この扶助の範囲と方法については次の表のようになります。

扶助の種類	扶助の範囲	扶助の方法の原則
生活扶助	一 衣食その他日常生活の需要を満たすために必要なもの 二 移送 （12条）	生活扶助は，被保護者の居宅において行うものとする（30条1項） 生活扶助は，金銭給付によって行うものとする。(31条1項)
教育扶助	一 義務教育に伴って必要な教科書その他の学用品 二 義務教育に伴って必要な通学用品 三 学校給食その他義務教育に伴って必要なもの （13条）	教育扶助は，金銭給付によって行うものとする（32条1項）
住宅扶助	一 住居 二 補修その他住宅の維持のために必要なもの （14条）	住宅扶助は，金銭給付によって行うものとする。(33条1項)
医療扶助	一 診察 二 薬剤又は治療材料 三 医学的処置，手術及びその他の治療並びに施術 四 居宅における療養上の管理及びその療養に伴う世話その他の看護 五 病院又は診療所への入院及びその療養に伴う世話その他の看護 六 移送 （15条）	医療扶助は，現物給付によって行うものとする。(34条1項)

---

61) 小山『生活保護の解釈と運用（改訂増補）』237頁

介護扶助	一　居宅介護（居宅介護支援計画に基づき行うものに限る。） 二　福祉用具 三　住宅改修 四　施設介護 五　介護予防（介護予防支援計画に基づき行うものに限る。） 六　介護予防福祉用具 七　介護予防住宅改修 八　介護予防・日常生活支援（介護予防支援計画又は介護保険法第115条の45第1項第1号ニに規定する第1号介護予防支援事業による援助に相当する援助に基づき行うものに限る。） 九　移送 （15条の2第1項）	介護扶助は，現物給付によって行うものとする（34条の2第1項）
出産扶助	一　分べんの介助 二　分べん前及び分べん後の処置 三　脱脂綿，ガーゼその他の衛生材料 （16条）	出産扶助は，金銭給付によって行うものとする（35条1項）
生業扶助	一　生業に必要な資金，器具又は資料 二　生業に必要な技能の修得 三　就労のために必要なもの	生業扶助は，金銭給付によって行うものとする（36条1項）
葬祭扶助	一　検案 二　死体の運搬 三　火葬又は埋葬 四　納骨その他葬祭のために必要なもの （18条1項）	葬祭扶助は，金銭給付によって行うものとする。（37条1項）

扶助の範囲について，生活保護法の条文では表のようにあらわされていますが，これは大きなくくりであり，前述の老齢加算は生活扶助ですが法律上明記されておらず，厚生労働大臣の裁量として，「衣食その他日常生活の需要を満たすために必要なもの」にくくられていました。

高等学校就学費用については厚生労働省告示として「授業料」「入学料及び入学考査料」などが生業扶助の範囲として示されています。高等学校就学費が教育扶助の範囲でないことには違和感がありますが教育扶助（法13条）は義務教育を対象にしているためこのような扱いになったと考えられます。このように生活保護の扶助の具体的な範囲，金額などについては法ではなく厚生労働省により各種通知などで示されています（第1編第3章第2）。

3　特別基準

法8条では，保護は厚生労働大臣の定める基準に基づくこととされ，判例では厚生労働大臣の「専門技術的かつ政策的な見地からの裁量権」を広く認めています。そこで，保護の実施に当たっては，厚生労働省から示される告示「生活保護法による保護の基準」に従って，生活保護行政は進められます。

しかし，人の生活や状況は多様ですから告示に示された基準では健康で文化的な最低生活が営めない場合が生じます。これは個人の状況による場合のほか，一定の類型の人に生じる場合，地域全体で生じる場合もあります。そこで一般基準に「上乗せ」した特別基準という制度があります。この「特別基準」というシステムが生活保護制度が柔軟性をもつ構造の一つといえます。特別基準は一般基準を示した通知の中に，福祉事務所限りで特別基準の設定をすることが事前に認められる場合と，厚生労働大臣に情報提供を行うことが必要なものがあります。

前者は，例えば暖房費等の冬季加算について，傷病，障害等による療養のため外出が著しく困難であり常時在宅せざるを得ない者や乳児がいる場合には，福祉事務所の判断で冬季加算額に1.3倍を乗じて給付してよいとされ，次のように表現しています。

「規定する地区別冬季加算額によりがたいときは，地区別冬季加算額に

1.3を乗じて得た額（当該額に10円未満の端数が生じたときは，当該端数を10円に切り上げた額とする。）の範囲内において特別基準の設定があったものとして必要な額を認定して差し支えないこと。（局第7の2一般基準（1）基準生活費ア）」

　このほかにも，被服費，家具什器費，住宅維持費，技能習得費など40件以上の項目について，福祉事務所の判断により特別基準の設定が可能とされています。

　後者の厚生労働大臣に情報提供を行う場合については保護課長通知で次のように示されています[62]。

① 技能習得費のうち職業能力開発促進法にいう公共職業能力開発施設に準ずる施設において職業訓練を受ける者が地方公共団体又はその長から支給される（雇用対策法等に基づき支給される技能習得手当に準ずる技能習得手当）に該当する場合。

② 各費目に関する告示及び規定による基準によりがたい特別の事情がある場合。

③ 障害者（児）が通院，通所，通学のために自動車を必要とする場合で，課長問答・第3の12の答のいずれかの要件に該当しない場合であっても，その保有を認めることが真に必要であるとする特段の事情があるとき。

　このほかにも医療扶助，介護扶助についても何項目かが特別基準の設定について示されています。

　この②の各費目に関する告示及び規定による基準によりがたい特別の事情がある場合とは，全ての保護基準に関わる内容と考えられます。つまり，一般基準では最低生活の維持が困難と考えられる場合には，特別基準の設定が認められているのです。

　特別基準については，法9条「必要即応の原則」についての法立案者の解説では，「保護の実施機関が特に留意すべき点は，本条は保護の実施機関に対し一般基準によりがたい場合に厚生大臣に申請して特別基準の設定を求め

---

[62]「生活保護法における特別基準の設定にかかる情報提供について」（平成12年7月7日社援保第43号）

る義務を課している点である。」[63]と述べていることに留意する必要があるように思われます。

　要保護者の生活は様々であり通知された基準額や要件などでは最低生活の維持が困難な場合も生じることがあります。その場合は靴（基準）に足（生活実態）を合わせるのではなく，要保護者の生活状況から生活保護制度を見る姿勢が必要なのです。

---

63) 小山『生活保護法の解釈と運用（改訂増補）』216頁

第5章 補足性の原理①〜保護の要件

第1 補足性の原理の意味

> **（保護の補足性）**
> 法4条　保護は，生活に困窮する者が，その利用し得る資産，能力その他あらゆるものを，その最低限度の生活の維持のために活用することを要件として行われる。
> 2　民法（明治29年法律第89号）に定める扶養義務者の扶養及び他の法律に定める扶助は，すべてこの法律による保護に優先して行われるものとする。
> 3　前二項の規定は，急迫した事由がある場合に，必要な保護を行うことを妨げるものではない。

1　補足性の原理とは

　補足性の原理とは，生活困窮に陥り自らの力では健康で文化的な生活をすることが困難なときに，健康で文化的な生活に不足する分を保障することを指します。つまり不「足」分を「補」うということであり，この原理は生活保護制度の存在理由そのものといえます。

　その趣旨は，保護は自らの力で最低生活を維持すること（自助）ができない場合に行われるもの[64]ですが，急迫した事由があれば，資産，能力活用要件は要求されないということ[65]です。

　補足性の原理は「保護を受けられるか否か」「保護を受けられる場合，どの程度の保護が受けられるのか」という，要保護者にとっては死活の問題であり，生活保護行政において極めて重要な問題が含まれています。

　この補足性の原理を規定する法4条の構造は，1項の規定は保護を受け

64）小山『生活保護法の解釈と運用（改訂増補）』118頁
65）森川清『権利としての生活保護』（あけび書房，増補改訂版，2011年）101頁

るための要件（資格）を規定したもの（保護要件）であり，2項の規定は保護に優先するものを規定（保護に優先）し，3項は急迫の場合の扱いとなります（急迫保護）。

そこで保護の要件とは具体的にどのようなことか，さらに保護に優先されることとはどのようなことなのかについての検討が必要となります。

2　保護の要件

法4条1項では，利用し得る資産，能力，その他あらゆるものを活用することを保護の要件としています。ここで述べられている資産とは，資産一般を議論の対象としているのではなく，保護要件に該当する「利用し得る資産」が対象ということです。

能力とは稼働能力を指します。「あらゆるもの」とは資産，能力だけでは表現しつくせないものがあるので，この文言を用いたといわれています[66]。

第2　利用し得る資産

資産については，何が利用し得る資産かという問題とともに，その扱いは時代，状況により変わることから，厚生労働省も資産の活用については次のように述べています。

別冊問答集
第3　資産の活用

生活保護法第4条において，利用し得る資産・能力その他あらゆるものを最低限度の生活の維持のために活用することを生活保護の要件として定めているが，資産の活用の範囲・程度は国民生活の実態及び地域住民の状況特に低所得世帯との均衡を踏まえて判断すべきものであり，機械的，画一的に決められるものではない。

66）小山『生活保護法の解釈と運用（改訂増補）』119頁

個々の世帯の生活内容は千差万別であることから，実施要領においては，いわゆる相対的例示方法によって取扱いの指針を示している。
　所得又は利用を容認するに適さない資産は，売却等により処分することで最低生活の維持のために活用することを原則としているが，一定の場合においては当該資産の保有を認めてその本来用途に従って活用させることとしている。すなわち，当該資産が最低限度の生活の維持のために現実に活用されているか又は現在は活用されていないが，近い将来においてほぼ確実に活用され，かつ処分するよりも所有している方が生活維持及び自立の助長に効果が上がっていると認められるものについては，保有が認められることとなっている。

『生活保護手帳　別冊問答集2016』113頁

その上で，資産の保有容認の範囲として，次のような表を示しています。

別冊問答集

資産の保有の容認の範囲

資産の種類		保有容認の要件	備考
土地	宅地	（1）当該世帯の居住に用いる家屋に付属した土地で建築基準法第52条・53条に規定する必要な面積 （2）農業その他の事業の用に供される土地で，事業遂行上必要最少限度の面積	処分価値が利用価値に比して著しく大きいと認められるものは保有が認められない。 ア，イについては，この要件をいずれも満たすことが必要である。
	田畑	ア　当該地域の農家の平均耕作面積，当該世帯の稼動人員等から判断して適当と認められるもの イ　世帯員が現に耕作しているか，おおむね3年以内に耕作することにより世帯の収入増加に著しく貢献するようなもの	
	山林原野	ア　事業用（植林事業を除く），薪炭の自給用，採草地用として必要なものであって当該地域の低所得世帯との均衡を失しないもの	

第2編　生活保護の原理

家屋	居住用家屋	イ　世帯員が現に利用しているか，おおむね3年以内に利用することにより世帯の収入増加に著しく貢献するようなもの 当該世帯の居住の用に供される家屋（保有を認められるものであっても部屋数に余裕があると認められるときは間貸しにより活用させること）	
	その他の家屋	（1）　事業用家屋で，営業種別・地理的条件等から判断して当該地域の低所得世帯との均衡を失することにならないと認められる規模のもの （2）　貸家で，当該世帯の要保護推定期間（おおむね3年以内）における家賃の合計が売却代金よりも，多いと認められるもの	
	事業用品	ア　事業用設備，事業用機械器具，商品，家畜であって，営業種別・地理的条件等から判断して当該地域の低所得世帯との均衡を失することにならないもの イ　世帯員が現に利用しているか，又はおおむね1年以内（事業用設備については3年以内）に利用することにより，世帯の収入増加に著しく貢献するようなもの	
生活用品	家具什器及び衣類寝具	当該世帯の人員，構成等から判断して利用の必要があると認められる品目及び数量	
	趣味装飾品	処分価値の小さいもの	
	貴金属及び債券	（保有は認められない）	
	その他の物品	（1）　処分価値の小さいもの （2）　（1）以外の物品で，当該世帯の人員，構成等から判断して利用の必要があり，かつその保有を認めても当該地域の一般世帯との均衡を失することにならないと認められるもの	

『生活保護手帳　別冊問答集2016』114〜115頁

　このように土地，居住用家屋，事業用品については原則として保有が認められますが，保有に条件があるものもあり，実際の運用に当たっては個別の検討が必要とされています。

1　不動産

(1) 原則

利用されている不動産については保有を認めることを前提としていますが，「処分価値が利用価値に比して著しく大きいと認められるもの」は，保有が認められないことになります。しかし，「処分価値」と「利用価値」ではそもそも「価値」の性質が異なるものであり，異なる価値の大小を比較することは難しいものとなります。

 保護手帳　資産の活用　局第3－1（土地）・2（家屋）・5（判断基準）

1　土　地
 (1) 宅　地
　　次に掲げるものは，保有を認めること。ただし，処分価値が利用価値に比して著しく大きいと認められるものは，この限りでない。
　　また，要保護世帯向け不動産担保型生活資金（生活福祉資金貸付制度要綱に基づく「要保護世帯向け不動産担保型生活資金」をいう。以下同じ。）の利用が可能なものについては，当該貸付資金の利用によってこれを活用させること。
　ア　当該世帯の居住の用に供される家屋に付属した土地で，建築基準法第52条及び第53条に規定する必要な面積のもの
　イ　農業その他の事業の用に供される土地で，事業遂行上必要最小限度の面積のもの
 (2) 田　畑
　　次のいずれにも該当するものは，保有を認めること。ただし，処分価値が利用価値に比して著しく大きいと認められるものは，この限りでない。
　ア　当該地域の農家の平均耕作面積，当該世帯の稼動人員等から判断して適当と認められるものであること。
　イ　当該世帯の世帯員が現に耕作しているものであるか，又は当該世帯の世帯員若しくは当該世帯の世帯員となる者がおおむね3年以内に耕作することにより世帯の収入増加に著しく貢献するようなものである

こと。
（3） 山林及び原野

　次のいずれにも該当するものは，保有を認めること。ただし，処分価値が利用価値に比して著しく大きいと認められるものは，この限りでない。

　ア　事業用（植林事業を除く。）又は薪炭の自給用若しくは採草地用として必要なものであって，当該地域の低所得世帯との均衡を失することにならないと認められる面積のもの

　イ　当該世帯の世帯員が現に最低生活維持のために利用しているものであるか，又は当該世帯員若しくは当該世帯の世帯員となる者がおおむね3年以内に利用することにより世帯の収入増加に著しく貢献するようなものであること。

2　家　屋
（1）　当該世帯の居住の用に供される家屋

　保有を認めること。ただし，処分価値が利用価値に比して著しく大きいと認められるものは，この限りでない。

　なお，保有を認められるものであっても，当該世帯の人員，構成等から判断して部屋数に余裕があると認められる場合は，間貸しにより活用させること。

　また，要保護世帯向け不動産担保型生活資金の利用が可能なものについては，当該貸付資金の利用によってこれを活用させること。

（2）　その他の家屋

　ア　事業の用に供される家屋で，営業種別，地理的条件等から判断して，その家屋の保有が当該地域の低所得世帯との均衡を失することにならないと認められる規模のものは，保有を認めること。ただし，処分価値が利用価値に比して著しく大きいと認められるものは，この限りでない。

　イ　貸家は，保有を認めないこと。ただし，当該世帯の要保護推定期間（おおむね3年以内とする。）における家賃の合計が売却代金よりも多いと認められる場合は，保有を認め，貸家として活用させること。

5　判断基準

> 　1の(1)の当該世帯の居住の用に供される家屋に付属した土地，及び2の(1)の当該世帯の居住の用に供される家屋であって，当該ただし書きにいう処分価値が利用価値に比して著しく大きいと認められるか否かの判断が困難な場合は，原則として各実施機関が設置するケース診断会議等において，総合的に検討を行うこと。

　「処分価値」と「利用価値」の比較について，例えば「田畑」については耕作面積等から判断して「適当と認められるもの」が保有を認めるとされています。それでは「適当」か否かはどのように判断するのでしょうか。この問題について「処分価値が著しく大きな田畑の処分」という問答があります。これは近隣の地価が上昇している地域の農家の土地の扱いをどのようにするのかという設例です。ここでは，どの程度の高額で売却できる場合に処分させるかは一概にいえないので，売却指導についても福祉事務所が個々に判断されたい，と回答がされています[67]。

　これは，資産の評価，処分については画一的な判断は難しく，個別の事案ごとの判断が必要であるということですが，別の視点から見れば個別の事案を評価する福祉事務所次第で売却処分の有無等が決められる可能性も生じます。

　この問題がより重要になるのが居住用の不動産になります。自己所有のマンション，一戸建て住宅などの居住用不動産は多くの場合生活困窮に陥った時には，生活保護申請に至る前に，売却を検討する場合が多いと思われます。

　一方で，売却等せず（できず）に生活保護申請に至る場合には複雑な事情のあることが多いと考えられます。

　居住用不動産は，原則として保有が認められることを前提としていますが「処分価値が利用価値に比して著しく大きいと認められるもの」は，保有

---

[67] 『生活保護手帳　別冊問答集2016』（問3－2）116頁

が認められないことになります。居住用不動産では，田畑以上にこの問題が生じる場合が多いため，「処分価値が利用価値に比して著しく大きいと認められるか否かの判断が困難な場合は，原則として各実施機関が設置するケース診断会議等において，総合的に検討を行うこと」とされています[68]。要するに福祉事務所で組織的に総合的に判断せよ，ということです。

そこで，利用価値と処分価値の比較が必要になりますが，現在居住をしていれば「利用価値」は明らかです。しかし，利用価値を数値化することは困難なため，比較するに当たっては処分価値を基準とせざるを得ないことになり，その基準を設ける作業が必要になります。そこで，検討するためのケース診断会議等を開催する目安と，その会議でどのような点を検討するかについての指示がされています。

保護手帳 課第3の問15

〔ケース診断会議等の検討に付する目安〕

問（第3の15） 局長通知第3の5にいうケース診断会議等の検討に付する目安を示されたい。

答 ケース診断会議等における検討対象ケースの選定に当たっては，当該実施機関における最上位級地の30歳代及び20歳代の夫婦と4歳の子を例とする3人世帯の生活扶助基準額に同住宅扶助特別基準額を加えた値におおよそ10年を乗じ，土地・家屋保有に係る一般低所得世帯，周辺地域住民の意識，持ち家状況等を勘案した所要の補正を行う方法，またはその他地域の事情に応じた適切な方法により算出した額をもってケース診断会議等選定の目安額とする。

なお，当該目安額は，あくまでも当該診断会議等の検討に付するか否かの判断のための基準であり，保護の要否の決定基準ではないものである。

＊ 局 第3－5 判断基準

68）局第3－5 判断基準

第5章　補足性の原理①〜保護の要件／第2　利用し得る資産

保護手帳　課第3の問16

〔ケース診断会議等での検討内容〕

問（第3の16） 局長通知第3の5にいうケース診断会議等ではどのような点について検討を行うのか示されたい。

答　当該土地・家屋に居住することによって営まれる生活の内容が，最低生活の観点から，他の被保護世帯や地域住民の生活内容との比較においてバランスを失しない程度のものであるか，また，生活保護の補足性の観点からみて，居住用の不動産としてその価値が著しい不公平を生じるものではないか等について，住民意識及び世帯の事情等を十分勘案して長期的な視点で行うものとする。

具体的には，
① 当該土地・家屋の見込処分価値の精査
② 当該土地・家屋の処分の可能性
③ 当該世帯の移転の可能性
④ 当該世帯員の健康状態・生活歴
⑤ 当該世帯と近隣の関係
⑥ 当該世帯の自立の可能性
⑦ 当該地域の低所得者の持ち家状況，土地・家屋の平均面積，地域感情
⑧ その他必要な事項

について検討し，当該世帯の実情に応じた土地・家屋の保有の容認あるいは活用の方策等の総合的な援助方針について意見をまとめること。

なお，土地・家屋の活用について援助方針を樹立する際には，当該世帯に将来の生活の不安を抱かせることのないよう配慮する必要があることから，単に資産活用に係る関係諸機関との連携，活用までの間の急迫保護のあり方，指導指示の内容について検討するのみでなく，個別の世帯の事情に即した他法他施策の活用，不動産を担保とした貸付の活用，不動産の賃貸等による活用，公営住宅等への入居による活用，親族との関係など当該世帯の自立助長の観点から，全般にわたり十分な配慮を行った援助方針の樹立に努める必要があること。

また，土地・家屋の保有を容認することが適当と判断された場合においても，検討の結果を活かして改善が図られる援助方針の樹立について留意されたいこと。

＊　局　第3−5　判断基準

ここではケース診断会議等の対象世帯選定（会議開催）の目安を課長問答第3-15で「当該実施機関における最上位級地の30歳代及び20歳代の夫婦と4歳の子を例とする3人世帯の生活扶助基準額に同住宅扶助特別基準額を加えた値におおよそ10年を乗じ、土地・家屋保有に係る一般低所得世帯、周辺地域住民の意識、持ち家状況等を勘案した所要の補正を行う方法、またはその他地域の事情に応じた適切な方法により算出した額をもってケース診断会議等選定の目安額とする。」としました。

ここで挙げられた「30歳代及び20歳代の夫婦と4歳の子を例とする3人世帯の生活扶助基準額に同住宅扶助特別基準額を加えた値」は厚生労働省保護課による「最低生活保障水準（月額）の具体的事例」では2016年度基準での最上位級地（1級地-1）が生活扶助16万0110円[69]住宅扶助6万9800円、計月額22万9910円となります[70]。すると10年を乗じると約2759万円となります。ところがこれに「補正を行う方法」や「適切な方法」を指示しているので分かりにくくなっています。

このように、ケース診断会議等での検討項目は明記されているものの、利用価値を上回る処分価値の判断基準があいまいなままです。

そこで地方自治体によっては独自にこの判断基準を示しているところもあります。東京都では、この判断基準を、次のように示しています。

> 被保護世帯が保有し居住の用に供せられる家屋及び家屋に付属した土地については、当該資産の処分価値が一定基準〔ケース診断会議選定基準額：30歳代及び20歳代の夫婦と4歳の子を例とする3人世帯（1級地-1）の基準生活費の10年分＋住宅扶助特別基準額（1級地-1）の10年分＋高額療養費自己負担限度額の10年分〕を上回る場合は、ケース診断会議において保有の要否及び援助方針を検討する。
> 「東京都生活保護運用事例集（平成27年度修正版＜反映版＞）」
> （問3-10)64頁

---

69) 生活扶助の額に冬季加算（Ⅵ区の月額×5/12）、児童養育加算含む。
70) 厚生労働省社会・援護局保護課「平成28年度の生活保護（1）」生活と福祉722号7頁

ここでは，ケース診断会議を行うか否かについての基準がより明確に示されています（売却の可否の検討ではないことに注意してください。）。具体的には処分価値が一定基準を上回る場合として，厚労省と同様の年齢構成の3人世帯の10年分の生活費等を上回る場合には「保有の要否及び援助方針を検討」としています。この基準以下の資産評価であれば保有の可否の会議自体を行う必要なく，継続して保有ができるということになります。

　また，東京都はここに高額療養費を含めて算定をすることとしています。都市部の地価の実情を加味しているのかもしれません。高額療養費以外は厚労省基準と同様ですから，会議を行うか否かの判断の基準は，生活扶助16万0110円＋住宅扶助6万9800円＋高額療養費3万5400円＝26万5310円の10年分ですから3183万7200円（2016年度）となります。

　東京都では，要保護者が居住している不動産の処分価値が約3183万円以上の場合に保有を認めるか否かの検討会議を行うこととし，それ以下の金額であれば会議すら開く必要がなく不動産保有は認められることとしているのです。

　ここでの考え方は，利用価値と処分価値の比較の議論ではなく「会議開催」の基準ですが，一定程度の数値（金額）以下については会議を開催しないことで，この金額以下については利用価値が処分価値を上回っていると判断することで，ある程度明確な線引きとも考えられます。

　しかし，ケース診断会議を開催したとしても売却処分が決定されるとは限りません。利用価値と処分価値の比較は一律に決めることはできず，要保護者の状況等を踏まえた上での判断とならざるを得ないからです。

(2) ローン付住宅

　次に問題となるのは，ローン付住宅についてです。これはローンの完済前に生活困窮に陥り生活保護申請に至る場合です。この場合には次のように原則として保護の適用は行わないとされていますが，ローン返済期間も短期間で支払額も少額の場合には保護できるとします。

第2編　生活保護の原理

保護手帳　課第3の問14
〔ローン付き住宅保有者からの保護申請〕

問（第3の14） ローン付住宅を保有している者から保護の申請があったが、どのように取り扱うべきか。

答 ローンにより取得した住宅で、ローン完済前のものを保有している者を保護した場合には、結果として生活に充てるべき保護費からローンの返済を行うこととなるので、原則として保護の適用は行うべきではない。

別冊問答集
問3－9　ローン付き住宅の取扱い

（問） ローンの支払いの繰り延べをしている等の場合には、ローン付き住宅の保有を認め保護を適用して差し支えないか。

（答） 一般の不動産の場合と同様の基準により判断して保有が認められる程度のものであって、ローンの支払いの繰り延べが行われている場合、又は、ローン返済期間も短期間であり、かつローン支払額も少額である場合には、お見込みのとおり取り扱って差し支えない。

＊　課　第3－14　ローン付き住宅保有者からの保護申請

　東京都も「ローンの支払いが残っている住宅の所有者から生活保護の申請があった。保有を容認するのは、どのような場合か。」との問いを設け、次のように回答をしています。

　ローン完済前の住宅を保有している者を保護した場合は、結果として保護費から返済を行うことになるので、原則として保護の適用を行うべきではない（資産の処分が困難で生活の困窮状態が急迫した状況にある場合は、保有を否認し法第63条を設定した上で保護を開始する。）。
　しかし、マンションの処分価値が居住用資産として保有が認められる程度

のものであって，ローンの支払いの繰り延べが行われている場合，又はローン返済期間が短期間であり，かつローン支払額も少額である場合には，保有を認め保護を適用することができる。
　保有を容認するかどうかは，地域の住宅事情，世帯の状況も含めて判断すべきであり，返済期間，ローン支払い額の基準を一律に示すのは困難である。目安としては，例えば，期間は５年程度，金額は月毎の支払額が世帯の生活扶助基準の15％以下程度，ローンの残額が総額で300万円以下程度が考えられるが，個別事例ごとに慎重に判断すべきであろう。
「東京都生活保護運用事例集（平成27年度修正版＜反映版＞）」
（問３－11）65頁

　すると，多額のローン残債があり支払期間も長期の場合には保護できないことになります。しかし，自己所有住宅を売却できるまで生活ができない場合や，住宅を売りたいが買い手がつかず生活費が底をついた場合（極端に安くすれば売れてもローン残債が多額に残る場合）があります。住宅ローンがある場合は抵当権が設定されていることが多いと思われますから，残債が残る場合は金融機関等の債権者の意向も必要になります（抵当権が付いたままの住宅を購入する人は少ないと思います。）。
　また，このような場合はローン自体も滞納している場合が多く，立退きは時間の問題となりますが，競売等にかかり所有権が移転しないと保護できないというのは，厳しすぎるように思われます。
　このような事例は申請の時点で収入や預貯金がなく生活困窮に陥っている場合がほとんどです。保護基準を超える収入や預貯金があれば，不動産の議論に至る前で要保護性がないものと考えられるからです。すると，長期の多額のローンがあり生活困難になった時には急迫保護（後掲第７章参照）により，とりあえず保護して生活を維持した上で，不動産をどのように処理するのかの検討を行うことが現実的なのです。

(3) 売れない不動産

　居住していない不動産は，多くの場合，利用価値が認められないことから保有は容認されません。

　誰もが欲しがる一等地にある不動産などを所有している場合は，生活困窮に陥れば（陥りそうになったときには），まず売却することが多いと思われます。しかし，既に亡くなった親の残した老朽化した家屋（空き家）や，地方の過疎地の田畑などは容易に処分することが困難な不動産もあります。

　これらについては個別の検討が必要になりますが，いずれも将来売却できたら支給済みの保護費相当を売却代金の中から福祉事務所に返還してもらうこと（法63条）を条件に保護開始をすることが考えられます。

　また，要保護者自体が疾病，障害などのために売却に関わる行為（交渉，契約等）ができない場合についても，同様に法63条を設定した上で保護開始をすることが考えられます。

2　家電製品等の生活用品

　家電製品などの生活用品を保有していてよいのか，処分しなくてはいけないのかは，その資産の稀少性や価値により評価が異なることとなります。したがって，社会状況（その時代ごと）により判断が異なります。また，生活用品といっても様々なものがあります。

　そこで，『生活保護手帳』では生活用品について，「家具什器及び衣類寝具」「趣味装飾品」「貴金属及び債券」「その他の物品」と区分して判断基準を示しています。

　「その他の物品」については，処分価値の小さい物は保有を認め，そうでない場合は当該地域の一般世帯との均衡を失することにならないときには保有を認めることとしています。この「当該地域の一般世帯の均衡を失しない場合」とは当該地域の全世帯の70％程度の普及率を基準として認定することとされています。

第5章　補足性の原理①～保護の要件／第2　利用し得る資産

保護手帳　資産の活用　局第3－4（生活用品）
4　生活用品
（1）　家具什器及び衣類寝具
　　　当該世帯の人員，構成等から判断して利用の必要があると認められる品目及び数量は，保有を認めること。
（2）　趣味装飾品
　　　処分価値の小さいものは，保有を認めること。
（3）　貴金属及び債券
　　　保有を認めないこと。
（4）　その他の物品
　　ア　処分価値の小さいものは，保有を認めること。
　　イ　ア以外の物品については，当該世帯の人員，構成等から判断して利用の必要があり，かつ，その保有を認めても当該地域の一般世帯との均衡を失することにならないと認められるものは，保有を認めること。

保護手帳　課第3の問6
〔当該地域の一般世帯との均衡を失することとならない判断基準〕
問（第3の6）　局長通知第3の4の（4）のイにいう「当該地域の一般世帯との均衡を失することにならない」ことの判断基準を示されたい。
答　（1）「当該地域」とは，通常の場合，保護の実施機関の所管区域又は市町村の行政区域を単位とすることが適当であるが，実情に応じて，市の町内会，町村の集落等の区域を単位として取り扱って差しつかえない。
　　（2）「一般世帯との均衡を失することにならない」場合とは，当該物品の普及率をもって判断するものとし，具体的には，当該地域の全世帯の70％程度（利用の必要性において同様の状態にある世帯に限ってみた場合には90％程度）の普及率を基準として認定すること。
＊　局　第3－4－（4）－イ　当該地域の一般世帯との均衡

　電化製品については，1966（昭和41）年に大阪府八尾市で電気冷蔵庫の保有を認められないことを苦にして，母子が心中するという痛ましい事件があ

第2編　生活保護の原理

りました[71]。

　また，1994（平成6）年には埼玉県桶川市ではクーラーの保有をめぐり，行政の判断が揺れ，クーラーを外すことを求められた高齢者が体調を崩し入院するという事件も起きています。この事件は新聞報道によると，79歳の高齢者が保有しているクーラーをケースワーカーが「取り外さなければ生活保護を廃止する」と指示し，取り外したところ猛暑の中で脱水症状を起こしたというものです。市の課長は「厚生省はクーラー保有を認めていないことから市は従うしかない」と述べています。厚生省の担当者も「クーラーがダメという個別の指導はしていないが，クーラーの普及が7割以上の市町村はそんなに多くはない。他との均衡を図るのはやむを得ない制約だ」などと述べていました[72]。

　しかし，報道によりこの扱いについて世論の批判が大きくなると，僅か5日後にはクーラー保有を認めることとしました。その理由を，埼玉県によると県内のクーラー保有率は5年前に7割を超え，桶川地区の具体的数字は不明だが7割程度の保有率はあると考えられると述べ，厚生省保護課も「埼

---

71) 第51回国会参議院決算委員会会議録第3号では，この事件について次のようなやり取りが行われています。「中村波男君　……1月の27日に，大阪府の八尾市の〇〇〇さんが長女〇〇ちゃんを道連れに親子心中した事件があったことは御承知だと思うのでありますが，その原因が，生活保護世帯でありまして，電気冷蔵庫を置くことを認められておりませんから，係員が早く売れと言った，これを苦にして死んだという事件でありまして，まことにお気の毒であり，国民の多くからも同情を呼んでおる事件だと私は思うのであります。」「政府委員（今村譲君）　大臣のほうから閣議のあとで，こういうふうな事態があるので特に検討せよというのは二つございました。一つは，いまのような生活保護の資産調査なり，あるいは収入認定なり，現実に即しないような問題はできる限り，これは予算にみな響くわけでありますけれども，矛盾のないような検討を至急進めようということが一つ。もう一つは，全国で福祉事務所というのが1040ヵ所ございまして，大体2万5000人おりますが，その人が生活保護家庭の具体的なお世話をするわけでありますけれども，それが機械的でなしに，ほんとうに心を割って生活保護なり，いろいろな相談に当たるようにする，それがつっけんどんなかっこうでは困る，その辺の姿勢といいますか，態度といいますか，そういうふうなことで問題が起きないように教育，訓練なりを十分に考えてくれ，こういう二点の指示がございました。」ここからは資産保有の問題をケースワーカーの対応に転嫁しているように感じられます。
72) 毎日新聞1994（平成6）年9月5日

玉県で保有率が高いことは承知していた」等と述べるに至っています[73]。

　ケースワーカーや福祉事務所が当該自治体内の生活用品の普及率が70％を超えているかどうかなどは，ほとんどの場合分からないと思います。この桶川市の事件でも桶川市ではクーラー保有が70％を超えていたかどうかが結局は分からないにもかかわらず，県は超えていることにして決着をつけたのです。

　このように70％程度の普及率というのは判断の目安にすぎず，その世帯にとって必要か否かという判断を欠かすことはできないのです。

　生活用品については，時代ごとの変遷がありますが，現在は多くの物品について保有を認められる可能性が高いように思われます。現在保有が認められる例としては，東日本大震災の義援金等の取扱いについての厚生労働省の通知に添付されている「参考　自立更生のために充てられる費目（例）」（次頁参照）が参考になります[74]。ここでは，パソコン，ファックス等が自立更生品目として例示されていることから，保有することが認められているものと考えられます。

---

[73] 毎日新聞1994（平成6）年9月10日
[74] 厚生労働省社会・援護局保護課長通知「東日本大震災による被災者の生活保護の取扱いについて（その3）」平成23年5月2日社援保発0502第2号

東日本大震災被災者の自立更生費目

〔参考〕自立更生のために充てられる費目（例）

1	生活用品・家具
	什器
	衣服・布団
	食器棚
	テーブル・イス
	たんす
	ガステーブル
	その他
2	家電
	テレビ
	冷蔵庫
	洗濯機
	炊飯器
	電子レンジ・オーブントースター
	冷暖房用器具
	通信機器（携帯電話・固定電話・パソコン・プリンター・ファクシミリ等）
	その他
3	生業・教育
	事業用施設の整備に係るもの（施設の補修・事業用機器の購入等）
	技能習得に係るもの
	就学等に係るもの（学習図書，運動用具等，珠算課外学習，学習塾等）
	制服・通学用鞄・靴等
	文房具等
	その他
4	住家
	補修
	建築
	配電設備・上下水道設備の新設
	その他
5	結婚費用（寡婦福祉資金の結婚資金の貸付限度額相当）
6	墓石，仏壇，法事等弔意に要する経費
7	通院，通所及び通学等のために保有を容認された自動車の維持に要する経費
8	その他
	その他生活基盤の整備に必要なもの

3 自動車

(1) 生活保護行政における自動車の扱い

都市部など公共交通機関が発達した地域を除くと自動車は就労，日常生活に重要な役割を果たしています。しかし，自動車は一般に高額なものであり維持費も必要であることから，生活保護における自動車の扱いは保有を認めない傾向にありますが，その扱いの沿革を見ていくと徐々に保有条件は緩和されてきています。

1982年度版『生活保護手帳　別冊問答集』で「自動車の保有」についての問答が新設されて以降，1993年度版の「問134　自動車の保有」を経て，2012年度版の「問3－14　自動車の保有」まで，原則として，生活用品としての自動車は地域の普及率に限らず保有は認められず，事業用についても低所得者との均衡論を前提としての判断とされています。

自動車についての取扱いは，近年になり保有が緩和されてきているものの，原則としては保有を認めない[75]ことから被保護者の生活に支障が生じているとの指摘もあります[76]。

厚生労働省の現在の扱いは，まず自動車を「事業用品としての自動車」と「生活用品としての自動車」とで区分し，事業用品としての自動車は一定の条件の上で保有を認めています。一方で「生活用品としての自動車」は原則的には保有は認められないとしながらも，保有を容認しなければならない事情がある場合もあるとします。

「事業用品としての自動車」と「生活用品としての自動車」の区分については，東京都は「事業の用に供されている」ことの判断基準として，当該就労によって得られる収入の額が，自動車に維持に要する経費を著しく上回っていることとしています[77]。

---

75) 事務次官通知第3
76) 日弁連生活保護問題緊急対策委員会編『生活保護法的支援ハンドブック』（民事法研究会，2008年）125頁。森川清『権利としての生活保護法』（あけび書房，2009年）89頁。また，筆者が参加した県の研修，全国セミナーなどでもケースワーカーから指摘がされています。
77)「東京都生活保護運用事例集（平成27年度修正版＜反映版＞）」(問3－1)53頁

第2編　生活保護の原理

別冊問答集
問3－14　自動車の保有
（問）　課第3の9及び12以外に被保護者が自動車を保有することが認められる場合はどのような場合か。
（答）　生活用品としての自動車は，単に日常生活の便利に用いられるのみであるならば，地域の普及率の如何にかかわらず，自動車の保有を認める段階には至っていない。事業用品としての自動車は当該事業が事業の種別，地理的条件等から判断して当該地域の低所得世帯との均衡を失することにならないと認められる場合には，保有を認めて差し支えない。
　なお，生活用品としての自動車については原則的に保有は認められないが，なかには，保有を容認しなければならない事情がある場合もあると思われる。かかる場合は，実施機関は，県本庁及び厚生労働省に情報提供の上判断していく必要がある。
＊　**課**　第3－9　通勤用自動車保有
＊　**課**　第3－12　障害者の自動車保有

通勤用自動車については，『生活保護手帳』『生活保護手帳　別冊問答集』では，次のように述べられています。

保護手帳　課第3の問9
〔通勤用自動車保有〕
問（第3の9）　次のいずれかに該当する場合であって，自動車による以外に通勤する方法が全くないか，又は通勤することがきわめて困難であり，かつ，その保有が社会的に適当と認められるときは，次官通知第3の5にいう「社会通念上処分させることを適当としないもの」として通勤用自動車の保有を認めてよいか。
1　障害者が自動車により通勤する場合
2　公共交通機関の利用が著しく困難な地域に居住する者等が自動車により通勤する場合
3　公共交通機関の利用が著しく困難な地域にある勤務先に自動車により

通勤する場合
　4　深夜勤務等の業務に従事している者が自動車により通勤する場合
答　お見込みのとおりである。
　なお，2，3及び4については，次のいずれにも該当する場合に限るものとする。
（1）　世帯状況からみて，自動車による通勤がやむを得ないものであり，かつ，当該勤務が当該世帯の自立の助長に役立っていると認められること。
（2）　当該地域の自動車の普及率を勘案して，自動車を保有しない低所得世帯との均衡を失しないものであること。
（3）　自動車の処分価値が小さく，通勤に必要な範囲の自動車と認められるものであること。
（4）　当該勤務に伴う収入が自動車の維持費を大きく上回ること。
　＊　**次**　第3－5　社会通念上処分させることを適当としないもの

別冊問答集
問3－16　公共交通機関の利用が著しく困難な地域
（問）　課第3の9中の2及び3にいう「公共交通機関の利用が著しく困難な地域」とは，具体的にはどのような地域か。
（答）　「公共交通機関の利用が著しく困難」であるか否かについては一律の基準を示すことは困難であるが，例えば，駅やバス停までの所要時間や，公共交通機関の1日あたりの運行本数，さらには当該地域の低所得者世帯の通勤実態等を勘案したうえで，自動車によらずに通勤することが現実に可能かどうかという観点から実施機関で総合的に判断されたい。
　＊　**課**　第3－9　通勤用自動車保有

別冊問答集
問3－17　保育所等の送迎のための通勤用自動車の保有
（問）　自宅から勤務先までは公共交通機関等での通勤が可能であるが，子の託児のために保育所等を利用しており，保育所等へ送迎して勤務するためには自動車による以外に通勤する方法が全くないか，又は通勤することがきわめて困難である場合には，課第3の9中の3に該当するものとして，通勤用自動車の保有を認めて差し支えないか。

(答) 自宅から勤務先までの交通手段が確保されている場合には，まず公共交通機関等の利用が可能な保育所等への転入所や，転職による方法を検討すべきである。

しかしながら，課第3の9の答に示された要件に加え，次の要件のいずれをも満たす場合においてはお見込みのとおり取り扱って差し支えない。

1　当該自治体の状況等により公共交通機関の利用が可能な保育所等が全くないか，あっても転入所がきわめて困難であること。
2　転職するよりも現在の仕事を継続することが自立助長の観点から有効であると認められること。

＊　課　第3－9　通勤用自動車保有

保護手帳　課第3の問9の2
〔保護開始時において失業や傷病により就労を
中断している場合の通勤用自動車の保有〕

問（第3の9－2）　通勤用自動車については，現に就労中の者にしか認められていないが，保護の開始申請時においては失業や傷病により就労を中断しているが，就労を再開する際には通勤に自動車を利用することが見込まれる場合であっても，保有している自動車は処分させなくてはならないのか。

答　概ね6か月以内に就労により保護から脱却することが確実に見込まれる者であって，保有する自動車の処分価値が小さいと判断されるものについては，次官通知第3の2「現在活用されてはいないが，近い将来において活用されることがほぼ確実であって，かつ，処分するよりも保有している方が生活維持に実効があがると認められるもの」に該当するものとして，処分指導を行わないものとして差し支えない。ただし，維持費の捻出が困難な場合についてはこの限りではない。

また，概ね6か月経過後，保護から脱却していない場合においても，保護の実施機関の判断により，その者に就労阻害要因がなく，自立支援プログラム又は自立活動確認書により具体的に就労による自立に向けた活動が行われている者については，保護開始から概ね1年の範囲内において，処分指導を行わないものとして差し支えない。

なお，処分指導はあくまで保留されているものであり，当該求職活動期間中に車の使用を認める趣旨ではないので，予め文書により「自動車の使用は認められない」旨を通知するなど，対象者には十分な説明・指導を行うこと。ただし，公共交通機関の利用が著しく困難な地域に居住している者については，求職活動に必要な場合に限り，当該自動車の使用を認めて差し支えない。

また，期限到来後自立に至らなかった場合については，通勤用の自動車の保有要件を満たす者が通勤用に使用している場合を除き，速やかに処分指導を行うこと。

* 次 第3－2 現在活用されてはいないが，近い将来において活用されることがほぼ確実であって，かつ，処分するよりも保有している方が生活維持に実効があがると認められるもの

障害者が通勤や通院などで使用する自動車保有については，次のような扱いとされています。

保護手帳 課第3の問12

〔障害者が通院等のため自動車を必要としている場合等の自動車保有〕

問（第3の12） 次のいずれかに該当する場合は自動車の保有を認めてよいか。
1 障害（児）者が通院，通所及び通学（以下「通院等」という。）のために自動車を必要とする場合
2 公共交通機関の利用が著しく困難な地域に居住する者が通院等のために自動車を必要とする場合

答 次のいずれかに該当し，かつ，その保有が社会的に適当と認められるときは，次官通知第3の5にいう「社会通念上処分させることを適当としないもの」としてその保有を認めて差しつかえない。
1 障害（児）者が通院等のために自動車を必要とする場合であって，次のいずれにも該当する場合

(1) 障害(児)者の通院等のために定期的に自動車が利用されることが明らかな場合であること。
(2) 当該者の障害の状況により利用し得る公共交通機関が全くないか又は公共交通機関を利用することが著しく困難であって，他法他施策による送迎サービス，扶養義務者等による送迎，医療機関等の行う送迎サービス等の活用が困難であり，また，タクシーでの移送に比べ自動車での通院が，地域の実態に照らし，社会通念上妥当であると判断される等，自動車により通院等を行うことが真にやむを得ない状況であることが明らかに認められること。
(3) 自動車の処分価値が小さく，又は構造上身体障害者用に改造してあるものであって，通院等に必要最小限のもの（排気量がおおむね2,000cc以下）であること。
(4) 自動車の維持に要する費用（ガソリン代を除く。）が他からの援助（維持費に充てることを特定したものに限る。），他施策の活用等により，確実にまかなわれる見通しがあること。
(5) 障害者自身が運転する場合又は専ら障害（児）者の通院等のために生計同一者若しくは常時介護者が運転する場合であること。
　なお，以上のいずれかの要件に該当しない場合であっても，その保有を認めることが真に必要であるとする特段の事情があるときは，その保有の容認につき厚生労働大臣に情報提供すること。
2　公共交通機関の利用が著しく困難な地域に居住する者が通院等のために自動車を必要とする場合であって，次のいずれにも該当する場合
(1) 当該者の通院等のために定期的に自動車が利用されることが明らかな場合であること。
(2) 他法他施策による送迎サービス，扶養義務者等による送迎，医療機関等の行う送迎サービス等の活用が困難であり，また，タクシーでの移送に比べ自動車での通院が，地域の実態に照らし，社会通念上妥当であると判断される等，自動車により通院等を行うことが真にやむを得ない状況であることが明らかに認められること。
(3) 自動車の処分価値が小さく，通院等に必要最小限のもの（排気量がおおむね2,000cc以下）であること。

(4) 自動車の維持に要する費用（ガソリン代を除く。）が他からの援助（維持費に充てることを特定したものに限る。）等により，確実に賄われる見通しがあること。
(5) 当該者自身が運転する場合又は専ら当該者の通院等のために生計同一者若しくは常時介護者が運転する場合であること。
＊ **次** 第3－5　社会通念上処分させることを適当としないもの

 別冊問答集
問3－15　自動車による以外の方法で通勤することがきわめて困難な身体障害の程度
（問） 通勤用自動車の保有が認められる身体障害者の範囲を示されたい。
（答） 自動車による以外の方法で通勤することがきわめて困難な身体障害者の判断は，その身体障害者のおかれた身体機能（特に歩行機能）の程度によるので一概に等級をもって決めることはできないが，自動車税等が減免される障害者（下肢・体幹の機能障害者又は内部障害者で身体障害者手帳を所持する者については，自動車税，取得税が減免される。）を標準とし，障害の程度，種類及び地域の交通事情，世帯構成等を総合的に検討して，個別に判断することとされたい。
＊ **課** 第3－9　通勤用自動車保有

 別冊問答集
問3－18　公共交通機関の利用が著しく困難な障害の程度
（問） 課第3の12にいう「障害の状況により，利用し得る公共交通機関が全くないか又は公共交通機関を利用することが著しく困難」とは，具体的にどのような者が対象となるのか。
（答） 例えば，身体障害にあっては下肢，体幹の機能障害，内部障害等により歩行に著しい障害を有する場合，知的障害にあっては多動，精神障害にあってはてんかんが該当すると考えられる。
　　なお，身体障害の場合に限り，現時点では障害の程度の判定がされていないが，近い将来，身体障害者手帳等により障害の程度の判定を受けることが確実に見込まれる者について保有を認めて差し支えない。ただし，障害認定を受けることができなかった場合には，速やかに処分指導

を行うこと。
＊ **課** 第3－12 障害者の自動車保有

> 別冊問答集
> **問3－19　障害者の通院等の用途の自動車の維持費**
> **(問)** 障害者の通院等の用途の自動車保有に際し，維持費について援助が可能な扶養義務者等がいない場合，障害者加算の範囲で維持費を賄うことは認められるか。
> **(答)** 維持費について確認のうえ，障害者加算（他人介護料を除く）の範囲で賄われる場合については，課第3の12の（4）の他法他施策の活用等の等に含まれるものとして，お見込みのとおり取り扱って差し支えない。
> ＊ **課** 第3－12 障害者の自動車保有

　これらに該当しない場合は自動車の保有は認められないことになりますが，人の生活には様々な状況があり，これらに該当しなくとも自動車の保有が必要な場合も考えられます。そこで，『生活保護手帳　別冊問答集2016』問3－14では，このような場合には福祉事務所は県本庁，厚生労働省に情報提供の上，判断していく必要があると述べています。つまり『生活保護手帳』『生活保護手帳　別冊問答集』の項目に該当していない場合であっても，要保護者の生活実態から保有が必要と考えられる場合は，県本庁，厚生労働省に情報提供を行い，その可否を判断することが必要になります。

　通勤や障害者の通院などについては条件をつけて保有を認めていますが，どのような障害ならば保有を認めるかを一律に決めることは困難であり，事案ごとに要保護者の生活実態を把握し，理解できる福祉事務所が判断を行うことになります。

　また買い物などの日常生活の使途については認めていませんが，買い物は生活の上で不可欠なものですから地域状況を配慮せず，全く認めないことには疑問が残ります。

　それでは，自動車を借りた場合はどのようになるのでしょうか。このこと

について,『生活保護手帳　別冊問答集』は次のように述べています。

別冊問答集

問3−20　他人名義の自動車利用
(問) 資産の保有とは，所有のみをいうものか。例えば，自動車の保有を認められていない者が，他人名義の自動車を一時借用を理由に遊興等のために使用している場合は，どのようにすべきか。
(答) 生活保護における資産の保有とは，次第3に示してあるとおり，最低生活の内容としてその保有又は利用をいうものであって，その資産について所有権を有する場合だけでなく，所有権が他の者にあっても，その資産を現に占有し，利用することによってそれによる利益を享受する場合も含まれるものである。
　　したがって自動車の使用は，所有及び借用を問わず原則として認められないものであり，設問の場合には，特段の緊急かつ妥当な理由が無いにもかかわらず，遊興等単なる利便のため度々使用することは，法第60条の趣旨からも法第27条による指導指示の対象となるものである。これは，最低生活を保障する生活保護制度の運用として国民一般の生活水準，生活感情を考慮すれば，勤労の努力を怠り，遊興のため度々自動車を使用するという生活態度を容認することもまたなお不適当と判断されることによるものである。
* **次**　第3　資産の活用
* **問**　3−14　自動車の保有

　既に地域によっては自動車は生活必需品となっており，1世帯で複数台の保有も珍しくありません。自動車保有や使用については地域の実態に合わせた対応が必要と考えられます。次に裁判例を見ていきます。

(2) 裁判例
　資産性のある自動車の保有の可否のほか，資産性のない自動車を通院等に使う場合に保有は認められるか，借用した自動車を運転した場合はどうなの

第2編　生活保護の原理

か等の裁判例があります。

① **自動車による通院を必要とする世帯が資産性のある自動車を保有していることから却下された事件**（大阪地判平成22年10月28日・判例地方自治356号88頁）

　この事例は，処分価値のある普通自動車の売却価格が113万円であることから，これを保護費の14か月分相当と認定し原告夫婦の疾病，障害等について詳しい検討をすることもなく，自動車の資産性を認め保有を否認しています。

 大阪地方裁判所平成22年10月28日判決（判例地方自治356号88頁）

　「原告世帯は，平成20年12月当時2台の自動車（a普通自動車及びb軽自動車）を保有しており，このうち初度登録年平成19年のa普通自動車については本件却下処分後の平成21年7月29日に代金113万円で売却されていること，上記売却代金は従前原告世帯が受けていた月額8万円余の保護費の約14か月分に相当することからすれば，本件却下処分の時点においても，a普通自動車を処分すれば，その売却代金として相当程度の金員を得ることができ，原告世帯の生活の維持のために活用することが見込まれたことは明らかである。」

　「原告は，Aには障害があり，生活保護の取扱い上，例外的に自動車保有が認められている場合に該当するから，a普通自動車を活用すべき資産とすることはできないとも主張するようである。しかし，原告の指摘する「生活保護法による保護の実施要領の取扱いについて」（昭和38年4月1日社保第34号厚生省社会局保護課長通達）[78]（甲19）をみても，保護を受けている障害者に自動車保有が認められる条件として，①自動車の処分価値が小さく，通院等に必要最小限のものであること，②自動車の維持に要する費用が他からの援助等により確実に賄われる見通しがあること等を要求しているところ，原告世帯が保有していたa普通自動車の処分価値は上記（2）のとおりであり，これを必要最小限のものとみるのは困難であるし，維持費用が他からの援助等で確実に賄われる見通しがあったことを認めるに足りる証拠もない。」

　「したがって，例外的に自動車保有が認められている場合に該当するとは

---

[78] 保護課長通知問第3の12。本書129～131頁参照。

いえず，原告の上記主張は採用できない。」
　「生活保護は，生活に困窮する者が，その利用し得る資産，能力その他あらゆるものを，その最低限度の生活の維持のために活用することを要件として行われるべきものであり，まずは平成19年度9月に新車で購入されたa普通自動車が資産として活用されるべきことは明らかであるといえる。」
　「以上によれば，原告世帯からの保護の申請を却下した本件却下処分は，適法というべきである。」

　次に，資産性のない自動車を通院等で利用する場合は，どのような判断がされているのでしょうか。2つの裁判例を見たいと思います。

② **傷病，障害があり通院等で資産性のない自動車を所有していたところ保護を停止された事件**（福岡地判平成21年5月29日・賃金と社会保障1499号29頁）
　原告夫婦ＡＢらは露天商を行っていましたが，疾病のため入院することとなり，生活保護の申請を行いました。福祉事務所は原告らの生活状況の調査を行ったところ，原告らの露天商再開の目途が立たなかったため，短期自立が困難になれば本件自動車の処分を指示する方針を採ることとした上で，保護開始決定を行うとともに，原告に対し本件自動車の処分を求めましたが，原告らは通院の必要性等を主張してこれに応じなかった，というものです。そこで，福祉事務所は保護を停止しました。
　裁判所は，処分価値のない自動車であっても当然に保有が認められるものではないとした上で，原告の病状等から通院に自動車は必要と認定しました。また，福祉事務所は原告のタクシー利用による通院について主張しましたが，裁判所はタクシーを公共交通機関ではないとしました。

福岡地方裁判所平成21年5月29日（賃金と社会保障1499号29頁）

処分価値のない自動車の資産性

　法4条1項は「生活保護を受けるためには，その有する資産をまず売却し，当該代金を生活費に充当するなどすることを求めており，これに関連する本件次官通知3は，『最低生活の内容としてその所有又は利用を容認するに適しない資産は，次の場合を除き，原則として処分のうえ，最低限度の生活の維持のために活用させること』としており，法4条1項及び本件次官通知3にいう『資産』としては，第一義的には処分価値のあるものを想定していることは確かである。」

　「しかし，他方で，要保護者が処分価値のないものを利用して生活している場合であっても，そのものの使用や保有により，定期的に一定の費用の支出を強いられるような場合には，当該物品の保有を認めることが『補足性の原理』に反することは明らかであるし，そもそも最低限度の生活の需要を満たしつつ，かつ，これを超えない範囲で保障しようとする法の趣旨（法1条，8条）も併せ考慮すると，生活保護の実施に当たっては，その時点の社会情勢や国民感情にもかんがみて，被保護者に当該物の所有を許すことが最低限度の生活として容認できるか否かという観点からの検討も必要であって，本件次官通知3が，『所有又は利用を容認するに適しない資産』としているのも，その趣旨を表したものと理解することができる。」

　「したがって，法4条1項にいう『資産』が『最低限度の生活の維持のために活用』されているかどうかの判断に当たっては，処分価値の有無という観点のみならず，法の趣旨にかんがみ，当該資産を所有するために一定の経済的支出を行うことや当該資産を利用することで一定の利益を得られることが，『最低限度の生活』として容認できるかどうかということも含めてその所有の可否が検討されるべきである。」

　「これを自動車についてみた場合，前記説示の低所得者層における保有率や自動車の利便性に加え，燃料費，車検等の点検整備費，駐車場代，自賠責の保険料といった維持費等の負担は，一般的には相当額に上ると考えられるから，本件自動車が処分価値がなく換価性のない資産であることのみをもって，当然にその所有が認められるとまではいえない。」

第5章　補足性の原理①～保護の要件／第2　利用し得る資産

自動車を利用した通院の必要性
　原告Bは「E病院に入院し，退院してからも，治療，リハビリ，治験のため同病院に通院するなどし，本件指示当時は，週1回の通院をしていたこと，同病院は，原告ら方から片道約15キロメートルのところに位置していること，同原告は，骨増殖症，後縦靱帯骨化症等の病気を患い，肢体不自由のため障害者等級2級であり，歩行は転倒の危険が高く介助が必要であり，転倒した場合に自力で起きあがるのは不可能であり，基本的に車いすで生活していることに加え，原告ら方付近は坂道であり，原告ら方から最寄りと思われるバス停まで400メートル前後近くあることなどの事情が認められ，これらを総合すれば，本件指示及び本件処分当時，原告BがE病院に通院するに際し，タクシー及び公共交通機関を利用することが著しく困難であったことは明らかであって，本件自動車による以外に通院等を行うことが極めて困難であることが明らかに認められたというべきである。」

タクシーの公共交通機関性
　「『公共交通機関』にはタクシーや介護タクシーが含まれる旨の被告の主張についてみても，仮にこれにタクシーや介護タクシーを含むとすると，タクシーは全国どの地域においても営業しており，介護タクシーについても全国平等にくまなくサービスが受けられるものであるから，要件②は無意味なものとなってしまうこと等からすれば，上記『公共交通機関』にタクシーや介護タクシーは含まれないと解するのが相当である。」

③　身体障害者の処分価値のない自動車保有が認められた事件（大阪地判平成25年4月19日・判タ1403号91頁）

　次の事件は身体障害者である被保護者に対して，福祉事務所が行った処分価値のない自動車の処分の指示に従わないため保護廃止となり，改めて生活保護申請をした際に自動車保有を理由に却下された事件です。
　裁判所は，処分価値のない資産であっても当然の保有が認められることにはならないと判断をしましたが，厚生労働省通知の自動車保有要件を満たしており廃止処分を違法としました。また，ここでもタクシー利用については公共交通機関には含まれないとされています。

大阪地方裁判所平成25年4月19日（判タ1403号91頁）

処分価値のない自動車の保有について
「法4条1項の『資産』とは，基本的には処分価値を有するものを意味するということができる。『生活保護法による保護の実施要領について』において，処分価値が利用価値に比して著しく大きいと認められない不動産や，処分価値の小さい物品等は原則として保有を認めて差し支えないものとされているのも，そのような観点によるものと解される。

もっとも，処分価値のない資産であっても，その保有により一定の経済的支出を強いられる場合もあり，そのような場合に特段の必要性もなく資産をあえて保有し続けることは，最低限度の生活保障及び自立助長といった生活保護の目的（生活保護法1条）を阻害するものと考えられる。そして，自動車については，これを保有することにより燃料費，車検代など一般に相当額に上る維持費等の支出を強いられることになるのであるから，処分するよりも保有して活用する方が生活維持及び自立助長に実効性があり，維持費等の経済的支出が社会通念上是認できると認められるような事情があるかという観点からその保有の可否が検討されるべきである。

したがって，処分価値がない資産であるからといって，当然に自動車の保有が認められるということにはならない」

自動車保有要件
「原告は，本件指示及び本件廃止処分当時，『障害の状況により利用し得る公共交通機関が全くないか又は公共交通機関を利用することが著しく困難であり，自動車による以外に通院等を行うことがきわめて困難であることが明らかに認められる』場合に該当していたと認められる。」

タクシー利用ついて
「タクシーを利用することは自動車によって通院等を行う場合であって，上記の『公共交通機関』にはタクシーを含まないと解するのが相当である。『公共交通機関』にタクシーが含まれるとすると，タクシーを利用することが不可能な離島やへき地に居住している場合や，その保有する自動車は利用できるがタクシーは利用できないというような特殊な場合でない限りこの要件を満たさないこととなり，要件②がほぼ無意味なものとなってしまい不合理というほかない。」

第5章　補足性の原理①〜保護の要件／第2　利用し得る資産

> **通院以外に自動車を使用することについて**
> 「被告は，原告が通院等以外の日常生活上の目的のためにも本件自動車を利用しようとすることをも問題としているようにも思われるが，要件①は自動車の保有のための要件であって，利用のための要件ではなく，通院等の保有目的が認められることを前提として生活保護の開始と共に自動車の保有が容認された場合には，日常生活において保有する自動車を利用することなく，費用を負担してタクシーを利用したり，第三者の介護を求めたりすることは補足性の原則（生活保護法4条1項）にも反することである。当該自動車を通院等以外の日常生活上の目的のために利用することは，被保護者の自立助長（同法1条）及びその保有する資産の活用（同法4条1項）という観点から，むしろ当然に認められるというべきである。」

④　**自動車を借用して乗車していたことを理由に保護を廃止された事件の裁判例**（福岡地判平成10年5月26日・判タ990号157頁）

　この事件は福祉事務所が被保護者に対し，自動車の所有だけでなく，借用及び仕事以外での運転を禁止する旨を記載した指示に違反したとして，保護を廃止したというものです。ここでは自動車は被保護者所有ではなく，借り物であるというところが，これまでの事例と異なります。

　そこで自動車を所有していないものについても「資産の活用」に該当するのかという問題が生じます。

福岡地方裁判所平成10年5月26日（判タ990号157頁）

> **法4条1項の資産について**
> 　事務次官通知「によれば，要保護者としては，その利用し得る資産について，当該資産を保有することが最低限度の生活の基準の範囲内にあるか否かを勘案し，右範囲内にあればこれを手元に置いたまま使用するという方法で活用することができるが，そうでない場合には，原則としてこれを処分してその収益を生活費用に充てるなどの方法で活用することを迫られることになり，また，ここにいう『資産』としては，売却ないしは貸与による処分が可

「能であるものが念頭に置かれていることが明らかである。」

「そうすると，右『資産』とは，要保護者が所有権ないしこれに準ずる権利を有するもの，具体的には所有物のほか例えば借地権（賃借権又は地上権）付建物における借地権などを指すものと解され，他人からの借用物のように要保護者に処分権限がないものは，同条にいう『資産』には含まれないものというべきである。」

「しかしながら，要保護者が借用物を利用して生活している場合において，右借用物の使用による利益を全く考慮せずに，他の要保護者と同等の保護を受給できるというのでは，他の被保護者や保護を受けていない低所得者層との関係で均衡を失することになるのみならず，借用物であればいかなるものでも被保護者はこれを利用できると解することは，そもそも最低限度の生活の需要を満たしつつこれを超えない範囲で保障しようとする法の趣旨（法1条，3条，8条参照）にも反することになる。

したがって，法4条による資産の活用というときに，当該資産が最低限度の生活の内容として適当かどうかという観点からその保有の可否が検討されるのと同様に，借用物についても，そもそもこれを利用することが最低限度の生活として容認できるかどうかという観点も含めて，その借用の可否が検討されることになるのは当然であり，次官通達が，前記のとおり『所有又は利用を容認するに適しない資産』としているのも，右のような見地から，最低限度の生活に相応しくないものは所有のみならず利用をも容認しないことを明らかにしたものということができる。」

「自動車の借用についても，それが相当期間にわたり継続するものであるときは，その外観上も所有と区別する理由はないから，その所有に関する議論がそのまま当てはまるものというべく，したがって前記と同様の要件でその可否を検討するのが相当である。もっとも，借用の場合には，所有の場合に比し例外事由に該当する場合が多いであろうことが予想されるし，一時的な借用の場合には，これを禁止すべき度合いは小さくなると考えられる。」

この事件については，裁判所は「直ちに最も重大な保護廃止処分を行ったことは重きに失し，処分の相当性において，保護実施機関に与えられた裁量の範囲を逸脱したものというべきであって，本件処分は違法な処分といわざ

るを得ない。」と述べ，保護廃止については違法としました。

　この判決に対して法4条の趣旨を，自動車の運転という自由を制約する根拠にまで拡張して解釈することで，当該指示自体を適法とする点で問題が多いとの批判があります[79]。妥当な指摘と思われますが，借用を容認した場合に意図的に所有を避け借用として利用する事例が生じることも考えられます。

　裁判例では資産価値のない自動車でも保有は認められず，保有の判断は障害等の保有要件を満たしているか否かによることが分かります。しかし，保護申請時の要保護者が処分に同意しても，資産性のない自動車処分には費用がかかる場合があり，費用の工面ができない場合は「無理」を強いることになりかねません。この場合は急迫保護として扱うことになります。

　自動車の問題は，我が国の自家用自動車の保有台数が4000万台近いことや[80]，就労・通院だけでなく地域によっては日常生活も自動車が必要な状況から，被保護世帯の自動車保有を認めることが必要と考えられます。

4　預貯金
(1) 実施要領

　保護受給中に蓄えた預貯金はどのように考えるとよいのでしょうか。保護費として支給した以上，この預貯金を収入認定することは保護費を収入認定するような印象もあります。

　この点については2015年度より『生活保護手帳』に「問第3の13　資産の申告」が設けられ，被保護者の預貯金等について少なくとも申告を12か月ごとに行わせることとされました。このことにより資産の保有についての問題が生じているように思われます。

---

79) 前田雅子「公的扶助」加藤智章・菊池馨実・倉田聡・前田雅子『社会保障法　第6版』（有斐閣，2015年）376頁
80) 2016年6月現在で普通自家用車1804万7554台，小型自家用車2111万2868台。一般社団法人日本自動車工業会「自動車統計月報Vol.50　No.6」
http://www.jama.or.jp/stats/m_report/pdf/2016_09.pdf

> 保護手帳 課第3の問13
> 〔資産の申告〕
> **問（第3の13）** 局長通知第3において，要保護者に資産の申告を行わせることとなっているが，保護受給中の申告の時期等について具体的に示されたい。
> **答** 被保護者の現金，預金，動産，不動産等の資産に関する申告の時期及び回数については，少なくとも12箇月ごとに行わせることとし，申告の内容に不審がある場合には必要に応じて関係先について調査を行うこと。
> 　この場合，不動産の保有状況については，固定資産税納税通知書がある場合は写しを提出させるとともに，必要がある場合は，更に訪問調査等により的確に把握すること。
> 　なお，保護の実施機関において関係機関の協力等により被保護者の保有不動産の状況を的確に把握できる場合には，必ずしも被保護者から申告を行わせる必要はないこと。
> 　おって，不動産を取得又は処分したときの申告については，予め被保護者に申告の義務があることを十分に理解させ，速やかに申告を行わせること。

　預貯金の扱いについては『生活保護手帳』に「問（第3の18）　保護費のやり繰りによって生じた預貯金等」「問（第3の18－2）　専修学校，各種学校又は大学に就学するための必要な経費に充てられる預貯金等」がありますが，制限的であり使い勝手が悪いように思われます。

> 保護手帳 課第3の問18
> 〔保護費のやり繰りによって生じた預貯金等〕
> **問（第3の18）** 生活保護の受給中，既に支給された保護費のやり繰りによって生じた預貯金等がある場合はどのように取り扱ったらよいか？
> **答** 被保護者に，預貯金等がある場合については，まず，当該預貯金等が保

護開始時に保有していたものではないこと，不正な手段（収入の未申告等）により蓄えられたものではないことを確認すること。当該預貯金等が既に支給された保護費のやり繰りによって生じたものと判断されるときは，当該預貯金等の使用目的を聴取し，その使用目的が生活保護の趣旨目的に反しないと認められる場合については，活用すべき資産には当たらないものとして，保有を容認して差しつかえない。なお，この場合，当該預貯金等があてられる経費については，保護費の支給又は就労に伴う必要経費控除の必要がないものであること。

また，被保護者の生活状況等について確認し，必要に応じて生活の維持向上の観点から当該預貯金等の計画的な支出について助言指導を行うこと。

さらに，保有の認められない物品の購入など使用目的が生活保護の趣旨目的に反すると認められる場合には，最低生活の維持のために活用すべき資産とみなさざるを得ない旨を被保護者に説明した上で，状況に応じて収入認定や要否判定の上で保護の停止又は廃止を行うこと。

保護手帳　課第3の問18の2

〔専修学校，各種学校又は大学に就学するための必要な経費に充てられる預貯金等〕

問（第3の18-2）　高等学校等に就学中の者がいる被保護世帯において，当該者が高等学校等卒業後，専修学校，各種学校又は大学に就学するために必要な経費に充てるため，保護費のやり繰りにより預貯金等をすることは認められるか。

答　保護費のやり繰りによって生じた預貯金等については，その使用目的が生活保護の趣旨目的に反しないと認められる場合については，活用すべき資産には当たらないものとして保有を容認して差しつかえない取り扱いとしている。

生業扶助の対象とならない専修学校又は各種学校への就学については，本来，高等学校等就学費を支給された者は卒業資格を活かして就労を目指すことが必要であるが，一方で，自立助長に効果的であると認められる等局第1-5の要件を満たす場合には世帯分離をしたうえで認めている。

また，大学への就学については，貸与金を受けて就学する場合に世帯分

離をしたうえで認めているが，大学への就学によって，就労に資する資格取得が見込まれることも考えられる。

そのため，次のいずれにも該当する場合，保護費のやり繰りによって生じた預貯金等は，その使用目的が生活保護の趣旨目的に反しないと認められるものとして，保有を容認して差しつかえない。

なお，保護の実施機関は，当該預貯金等の使用前に預貯金等の額を確認するとともに，使用後は下記3の目的のために使用されたことを証する書類等により，使用内容を確認すること。

1 具体的な就労自立に関する本人の希望や意思が明らかであり，また，生活態度等から卒業時の資格取得が見込めるなど特に自立助長に効果的であると認められること。
2 就労に資する資格を取得することが可能な専修学校，各種学校又は大学に就学すること。
3 当該預貯金等の使用目的が，高等学校等卒業後，専修学校，各種学校又は大学に就学するために必要な経費（事前に必要な入学料等に限る。）に充てるものであること。
4 やり繰りで生じる預貯金等で対応する経費の内容や金額が，具体的かつ明確になっているものであって，原則として，やり繰りを行う前に保護の実施機関の承認を得ていること。

＊ **局** 第1－5 世帯分離の要件

東京都は，この問題について，「被保護者の累積金について」という問いを立て，次のように述べています。この説明が現実的な扱いではないでしょうか。

保護費は，世帯単位に計算されて世帯主又はこれに準ずる者に支給されるものである。このようにして給付される毎月の保護費を被保護者の需要に完全に合致させることには，困難が伴なう。月々のやり繰りを認めなければ，家計の弾力性を損なうおそれもあり，被保護者の生計管理の能力を制限する

ことになりかねない。保護費の具体個別の消費については、被保護世帯の世帯主等にその家計の合理的な運営を委ねているものと解釈することが自然である。

そうであるとすると、被保護者が保護費によって生活していく中で、節約の努力等によって貯蓄できる部分が生じたとしても、法が保護費を一定の期間内に使い切ることを求めていないとすれば、各月毎に被保護者が保有する全ての資産等を最低限度の生活のために使い切らない限り保護が継続できないとすることは適当でないといえる。

したがって、法の趣旨目的にかなったものであれば、保護費を原資として貯蓄された金銭は直ちに収入認定等の対象とすべきものにはあたらない。つまり、被保護者が保護受給中に預貯金をしている場合、その目的が生活保護の趣旨目的に反しないと判断されるときは、法第4条にいう「利用し得る資産」の形成には該当しない。

保護の目的から、単に将来の出費に備えるための蓄財一般を全て認めるには至らないが、生活保護の趣旨目的に沿った具体的な目的を持った蓄えについては、それらが預貯金という形で残されていても「利用し得る資産」として収入認定されることにはならない。

以上をふまえて、一定額を超える預貯金等の保有が判明した場合には、次のとおり処理されたい。

1　預貯金の目的等の確認

保護の趣旨目的に沿って、以後の自立（就労自立、日常生活自立、社会生活自立等）のために充てられるものであるか確認する。法の趣旨目的に沿ったものであれば、収入認定等は行わない。

保護受給中に保有を容認できない資産性のあるものの購入（自家用自動車、高額の貴金属類、株・有価証券など）や一般低所得者との均衡を失するような消費（観光その他の海外旅行、最低生活維持と関わりのない高額サービスの利用など）に充てる目的であれば、法の趣旨を説明し目的を変更するよう指導助言する。指導に応じない場合には、2の取り扱いと同様とすることも併せて説明を行なう。

2　特に目的等がなく単に累積したものである場合

保護費を原資とする累積金（収入認定額及び認定除外の手当等の累積金も

同様）は，最低限度の生活維持のために活用を求めることとなる。しかしながら，直ちにこれを収入認定することは適当でない。保護費を繰越しして一定額を超える預貯金を保有するに至った経緯には，単に節約を図っただけでなく，食事や衣料品等の生活必需品を極度に切り詰めた生活をしてきた結果，当該被保護世帯はどこかに最低限度の生活に欠けるところが生じている可能性が推測される。「一定額を超えた額」については，まず，最低限度の生活に欠ける部分を補い，生活基盤を回復させるために使うよう指導助言する。

　必要に応じては，自立更生計画書等の作成を通じて累積金の費消目的を定めながら，より安定した自立の助長を促すことが望ましい。

　当該世帯の最低限度の生活に欠ける部分を補ってもなお相当額の残余がある場合には，活用し得る資産として認定したうえで，生活最低基準をまかなう費用として活用を求めることとなる。（資力として認定した額については，収入認定を行なうことになる。）

　この際，①停廃止を行なう場合，②分割して収入認定する場合の2通りの処理が想定されるが，資力として認定する額は世帯の生計収支状況を勘案したうえで決定し，停廃止の期間及び分割収入認定をする場合の各月の収入認定額を合理的に設定する必要がある。

　当然，累積金の収入認定による保護変更処分の際にも，書面による決定内容の通知と不服申立等の教示が必要となるものである。

3　本問答にいう「一定額」の基準（目安）

　一律に定めることは困難である。世帯の状況を把握したうえで，慎重に見極める必要がある。目安としては，累積金のすべてが目的のない状態であった場合，保護の停廃止の期間の考え方を用いれば，当該世帯の最低生活費の概ね6か月分相当の額に達した場合と考えられる。

「東京都生活保護運用事例集（平成27年度修正版＜反映版＞）」
(問8－34)339〜341頁

(2) 裁判例

　収入認定を受けた障害年金及び保護費を源資とする預貯金を収入認定され，扶助費を減額された事件での裁判があります（秋田地判平成5年4月23日・判タ816号174頁）。ここでは，扶助費を減額した処分が違法であるとして

取り消されました。

 秋田地方裁判所平成5年4月23日判決（判タ816号174頁）

「一般的にいって預貯金が，法4条の利用し得る資産，法8条の金銭又は物品に該当することは明らかである。しかしながら，本件預貯金は前記認定のとおり，収入認定を受けた障害年金と支給された保護費のみによって形成されたものである点で，当然に法4条，法8条の活用すべき資産，金銭又は物品とし，これを，原告に保有させず，収入と認定することが，法4条，8条の解釈として許されるかは検討を要する。」

「収入認定を受けた収入と支給された保護費は，国が憲法，生活保護法に基づき，健康で文化的な最低限度の生活を維持するために被保護者に保有を許したものであって，こうしたものを源資とする預貯金は，被保護者が最低限度の生活を下回る生活をすることにより蓄えたものということになるから，本来，被保護者の現在の生活を，生活保護法により保障される最低限度の生活水準にまで回復させるためにこそ使用されるべきものである。したがって，このような預貯金は，収入認定してその分保護費を減額することに本来的になじまない性質のものといえる。

更に，現実の生活の需要は時により差があり，ある時期において普段よりも多くの出費が予想されることは十分あり得ることであり，そのことは被保護世帯も同様であるから，保護費や収入認定を受けた収入のうち一部を預貯金の形で保有し将来の出費に備えるということもある程度是認せざるを得ないことである。

もっとも，源資が前記のような預貯金であっても，その目的が，特別な理由のない一般的な蓄財のためであったり，不健全な使用目的のものであるなど，生活保護費を支給した目的に反する場合には，その保有を許さなくとも，生活保護法の趣旨に反するとはいえないし，また，こうした預貯金が国民一般の感情からして異和感を覚えるような高額なものである場合にも，同様というべきである。

結局，生活保護費のみ，あるいは，収入認定された収入と生活保護費のみが源資となった預貯金については，預貯金の目的が，健康で文化的な最低限度の生活の保障，自立更生という生活保護費の支給の目的ないし趣旨に反す

> るようなものでないと認められ，かつ，国民一般の感情からして保有させることに違和感を覚える程度の高額な預貯金でない限りは，これを，収入認定せず，被保護者に保有させることが相当で，このような預貯金は法4条，8条でいう活用すべき資産，金銭等には該当しないというべきである。」

第3 稼働能力の活用

　生活保護の要件の「能力」とは稼働能力を指します。稼働能力とは就労する能力であることから，素直に考えれば「働くことのできる人は働いて収入を得てください。働くことのできない人，働いても収入が少ない人は保護します。」ということであり，別の見方をすれば「働くことができるのに働こうとしない人＝稼働能力を活用しない人は保護しません。」ということになります。

　しかし，「稼働能力」とは他の収入や資産のように金銭換算による数値化が困難であり，その評価をするに当たっての客観化が難しい抽象的なものです。

　就労と公的扶助の問題は歴史的な経過があります。我が国では戦前の救護法では，65歳以上の老衰者や13歳以下の幼者，妊産婦以外の障害者や病気の人は労務を行うに支障があることが前提でした。更に性向著しく不良，著しく怠惰な者は保護することはできないと規定され，いわゆる「怠け者」と判断された人も救護から排除されていました。

> **救護法**
> 1条　左ニ掲グル者貧困ノ為生活スルコト能ハザルトキハ本法ニ依リ之ヲ救護ス
> 　一　65歳以上ノ老衰者

> 　二　13歳以下ノ幼者
> 　三　妊産婦
> 　四　不具廃疾，疾病，傷痍其ノ他精神又ハ身体ノ障碍ニ因リ労務ヲ行フニ故障アル者
> 29条　救護ヲ受クル者左ニ掲グル事由ノ一ニ該当スルトキハ市町村長ハ救護ヲ為サザルコトヲ得
> 　一　本法又ハ本法ニ基キテ発スル命令ニ依リ市町村長又ハ救護施設ノ長ノ為シタル処分ニ従ハザルトキ
> 　二　故ナク救護ニ関スル検診又ハ調査ヲ拒ミタルトキ
> 　三　性行著シク不良ナルトキ又ハ著シク怠惰ナルトキ

　敗戦後の旧法でも，一般扶助を掲げる一方で勤労の意思のない者，勤労を怠る者を保護から排除する欠格条項を定めていました。この問題は前述（第2編第2章第4）の自立の問題と関係しますが，「働かない者は排除する。」という姿勢は明確だったのです。

> **旧生活保護法**
> 　2条　左の各号の一に該当する者には，この法律による保護は，これをなさない。
> 　一　能力があるにもかかわらず，勤労の意思のない者，勤労を怠る者その他生計の維持に努めない者
> 　二　素行不良な者

　しかし，「勤労の意思がない」「勤労を怠る」ということは，具体的にはどのような状態のことなのでしょうか。この判断は客観的な数値化が困難なことから，どうしても主観的なものになりがちとなります。
　現在の生活保護法では，欠格条項は廃止され無差別平等の原理が導入されました。しかし，「自立」の問題とともに「稼働能力活用」をどのように考

第2編　生活保護の原理

えるのか，という大きな問題が残りました。自立の問題については生活保護制度の在り方に関する専門委員会報告，自立支援プログラムの導入を契機に経済的自立だけではなく社会生活自立，日常生活自立が生活保護の自立であると生活保護行政では考えられるようになり，かなりの整理がされてきましたが，「稼働能力活用」については未だ議論が少ないように思われます。

しかし「能力の活用」は保護の要件として保護の可否に関わる重要な問題を有しています。

それでは，稼働能力活用要件をどのように考えればよいのでしょうか。

第4　稼働能力活用要件

1　生活保護要件「稼働能力の活用」の判断基準とは

生活保護法では，保護の要件に「稼働能力の活用」が掲げられています（法4条1項）。稼働能力を活用しているのか否かの判断については，法成立以降明確な指針がなく，ケースワーカーのそれぞれの判断になりがちとなっていましたが，2008（平成20）年度より通知として稼働能力の活用の判断指針が厚生事務次官通知，社会・援護局長通知として明記されました[81]。この通知により稼働能力活用の保護要件の判断が行われることになります。

保護手帳　稼働能力の活用　次第4・局第4

次　第4
　要保護者に稼働能力がある場合には，その稼働能力を最低限度の生活の維持のために活用させること。
局　第4
1　稼働能力を活用しているか否かについては，①稼働能力があるか否か，

---

81) この判断指針は，ホームレスの保護申請を却下したことで争われた林訴訟（名古屋地判平成8年10月30日判時1605号34頁，名古屋高判平成9年8月8日判時1653号71頁）の判断枠組と同様となります（菊池馨実『社会保障法』（有斐閣，2014年）213～214頁）。

②その具体的な稼働能力を前提として，その能力を活用する意思があるか否か，③実際に稼働能力を活用する就労の場を得ることができるか否か，により判断すること。
　また，判断に当たっては，必要に応じてケース診断会議や稼働能力判定会議等を開催するなど，組織的な検討を行うこと。
2　稼働能力があるか否かの評価については，年齢や医学的な面からの評価だけではなく，その者の有している資格，生活歴・職歴等を把握・分析し，それらを客観的かつ総合的に勘案して行うこと。
3　稼働能力を活用する意思があるか否かの評価については，求職状況報告書等により本人に申告させるなど，その者の求職活動の実施状況を具体的に把握し，その者が２で評価した稼働能力を前提として真摯に求職活動を行ったかどうかを踏まえ行うこと。
4　就労の場を得ることができるか否かの評価については，２で評価した本人の稼働能力を前提として，地域における有効求人倍率や求人内容等の客観的な情報や，育児や介護の必要性などその者の就労を阻害する要因をふまえて行うこと。

　この局長通知は稼働能力があることを前提に議論が組み立てられています。すなわち，「稼働能力の有無」を検討し，「ある」場合は「稼働能力を活用する意思はあるか」を検討し，その上で「就労の場」を得ることができるか否かの判断を行うことになっています。
　もちろん「稼働能力のない人」については稼働能力を活用できるわけがありませんから，この場合に能力活用の議論を行う必要はありません。しかし，「稼働能力がある」ことを前提に，保護の要件の有無について議論を進めることということは，稼働能力があると思われる人に対しては，その能力を活用しているか否かをチェックするということになります。
　保護申請時では，収入や資産は「ない」との判断になれば，多くの場合は生活困窮状況が認定され，保護の必要性が判断できますが，稼働能力は「ない」場合でも必ずしも生活困窮状態とはいえず，保護の必要性が認定されるわけではありません。実務的に考えても，収入や資産があることで保護要件

に抵触するならば稼働能力の検討をするまでもなく却下されることから，稼働能力の判断を要する場合とは，資産，収入がなく生活維持が困難な場合が多いのです。その上で稼働能力活用の有無が問われる場合とは，被保護者の立場からは保護から排除されるか否かの問題になります。

つまり，稼働能力の認定とは収入や資産調査とは異なり，保護から排除するか否かの機能しか持たないのです。資産，収入調査のように数値化して客観的に要保護性を判断するのではなく，数値化が難しく客観化ができない中で保護の要否を決めることになります。

このように，稼働能力活用についての実際の判断はかなり難しいものとなります。そこで，本項では通知と裁判例を検討していくことで，保護要件である「稼働能力の活用」について見ていきます。

2 通知「稼働能力の活用」の難しさ
(1) 稼働能力があるか否かの評価

通知では，稼働能力活用の有無の「判断に当たっては，必要に応じてケース診断会議や稼働能力判定会議等を開催するなど，組織的な検討を行うこと」とされています。

まず，稼働能力の有無の判断は，①年齢や，②医学的な面からの評価だけではなく，③その者の有している資格，④生活歴，⑤職歴⑥等を把握・分析し，それらを客観的かつ総合的に勘案して行うこととされています。

ここで留意することは稼働能力の有無に当たっては，①年齢，②医学的な面だけではなくとされていることです。このことは生活保護現場で生じがちな，稼働年齢層であるとか，医師の稼働能力があるという診断があるから，という理由だけで稼働能力が「ある」という評価がされるわけではないということです。

その上で，③資格，④生活歴，⑤職歴，⑥等の項目を「把握・分析」して「客観的かつ総合的に勘案」して稼働能力の有無を判断しなくてはなりません。年齢や医学的な判断だけではなく個人ごとに異なる属性を含めて判断することは必要なことであり，このような判断方法は妥当性があると考えられ

ます。

　しかし，何をもって「客観的」とするのかの客観的内容が示されていませんが，これらの項目について，客観的な指標を示すことは困難ではないかと思います。したがって，上記①～⑥をどのように「客観的」「総合的」に評価するのかがあいまいになってしまいます。つまり，稼働能力の有無の判断を客観的に行うことは難しいのです。また実際に仕事を行う際には，その仕事を遂行できる能力の程度が問題となりますから，稼働能力は「あるか」「ないか」ということだけではなく，どのような仕事を，どの程度行えるのかという判断が必要となります。

(2) 稼働能力を活用する意思があるか否かの評価

　次に，稼働能力を活用する意思があるか否かの評価を行います。ここでは，意思という人の内面を問題にしますが，人の内面は他人では分かりません。そこで，意思の評価は外形で判断せざるを得ないので，その判断方法が必要になります。

　その外形の判断基準を，①求職状況報告書等により本人に申告させるなど，②その者の求職活動の実施状況を具体的に把握し，③評価した稼働能力を前提として，④真摯に求職活動を行ったかどうかを，⑤踏まえ行うことになります。

　求職活動を具体的に把握し，把握した稼働能力を前提に「真摯」な求職活動か否かの判断になりますが，「真摯」という抽象的基準が登場することにより，その判断が福祉事務所やケースワーカー個人の主観に負いやすいものと考えられます。

　すなわち，月に何回ハローワークへ行くとか採用面接を何回受けたか等の，一見客観的なようですが実態としてはケースワーカー（福祉事務所）の恣意的判断により要保護者の「真摯」の内容が決められる可能性が高くなります。

　また，「評価した稼働能力を前提として」とありますが，ここでは稼働能力の有無だけではなく，本人の稼働能力の程度を含まざるを得ないように思

えますが，稼働能力の「有無，程度」とされていません。この辺りがこの通知の分かりにくい原因の1つと考えられます。

その上で，次には就労の場が問題とされます。

(3) 就労の場を得ることができるか否かの評価

就労できる就労の場を得ることができるか否かの評価基準として，①評価した稼働能力を前提として，②地域における有効求人倍率や，③地域における求人内容，④等の客観的な情報，⑤就労阻害要因を踏まえて行うこととされます。

個別性の強い「個人の能力」を前提としており，既に述べたようにその程度も斟酌せざるを得ないことから，ここで指す有効求人倍率とは一般的な有効求人倍率ではなく，その個人にとって能力的に就労可能な雇用先の有効求人倍率となります。

その人の年齢，得手不得手や職歴を無視して求人倍率が1.0以上であるならば誰もが就労の場を得ることができるわけではないからです。また，ここでの就労とは局長通知冒頭にある，「実際に」その人が稼働能力を活用する就労の場であり，一般的・抽象的な就労の場ではないのです。

このように検討していくと，通知「稼働能力の活用」に基づいて具体的に稼働能力の活用の有無を考えると，その判断はかなり難しいものがあります。

(4) 判断順序について

また，判断順序については，①能力の有無，②能力活用意思，③就労の場の順に検討するとされています。しかし，就労の場がない（と被保護者も行政も認識している）場合に，能力活用意思を求めることはおかしくないでしょうか。その人が就労できる内容の求人がないのに求職活動をさせることに無理がありますし，「真摯」な求職活動を求めることは難しいと思います。また，熱心に求職活動をしても，就労の場がない状態が続くことで，就労意欲が減退することも一般にありがちなことです。

東京都では、「当該申請者が前記①の稼働能力を有しており、かつ、管内ハローワークにおける求人状況の調査等から③の就労の場を得られるにも関わらず、②の稼働能力活用の意思がないと認められる場合」[82]としており、検討順序としては東京都が示した①能力の有無、②就労の場の有無、③能力活用の意思の有無の方がすっきりするようにも思われます。

(5) 通知「稼働能力活用」とは

通知「稼働能力の活用」は2008（平成20）年以前と比べ、その判断基準が示され、整理されましたが、通知の性格から抽象的にならざるを得ません。また各項目の客観的な判断が難く稼働能力を活用しているか否かの判断は、ケースワーカーの主観的判断になりやすいという面があります。主観的な判断になりやすいということは、同様の事例について福祉事務所（ケースワーカー）によって判断が異なることが生じやすく、保護要件に該当しないことを理由とした却下や、保護の廃止や停止の不利益処分が福祉事務所（ケースワーカー）次第で決まることになります。

このことは、生活保護行政の不安定化を招き、信頼を失うことにつながりかねないことから福祉事務所の判断の妥当性についての検証が必要となります。

そこで、この問題についての裁判例を見たいと思います。

3　稼働能力の活用についての最近の裁判例

近年、稼働能力の活用について重要な裁判例が相次いで出されています。その特徴として、裁判所の稼働能力を活用しているか否か判断の枠組みが、局長通知と同様の①稼働能力があるか否か、②その具体的な稼働能力を前提として、その能力を活用する意思があるか否か、③実際に稼働能力を活用する就労の場を得ることができるか否かの3要素を使った上で、いずれも原告（要保護者）の主張が認められています。

---

[82]「東京都生活保護運用事例集（平成27年度修正版＜反映版＞）」（問9-10　保護開始時における稼働能力活用と保護の適用）369頁

(1) 新宿ホームレス訴訟[83]

ホームレス状態の人の生活保護開始申請に対し，稼働能力を活用していないとして保護申請却下決定の取消請求が認められた事件です。東京地裁，東京高裁ともに原告（生活保護申請者）の主張が認められました。

ここでの東京地裁の判断枠組みは，通知と同様の①稼働能力の有無，②稼働能力活用の意思，③稼働能力活用の場でした。その上で，③の稼働能力活用の場については「その意思のみに基づいて直ちにその稼働能力を活用する就労の場を得ることができると認めることができない限り」「当該雇用主の下で就労する意思さえあれば直ちに稼働することができるというような特別な事情が存在すると認めることができない限り」としています。

そして，このような就労の場があることの立証責任を，福祉事務所に課しました。

 東京地方裁判所平成23年11月8日（賃金と社会保障1553・1554号63頁）

○新宿ホームレス訴訟（第一審）

「現に特定の雇用主がその事業場において当該生活困窮者を就労させる意思を有していることを明らかにしており，当該生活困窮者に当該雇用主の下で就労する意思さえあれば直ちに稼働することができるというような特別な事情が存在すると認めることができない限り，生活に困窮する者がその意思のみに基づいて直ちにその稼働能力を活用する就労の場を得ることができると認めることはできない」

(2) 長浜訴訟[84]

この事件は，派遣切りされ生活困窮に陥り，保護申請したものの稼働能力を活用していないとの理由で生活保護申請が却下されたことから，却下処分の取消しを求めたものです。

---

83) 東京地判平成23年11月8日・賃金と社会保障1553・1554号63頁，東京高判平成24年7月18日・賃金と社会保障1570号42頁
84) 大津地判平成24年3月6日・賃金と社会保障1567号35頁

この裁判の稼働能力活用要件の判断枠組みも，①稼働能力があるか否か，②その具体的な稼働能力を前提として，その能力を活用する意思があるか否か，③実際に稼働能力を活用する就労の場を得ることができるか否かというもので通知と同様です。その上で，各項目について，次のように判断がされました。

 稼働能力の有無について，裁判所は「年齢や医学的な面からの評価だけではなく，その者の有している資格，生活歴・職歴を総合的に勘案すべきである。」と局長通知と同趣旨を述べています。

 稼働能力を活用する意思の有無では，就職活動に当たっては，手持ちのお金や，就職活動費，採用の可能性などを考慮した活動が必要ですが，これらを的確に判断することの難しさなどを指摘し，申請者がその時点で行い得るあらゆる手段を尽くさなければ稼働能力活用の意思がないと判断するべきではないと述べています。

 大津地方裁判所平成24年3月6日判決（賃金と社会保障1567号35頁）

○長浜訴訟

　「一般に，就職活動を，行うためには履歴書作成費用や面接のための交通費等が必要となるのであるから，生活困難者に対し，採用の見込み等を度外視して，その時点で行い得るあらゆる手段を尽くさない限り生活保護を受給することができないと解するときは，生活困難者に無理を強いることにもなりかねない。」

　「職を有しない生活困難者が就職をしようとする場合には，就職活動に必要となる費用や採用の可能性，採用された場合に得られる賃金の額や支払時期，就労のために要する費用，就職活動をする間の最低生活の維持等といった様々な事情を考慮して，これらの適切なバランスを維持しつつ就職活動を行わなければならないのであり，生活困難者がこの点を的確に判断して行動するのは必ずしも容易ではないと考えられる。」

　「そうすると，保護申請者に稼働能力を活用する意思があるかどうかを判断する場合においても，保護申請者がその時点までに行い得るあらゆる手段

を講じていなければ稼働能力を活用する意思がないとするのは相当ではない」。
「多少は不適切と評価されるものであったとしても，保護申請者の行う就職活動の状況から，当該保護申請者が就労して稼働能力を活用するとの真正な意思を有していると認められるのであれば，そのことをもって足りるというべきである。」

ここでは「真正な意思」という考え方を述べていますが，これは，稼働能力を活用する意思を判断するに当たって，多少不適切な就職活動と思われても，表面的な（一見客観的と思われる。）就職活動のみで，その意思を判断することを避けるために「真正な意思」を用いたものと思われます。

(3) 岸和田訴訟[85]

この事件は，妻とともに大阪府岸和田市に居住している原告が福祉事務所長に対して，計5回の生活保護の開始申請をしたところ，いずれの申請についても却下する旨の決定をされたものでした。この事件は前述の2件がホームレス状態で保護申請したものと異なり，40歳代夫婦で居宅世帯での保護申請です。

稼働能力活用要件の判断枠組みは，これまでと同様に，①稼働能力があるか否か，②その具体的な稼働能力を前提として，その能力を活用する意思があるか否か，③実際に稼働能力を活用する就労の場を得ることができるか否かを基に判断がされています。

次に稼働能力の有無では，判断枠組みは通知と同様ですが，ここにおいて稼働能力については，その有無だけではなく程度についての判断も必要であると述べられ，また程度の判断方法は能力の有無の判断基準と同内容とされています。

---

85) 大阪地判平成25年10月31日・賃金と社会保障1603・1604号81頁

大阪地方裁判所平成25年10月31日判決（賃金と社会保障1603・1604号81頁）

○岸和田訴訟

「稼働能力を活用する意思や稼働能力を活用する就労の場の判断とも関係してくるため，その有無だけでなく，稼働能力がある場合にはその程度についても考慮する必要があり，かかる稼働能力の程度については，申請者の年齢や健康状態，申請者の生活歴，学歴，職歴等や，申請者が有している資格等を総合的に勘案して判断すべきである。」

　稼働能力を活用する意思があるか否かでは，稼働能力の程度について検討を行っていることを前提に，申請者の資質や困窮の程度等から，社会通念上最低限度必要とされる程度の最低限度の生活の維持のための努力を行う意思が認められれば，多少不十分なものであっても稼働能力を活用する意思を有しているとされました。

「申請者の有する資質は年齢や健康状態，生活歴，学歴等から千差万別である上，申請時におかれた困窮の程度も様々であること（求職活動に要する履歴書用紙の購入費用や，面接会場までの交通費等の捻出自体極めて困難な場合も少なくない。）に鑑みると，申請者に対して，その時点において一般に行い得ると考えられるあらゆる手段を講じていなければ最低限度の生活を維持するための努力をする意思があるとは認められないとすることは，申請者に不可能を強いることにもなりかねず」「申請者の資質や困窮の程度等を勘案し，当該申請者について社会通念上最低限度必要とされる程度の最低限度の生活の維持のための努力を行う意思が認められる以上は，それが一般的にみればさらなる努力をする余地があるものであったとしても，なお稼働能力を活用する意思を有しているものと認めるのが相当である」

　稼働能力を活用する就労の場の判断としては，申請者の稼働能力の程度等も踏まえて，申請者が就職の申込みをすれば，原則として就労する場を得

ることができるような状況であったか否かを基準として判断すべきものとされました。また，就労の場とは1日限りの仕事などではなく一定程度の給料を一定期間継続して受けられるような職場であると，次のように示されています。

> 「申請者が求人側に対して申込みをすれば原則として就労する場を得ることができるような状況であったか否かを基準として判断すべきである。すなわち，求人倍率等の数値から就労する場を得る抽象的な可能性があるといえる場合であっても，実際に申請者が就労を開始するためには，申請者からの求人側に対する申込み，求人側との面接，求人側による当該申請者を採用することの決定，両者の間での雇用契約の締結等が必要となるのであるから，最低限度の生活の維持のために努力をしている者であっても，求人側の意向等申請者の努力によっては如何ともし難い理由によって，就労の場を得ることができないことがあることは否定できない。」
>
> 「稼働能力を活用する就労の場を得ることができるか否かは，申請者の稼働能力の程度等も踏まえた上で，当該申請者が求人側に対して申込みをすれば原則として就労する場を得ることができるような状況であったか否かを基準として判断すべきものと解するのが相当である。」
>
> 「ここにいう『就労の場』とは，申請者が一定程度の給与を一定期間継続して受けられるような場をいうものと解するのが相当である（例えば一日限りのアルバイト等に就労することができる場を得ることができるといったことから，保護が受けられなくなるというのはおよそ不合理であるといえよう。）。」

これまでの裁判例は，保護申請時の稼働能力活用要件が問題とされていました。生活保護申請時に稼働能力活用が問題となる場合は，稼働能力活用要件以外は要保護性が認められる場合がほとんどです。つまり，申請時には収入や資産がなく場合によっては食事もできない，あるいはハローワークなどへ行く交通費にも事欠く状況である場合が考えられます。また，すぐに就職できても給料日まで生活できない場合もあります。

しかし，次の事件は生活保護受給中のものでした。したがって，ここでは最低生活は保障された上での稼働能力活用要件の議論となります。

(4) 静岡市稼働能力訴訟

この事件は，生活保護を受給していた64歳の原告に対し，福祉事務所が就労についての指示に従わなかったとして保護を停止する処分をしたことの取消しを求めたものです。静岡地裁，東京高裁ともに福祉事務所の主張は認められませんでした。この事件は居宅の被保護者が対象であり，福祉事務所は被保護者の「稼働能力の活用意思がない」ことを主張しています。

① **静岡地方裁判所**（平成26年10月2日・賃金と社会保障1623号39頁）
判断枠組みは，これまで見た裁判例と同じく局長通知と同様です。

静岡地方裁判所平成26年10月2日判決（賃金と社会保障1623号39頁）

○静岡市稼働能力訴訟（第一審）
「当該生活困窮者が，その具体的な稼働能力を前提として，それを活用する意思を有しているときには，当該生活困窮者の具体的な環境の下において，その意思のみに基づいて直ちにその稼働能力を活用する就労の場を得ることができると認めることができない限り，なお当該生活困窮者はその利用し得る能力を，その最低限度の生活の維持のために活用しているものであって，稼働能力活用要件を充足するということができると解するのが相当である」

この裁判では，まず挙証責任を福祉事務所が負うことについて，次のように判断しています。

「本訴は，一度は稼働能力活用要件を含めた補足性要件を満たしていると判断されて生活保護を受給していた原告に対する保護停止処分の取消訴訟であるところ，法56条は，被保護者は，正当な理由がなければ既に決定された保

> 護を不利益に変更されることがないことを定めており，補足性要件が欠けていることは，保護停止処分の前提となる本件指示の適法性を基礎付ける事情であることからすれば，原告が補足性要件を満たしていないことについて，被告が立証責任を負うと解するのが相当である。」

　稼働能力の有無では，具体的に①年齢，②健康状態，③学歴，職歴，④生活歴を検討し「原告は，本件指示当時も，本件停止処分当時も，稼働能力を有していたものと認めるのが相当である。」としました。その上で稼働能力を「ある」と認定した上で稼働能力の程度を判断し，その稼働能力の程度は「相当程度低いものであったというべきである」としました。つまり岸和田訴訟と同様に，稼働能力については，その有無だけではなく程度も必要とされています。

　稼働能力活用意思では，稼働能力があるがその程度は相当に低いということを前提に，稼働能力の活用意思を検討するべきであるとしており，稼働能力の程度は，稼働能力活用意思の判断に影響を与えているのです。

　次に，原告の求職活動における態度について，裁判所は幾つかの具体的なやり取りを挙げていますが，原告の態度はあまり良いものではなかったようです。

> 「原告は，〔1〕○○支援員からの手紙に『そんな手紙よこすだけもったいない』と述べたり，○○支援員の支援中に『午前中は寝ている。仕事のために起きる生活はしたくない。』などと述べるなど，就労意欲が乏しいことをうかがわせる発言を繰り返していること，〔2〕××の面接の際には，『きっとダメだろう』と言って帰ってしまったこと，〔3〕○○職員の指導中にも，消極的な態度や反発的な態度をみせるほか，身なりを整えたほうがいいというアドバイスを強く拒否するなどしていることが認められる。」

原告のこのような態度に対して，裁判所は，法2条の無差別平等の原理を挙げ，原告が一般的な社会的規範に照らして不十分な又は難のあることを認めた上で，「真に稼働能力を活用する意思を有している限り」稼働能力意思の存在を認めることができるとしました。

> 「法2条は，『すべて国民は，この法律の定める要件を満たす限り，この法律による保護を，無差別平等に受けることができる。』と定めており，社会的規範を逸脱した者について保護の対象から一律に除外することはしていないことからすれば，被保護者が生活保護の受給中にした求職活動等がその態様においてまじめさ又は真剣さに欠け，ひたむきな努力を伴わないなど，一般的な社会的規範に照らして不十分な又は難のあるものであるとしても，被保護者が真にその稼働能力を活用する意思を有している限り，稼働能力活用意思の存在を認めることができるというべきである。」

ここで原告に真に稼働能力を活用する意思はあったか，という問題になりますが，裁判所は不採用理由が次のようにいずれも原告の責任ではないことから，就労意欲がないということとは別と判断をしました。

> 「原告が複数の仕事に応募しながら結局採用に至らなかったのは，××については携帯電話を持っていないこと，××については枠が埋まってしまったこと，××については保証人が立てられなかったこと，××については正社員のみで運営していることなど，そのほとんどは原告の就労意欲とは関係のない理由であった。」

裁判所の判断した原告の言動を見ると，原告と福祉事務所の関係は良好とはいえないように思われます。裁判所は福祉事務所の就労支援員の就労支援のあり方についても，次のように不適切であったと指摘をしました。

> 「就労支援プログラムを担当した○○支援員は，原告の生活歴や職歴，原告の抱える就労阻害要因等について十分な分析をすることのないまま，原告に対してただ求職情報を提供し，求職活動を促していたにとどまるものであって，就労支援のあり方として必ずしも適切ではなかったというべきであるから，○○支援員に対する原告の消極的な態度のみを過大に評価することは適当ではない。」

　結論として「原告が真に稼働能力を活用する意思を有していなかったとは認められないというべきである。」とし，次に稼働能力活用の場の検討に移っています。

　稼働能力活用の場の判断では，前述の新宿ホームレス訴訟や岸和田訴訟と同様に，「具体的な稼働能力を前提として，それを活用する意思を有していたと認められるところ，そのような場合には，具体的な環境の下において，その意思のみに基づいて直ちにその稼働能力を活用する就労の場を得ることができると認めることができない限り，稼働能力活用要件を満たしていると解するのが相当である。」としました。これは，稼働能力活用要件を欠くというためには，その意思のみに基づいて直ちにその稼働能力を活用する就労の場を得ることができると認めることができることが必要であるということです。

　福祉事務所側はパートの有効求人倍率は1.0を超えており，就労支援プログラムを活用した人10人のうち，病気のある人も含めて原告以外の9人は就労先を確保したのに，原告のみが就労先が決まっていないと主張しましたが，裁判所は有効求人倍率等の抽象的可能性ではなく，具体的・現実的な就労先の存在を求めました。

　この具体的かつ現実的な就労先の存在については，その立証責任は福祉事務所にあるとされましたが，この立証を福祉事務所側がしていないため福祉事務所の主張は認められませんでした。

> 「被告は，稼働能力活用の場の存在は，一般的抽象的な就労可能性があれば認められるとした上で，原告とほぼ同時期に就労支援プログラムを受けた50代，60代の被保護者10名のうち9名（そのうち7名は何らかの疾患を有している）が就労先を確保したこと，パート職については，有効求人倍率が1を超えていることをもって，稼働能力活用の場は認められると主張する。
> しかしながら，上記の説示によれば，稼働能力活用の場が認められるためには，一般的抽象的な就労可能性があるのみでは足りず，具体的かつ現実的な就労先が存在していることが認められなければならないと解すべきであるから，この点についての被告の主張は採用できない。」
> 「被告は，原告がその意思のみに基づいて稼働能力を活用することができる具体的な就労先が存在していることを何ら立証しないから，原告が，その意思のみに基づいて直ちにその稼働能力を活用する就労の場を得ることができたと認めることはできない。」

② **東京高等裁判所控訴審判決**（平成27年7月30日）

これに対して，行政側は高等裁判所に控訴しました。

行政側の主張は，被保護者の就職活動が消極的であるというものでした。この点については，裁判所も被保護者はほとんど求職活動を行っていないと評価される状態と述べた上で，被保護者は相当低い程度の稼動能力に対応する求職活動を行っていたと判断しました。

⚖ 東京高等裁判所平成27年7月30日判決（賃金と社会保障1648号27頁）

○静岡市稼働能力訴訟（控訴審）

> 「確かに，前記認定事実によれば，本件指示を受ける前の被控訴人の求職活動は，自発的なものは窺えず，処分行政庁の就労指導を受けてこれに応ずるという消極的な態様で幾度かハローワークに赴いたにすぎず，僅かに面接の予約をしたこともあったが，実際に面接を受けたことはないというものであり，それだけを見れば，殆ど求職活動を行っていなかったと評価される状

> 態にあったということができる。」
>
> しかし「被控訴人が有する稼働能力は相当低いものであり，そのような被控訴人が，一応はハローワークにも赴き，求人に応じて面接を受けることも試みている上，就労支援プログラムへの参加を自ら選択して支援を受けるなどしていたのであって，必ずしも十分なものとはいえないが，被控訴人が有していた相当低い稼働能力に対応する程度の求職活動を行っていたものと解することができるというべきである。」

　また，被保護者の言動は一般的な社会道徳的，倫理的規範に照らして不穏当ではあるが，この被保護者の態度で稼動の意思はないと判断するのは相当ではないとしています。

> 「就労支援プログラムによる支援を受けている際などにおける被控訴人の言動は，一般的な社会道徳的，倫理的規範に照らして，不穏当なものがあり，誠実さ，真剣さ，ひたむきな努力に欠けていると評価されても仕方がない言動であるということができる」が「一般的な社会的規範の遵守が保護の要件とされているものではなく，また，求職活動に対する評価については，被控訴人の表面的な言動に捕らわれることなく，その稼働能力等に照らしながら，被控訴人の客観的な活動を評価すべきものであるから，被控訴人の不穏当な言動等をもって，直ちに稼働能力活用意思がないと判断すべき事情であると解するのは相当ではないというべきである。」
>
> 「控訴人は，被控訴人に対して就労支援プログラムを実施していた平成20年当時において，同様に就労支援プログラムの対象となった他の被保護者の求職活動の状況，その際の言動等と比較すると，被控訴人の求職活動は極めて不十分であり，被控訴人に稼働能力活用の真正な意思があるとは到底認められないと主張し，当審において，他の被保護者らの就労支援状況報告書又は就労支援台帳を証拠として提出する。
>
> しかし，稼働能力活用意思は，生活困窮者の年齢，健康状態，職歴，生活歴等を踏まえ，稼働能力の程度や生活状況等を個別的に検討して，客観的な求職状況等に基づいて判断すべきものであり，個別的な事情が異なる他の被保

護者との単純な比較及び相違の存在のみによって，被控訴人の稼働能力活用意思の有無を判断し得るものではなく，他の生活困窮者の求職活動の状況が稼働能力活用意思があると判断するに値するものであり，これと比較した場合に，被控訴人の求職活動の状況が相当に劣ると認められるとしても，そのことから直ちに，被控訴人に稼働能力活用意思がないと判断すべきことになるものでもない。」

4　稼働能力活用の裁判例のまとめ

これらの裁判例からは，次のことが分かります。

(1)「稼働能力活用」の判断については

局長通知の3要素である「稼働能力の有無」「その能力を活用する意思があるか否か」「実際に稼働能力を活用する就労の場を得ることができるか否か」に沿って判断がされており，稼働能力の活用の判断に当たっては，この3要素に沿って判断することはほぼ確立されているようです。

(2)「稼働能力の有無」については

「年齢や医学的な面からの評価だけではなく，その者の有している資格，生活歴・職歴を総合的に勘案すべきである。」（長浜訴訟，岸和田訴訟）としており，この点もおおむね通知と同様です。通知では，「稼働年齢層」「医師の稼働能力がある」という判断評価だけではなく，資格，生活歴，職歴等を加味した「客観的」「総合的」と考えられる判断が必要とされていました。

その上で，「稼働能力を活用する意思や，稼働能力を活用する就労の場の判断とも関係してくるため，その有無だけでなく，稼働能力がある場合にはその程度についても考慮する必要」がある（岸和田訴訟，静岡訴訟）としました。

(3)「その能力を活用する意思があるか否か」については

「その時点までに行い得るあらゆる手段を講じていなければ稼働能力を

活用する意思がないとするのは相当ではな」い（長浜訴訟），「多少は不適切と評価されるものであったとしても，保護申請者の行う就職活動の状況から，当該保護申請者が就労して稼働能力を活用するとの真正な意思を有していると認められるのであれば，そのことをもって足りるというべきである。」（長浜訴訟），「その時点において一般に行い得ると考えられるあらゆる手段を講じていなければ最低限度の生活を維持するための努力をする意思があるとは認められないとすることは，申請者に不可能を強いることにもなりかねず」（岸和田訴訟），「被保護者が生活保護の受給中にした求職活動等がその態様においてまじめさ又は真剣さに欠け，ひたむきな努力を伴わないなど，一般的な社会的規範に照らして不十分な又は難のあるものであるとしても，被保護者が真にその稼働能力を活用する意思を有している限り，稼働能力活用意思の存在を認めることができる」（静岡訴訟第一審），「稼働能力活用意思は，生活困窮者の年齢，健康状態，職歴，生活歴等を踏まえ，稼働能力の程度や生活状況等を個別的に検討して，客観的な求職状況等に基づいて判断すべき」（静岡訴訟第二審），「処分行政庁の就労指導を受けてこれに応ずるという消極的な態様で幾度かハローワークに赴いたにすぎず，僅かに面接の予約をしたこともあったが，実際に面接を受けたことはない」が「一応ハローワークにも赴き，求人に応じて面接を受けること」も試みている上，就労支援プログラムへの参加を自ら選択して支援を受けるなどしていたのであって」「被控訴人が有していた相当低い稼働能力に対応する程度の求職活動を行っていたものと解することができるというべきである」（静岡訴訟第二審）。としており，稼働能力活用の意思を広く認めています。

(4)「稼働能力を活用する就労の場」については

「当該生活困窮者の具体的な環境の下において，その意思のみに基づいて直ちにその稼働能力を活用する就労の場を得ることができると認めることができない限り，なお当該生活困窮者はその利用し得る能力を，その最低限度の生活の維持のために活用している」（新宿訴訟第一審）。

「申請者が求人側に対して申込みをすれば原則として就労する場を得

ことができるような状況であったか否かを基準として判断すべきである」（岸和田訴訟）。「申請者の稼働能力の程度等も踏まえた上で，当該申請者が求人側に対して申込みをすれば原則として就労する場を得ることができるような状況であったか否かを基準として判断すべきものと解するのが相当」（岸和田訴訟）。「『就労の場』とは，申請者が一定程度の給与を一定期間継続して受けられるような場をいうものと解するのが相当である」「具体的な環境の下において，その意思のみに基づいて直ちにその稼働能力を活用する就労の場を得ることができると認めることができない限り，稼働能力活用要件を満たしている」（静岡訴訟第一審）。「稼働能力活用の場が認められるためには，一般的抽象的な就労可能性があるのみでは足りず，具体的かつ現実的な就労先が存在していることが認められなければならない」（静岡訴訟第一審）。

として，現実的に福祉事務所が具体的な就労場まで認定することを求めています。

5　稼働能力活用要件のまとめ

裁判例での稼働能力活用要件の判断基準は，局長通知と同様のものでした。その上で「稼働能力を活用していない」ことの証明は，行政側にあるとしています。これは保護受給時の静岡訴訟の裁判例ですが，保護申請時においても同様と考えられます。現在働いている人が稼働能力の活用を証明することは容易ですが，働けない人が働けない理由を「稼働能力活用」の局長通知の3要件に基づき証明することは極めて困難だからです。

福祉事務所が稼働能力活用要件に該当しない（保護の要件に該当しない）と判断するためには，通知に沿って検討を行うことになります。

まず，「稼働能力の有無」については年齢や医師の診断だけではなく，健康状態，申請者の生活歴，学歴，職歴等や，申請者が有している資格等を総合的に検討し「稼働能力あり」とした上で，その程度についても判断する必要があります（「稼働能力がない」との判断であれば稼働能力活用要件はクリアーしており，これ以上議論する必要はありません。）。

次に，「その能力を活用する意思があるか否か」では稼働意思がないこと

を挙証しなくてはなりません。この時には，要保護者の稼働能力の程度を基に検討し，要保護者の不穏当な言動等があるからといって，直ちに稼働能力活用意思がないと判断すべきではない場合も生じます。

最後の「実際に稼働能力を活用する就労の場を得ることができるか否か」では，被保護者が求人側に対して申込みをすれば原則として就労する場を得ることができ，具体的かつ現実的な就労先が存在していることを行政側が挙証する必要があります。

稼動能力の不活用の判断に当たっては以上を福祉事務所が証明しなければならないのですが，福祉事務所がこのような証明を行うのは難しいと考えられます。

現在就労していない人の稼働能力のあることを，各項目を総合的に程度を含めて判断することの難しさとともに，就労の場を得ることができるかの判断に至っては，要保護者が申し込めば必ず雇用されるかどうか等は福祉事務所が分かるわけはありません。つまり，福祉事務所が就労の場があることを挙証すること等は極めて困難なのです。

すると，稼働能力活用要件を根拠に不利益処分を行うことは難しいことになります。

そもそも「稼働能力」という資産・収入等と異なり数値化が困難（客観化が困難）なものを，保護要件とすることに無理があったのではないでしょうか。立法時の厚生省社会局長・木村忠二郎は，保護の補足性（法4条）についても惰民養成防止から定めたと[86]（第2編第2章第4参照），保護から排除する機能であることを述べています。

しかし，法4条1項に明記してある以上，「稼働能力の活用」をどのように理解，解釈するのかが問題でした。

そこで，「稼働能力の活用」が局長通知として示され，裁判例でもこの通知について，より具体的かつ詳細に検討されました。裁判例を基に局長通知の「稼働能力の活用」を判断すると，保護の「能力活用要件」に抵触する人

---

[86] 木村『改正生活保護法の解説』49～50頁

は非常に少ないと考えられます。つまり，この要件による不利益処分はほとんどできないように思われます。

　稼働能力の活用要件で生活保護から保護要件に欠けるものとして，保護申請の却下，保護の停止，廃止をすることは難しいことが分かりました。それでは，就労意欲のない人，就労をしない人に対しては，どのように対応することが必要なのかの問題が残ります。実は，生活保護行政と就労の問題はここが最も重要なのではないかと思われます。この点については第3編第4章で検討することとします。

第5　「あらゆるもの」とは

　「あらゆるもの」とは，一般には「すべて」と考えますが，法制定時の説明では，資産，能力だけでは表現しつくせないものがあるので，この文言を用いたといわれています[87]。ここでの説明は「現実には資産になっていないが一挙手一投足で資産となし得るもの，例えば，確認を受けていない恩給権」と述べられ[88]，現在も厚生労働省は「その他あらゆるもの」の例として，「例えば年金受給権のように，『現実には資産となってはいないが，要保護者本人が努力（手続き等）することによって容易に資産となり得るもの』」としています[89]。

　しかし，このような説明ならば，「あらゆるもの」という文言を使う必要があるのか疑問が生じます。

　法立案者である小山進次郎は「あらゆるもの」という文言について，「この言葉は各方面で評判が悪く，この規定全体の与える印象が極めて暗いものになっていると批判されているが，この点衷心より心苦しく感じている次第である」と述べています[90]。

---

87) 小山『生活保護法の解釈と運用（改訂増補）』119頁
88) 小山『生活保護法の解釈と運用（改訂増補）』121頁
89) 『生活保護手帳　別冊問答集2016』141頁
90) 小山『生活保護法の解釈と運用（改訂増補）』119頁

また，仲村優一（日本社会事業大学教授）と小山進次郎との対談でも次のように述べています。

「**仲村**　『あらゆるもの』という表現をとって，何か保護というのは，何でもかんでも使い切ってしまって，なおかつ要保護状態にあるということでなければ，保護の対象にならないんだというような感じを与える。そういうニュアンスがありますね。」

「**小山**　今考えてみりゃ，何もあらゆるものなんて，ことさら誤解というよりも，むしろ悪用する結果になりそうなものをいう必要はなかったんですね。あれ，なくたって，法文としちゃ一向差しつかえないわけですが，一種の精神論みたいなものを，そこへ入れ込んじゃったという結果になるんでしょうかね。」[91]

　この対談を見ても，「あらゆるもの」とは「すべて」という意味ではないことが分かります。

---

[91] 厚生省社会局保護課編『生活保護三十年史』（社会福祉調査会，1981年）127頁

第6章　補足性の原理②～保護に優先

第1　優先の意味

　法4条の補足性の原理には，保護の要件（1項）と，優先（2項）が分けて規定されています。つまり補足性の原理には，「要件」とされるものと「優先」とされるものがあり，両者の機能は異なるということです。保護要件とは保護の受給資格の問題ですが[92]，要件とは異なる「保護に優先」されるとは，どのような意味なのでしょうか。

　生活保護法は「保護に優先して行われる」ものとして「扶養義務者の扶養」「他の法律に定める扶助」を挙げています。ここから分かるのは，保護に優先して行われると規定されたこの二者は，保護要件とは異なる位置づけをされているということです。

　この「優先」という文言は旧法にはなく，現行法で導入されたものです。そこで，まず，このことについて検討していきたいと思います。

　旧法では扶養できる扶養義務者がいた場合は，原則として保護は受給できませんでした。つまり，扶養ができる扶養義務者の存在の有無は保護の要件に関わったのです。この規定は救護法と同様のものでした。しかし，現行法になり扶養の問題を優先と規定することで，扶養は保護の要件ではないと明確にされたと考えられます。

> **旧生活保護法**
> 　3条　扶養義務者が扶養をなし得る者には，急迫した事情がある場合を除いては，この法律による保護は，これをなさない。
>
> **救護法**
> 　2条　前条ノ規定二依リ救護ヲ受クベキ者ノ扶養義務者扶養ヲ為スコトヲ得ルトキハ之ヲ救護セズ但シ急迫ノ事情アル場合ニ於テハ此ノ限ニ在ラズ

92）小山『生活保護法の解釈と運用（改訂増補）』121頁

このことについて，小山は法4条2項の説明を次のように述べています。
　「民法上の扶養や他の法律で定められている公的扶助は，建前上生活保護に優先して行われるべきものであること」[93]。「生活保護法による保護と民法上の扶養との関係については，旧法は，これを保護を受ける資格に関連させて規定したが，新法においては，これを避け，単に民法上の扶養が生活保護に優先して行われるべきだという建前を規定するに止めた」[94]と述べ，「優先して行われるものとする」の解説では「優先して行われるべしとする方針を定めている。従って，他の法律による扶助の行われるべき領域に対する保護の実施の絶対的排除を定めているものではない。」と説明しています。
　この説明では，扶養は保護要件ではないことは分かりますが，「保護に優先して行われる」の意味が今一つ分かりにくいところです。
　そこで，小山は続けて法4条2項の「優先」の意味を，「公的扶助に優先して私法的扶養が事実上行われることを期待しつつも，これを成法上の問題とすることなく，単に事実上扶養が行われたときにこれを被扶助者の収入として取り扱うものである。」[95]「新法においては，扶養の問題を保護適用するかしないかを定める要件の問題として取り扱うことなく，要保護者の収入の問題として取り扱う態度を採っている」[96]と説明しています。
　これは扶養が行われたときに，その扶養金を収入として認定し，その不足分について保護費を支給するということです。つまり，現行法では，扶養が行われたときには，その扶養金の扱いを保護費算定上の収入計算の問題としたのです。この説明が「優先して行われるものとする」の意味なのです。
　現在の生活保護行政実務も同様の理解であり，例えば東京都では「生活保護法上の扶養の取扱いは，民法の規定により扶養が行なわれた時に，その援助された額を収入認定するという意味であり，実施機関に扶養の履行を強制する権限はない。」[97]と，この点について明確な解説が行われています。

---

93) 小山『生活保護法の解釈と運用（改訂増補）』118頁
94) 小山『生活保護法の解釈と運用（改訂増補）』119頁
95) 小山『生活保護法の解釈と運用（改訂増補）』120頁
96) 小山『生活保護法の解釈と運用（改訂増補）』817頁
97) 「東京都生活保護運用事例集（平成27年度修正版＜反映版＞）」（問4－1）69頁

このように生活保護行政では，扶養の問題を旧法と異なり保護受給後の収入認定の問題とし，学説上もこのような考え方が多数とされています[98]。

その一方で，法77条1項は扶養義務者が扶養しない場合はその義務の範囲内において費用徴収ができると規定されています。2項は負担すべき額について福祉事務所と扶養義務者の協議が調わないとき，協議できないときの規定です。

> **(費用等の徴収)**
> 法77条　被保護者に対して民法の規定により扶養の義務を履行しなければならない者があるときは，その義務の範囲内において，保護費を支弁した都道府県又は市町村の長は，その費用の全部又は一部を，その者から徴収することができる。
> 2　前項の場合において，扶養義務者の負担すべき額について，保護の実施機関と扶養義務者の間に協議が調わないとき，又は協議をすることができないときは，保護の実施機関の申立により家庭裁判所が，これを定める。

この理由について小山は「扶養の義務があるにもかかわらず，これを履行しようとせず，自己の当然荷うべき負担を国民一般に転嫁して平然としている者に対し，その義務の履行を強制する方途の講ぜられることが要請される次第なのである」と述べ，さらに次のように続けます。「本条第1項は扶養と保護との関係に対する救護法，旧法との根本的相違にもかかわらず，それ

---

98) 内田貴『民法Ⅳ（親族・相続）』（東京大学出版会，補訂版，2004年）291頁。嵩さやか「社会保障と私的扶養―生活保護における私的扶養優先の原則を中心に―」水野紀子編『社会法制・家族法制における国家の介入』（有斐閣，2013年）6頁。中山直子『判例先例親族法―扶養―』（日本加除出版，2012年）2頁。ただし内田は，この考え方を生活保護法の解釈としては無理があるとの指摘をします（内田・同書291頁）。嵩は扶養義務の在り方，生活保護給付の在り方は変容する家族をめぐる実態と法との乖離という根本的で重要な問題にかかわると指摘をします（嵩・同書13～14頁）。このように扶養自体の問題は家族関係や民法問題があり，奥深く複雑なものですが，本書の性格からはこれ以上の深入りは避けることとします。

らの法律の規定をそのまま継承することになったのである」[99]。

　すると，生活保護の扶養の問題は扶養金が支払われたら収入認定を行うということだけではないこととなり，扶養が保護要件ではなく優先とされた理由や優先とは何かの根本的な問題が生じます。

　小山は法77条の運用に対して「扶養義務者の扶養能力があるにもかかわらず，誠意を欠くために円満な解決が見られないときは」問題の確実な結末をつけることを求めています[100]。

　扶養の問題は社会一般の家族観などの影響が大きく，法77条については現行法ができた1950（昭和25）年の家族観が色濃く反映していたものではないかと思われます。法77条に基づく家事審判事件，家事調整事件の実績は1952（昭和27）年度から2011（平成24）年度までの間にそれぞれ13件，11件あるのみで，2003（平成15）年度以降は0件となっています[101]。

　要するに法77条については現在では現実的ではないと考えられます。しかし，法77条があることによって，救護法，旧法の価値観（保護の要件）が生活保護の扶養をめぐる議論が生じるたびに浮かび上がるのです。

第2　扶養問題の難しさ

　扶養の扱いについては，条文上からも法の趣旨からも保護要件ではなく，行政実務でも扶養がされたときに収入認定を行うこととされています。

　一方で，扶養を保護要件である「その他あらゆるもの」に含むことはできないのかという意見があります。これについては『生活保護手帳　別冊問答集』では，要保護者の努力だけで資産となるものではない（扶養義務者が現実に扶養金を支払って初めて資産性となる）という扶養の性質から法4条1項の「その他あらゆるものに」に含むことはできないとしています。

　この説明は，これまで見てきたとおりの考え方ですが，この論理を推し進

99）小山『生活保護法の解釈と運用（改訂増補）』818頁
100）小山『生活保護法の解釈と運用（改訂増補）』821頁
101）総務省「生活保護に関する実態調査結果に基づく勧告」（平成26年8月）41頁。

めると，扶養義務者が扶養する意思があり，扶養する能力もある場合は，要保護者は扶養義務者が支払う扶養金を受け取ればよいだけとなります。そこで厚生労働省は，この場合については，扶養請求権の行使が保護の要件になると述べています。

別冊問答集

生活保護と私的扶養

　「扶養義務者による扶養」は，旧法が私的扶養を受けることができる条件を有している者には公的扶養を受ける資格を与えないという立場をとっていたのに対し，現行の生活保護法では，第4条第2項において，「保護に優先して行われる」ものと定めており，同条第1項に定める「保護の要件」とは異なる位置づけのものとして規定している。

　「扶養請求権」は，それが利用し得るものである限りにおいて第1項にいう「その他あらゆるもの」に含まれると解することができるのではないかとの疑問が生じるが，ここでいう「その他あらゆるもの」とは，例えば年金受給権のように，「現実には資産となっていないが，要保護者本人が努力（手続き等）することによって容易に資産となり得るもの」を指している。

　これを扶養にあてはめて考えてみると，「扶養義務者による扶養」が資産（金銭）となり得るためには，要保護世帯以外の第三者である扶養義務者が扶養の能力と扶養する意思を有していることが必要となる。すなわち，要保護者本人の努力のみで資産となり得るものではなく，それが単なる期待可能性にすぎない状態においては，第1項の「その他あらゆるもの」に含むことはできない。

　一方で，例えば，扶養義務者が月々の金銭援助を申し出ている場合など，扶養義務者に扶養能力があり，かつ扶養をする意思があることが明らかである場合においては，扶養義務者の扶養は，要保護者本人の扶養請求権の行使（努力）によって，資産（金銭）となり得ることになる。したがって，このような場合には，扶養請求権の行使は保護の要件として位置づけられることになる。

　なお，私的扶養の果たす社会的機能や国民の扶養に対する意識は時代とともに変化するものであり，扶養の問題を考えるにあたっては，常にこのような時代の変化をふまえて判断していかなくてはならないものである。

『生活保護手帳　別冊問答集2016』141〜142頁

しかし，この場合についても扶養義務者が真に扶養する意思や能力があるのか，意思・能力はないにもかかわらず見栄や世間体で扶養を行うと述べているのかの判断は重要となります。

次に，扶養義務者は扶養能力もあり扶養金を支払うと主張するものの，要保護者が感情的な経過により，扶養金を受けることを拒む場合の問題をどのように考えるのかという問題が生じます。

例えば，家出をした未成年の息子が生活困窮に陥り生活保護申請をしたときに，その親が生活維持できるだけの扶養金の支払いを申し出ているにもかかわらず，親の援助を拒む場合等が挙げられると思います。この場合も親からのDVの有無など家出の経過を含めて判断する必要がありますが，そのような経過はなく，ただ「親の世話は受けずに仕事が決まるまで生活保護を受給し1人で都会で生活したい」と主張する場合があるかもしれません。

これらの点については，『生活保護手帳　別冊問答集』では，次の3例を挙げて慎重な対応が求められるとしつつも法4条1項の保護要件の問題とします。つまり，「優先」とされていた扶養が保護の要件とされ，却下等の不利益処分が生じる問題となります。

別冊問答集

問5－9　扶養義務における感情問題

（問） 保護申請中の要保護者が，扶養義務者が十分に扶養能力があり，かつ扶養する意思があるにもかかわらず，次のような事情で扶養を受けることを拒んでいる場合，本人の意思を尊重し，直ちに保護してよいか。

（1） 相当長期間にわたって扶養されていたが，これ以上扶養を継続してもらうことは扶養義務者に対して道義上できないと申し立てている場合

（2） 過去に交流があったが，最近になって感情的な対立があり，扶養義務者の扶養を受けるくらいなら死んだ方がよいと申し立てる場合

（3） 扶養義務者の側は，近隣に居住していることもあり，本人が毎月直接お金を取りに来れば扶養すると申し立てているが，本人は，「金

をもらいに行けばいろいろと説教されるので絶対に嫌だ」と拒否している場合

(答) 設問の場合は，いずれも権利者と義務者の間の感情問題のために権利者が義務者の義務の履行を欲しない場合と思われる。このように扶養の問題はきわめてデリケートな側面があり，しばしば感情的な問題を発生しやすいので慎重な対応が求められるところであるが，一方で単に感情的な理由のみによって受けられる扶養の履行を受けないということでは，保護の補足性の原理にもとることとなる。したがって，直ちに保護を行うことは適当ではない。

（1）の場合については，過去において長期にわたり扶養が行われていたのであれば，扶養義務者の側にこれを中断すべき事情が発生しない限り，本人に生活保護制度の趣旨を懇切ていねいに説明し，継続して扶養を受けるよう理解させるべきである。

（2）の場合については，過去において交流が続いていた関係上，その感情的な対立は一時的なものである場合が多いと思われる。少なくとも扶養義務者の側には扶養をしようという意思は見られるわけであるから，まずこの対立を解消させるよう必要に応じて仲介するなど，円満な扶養義務の履行を図ることが望まれる。

（3）の場合については，扶養義務者の側が扶養の履行と引き替えに要保護者に対してかなりの努力を必要とするような行為を要求している場合であれば別として，設問のような場合は申請者の感情によってこれを拒否しているものと認められるので，さらに申請者を説得するように努める必要がある。ただし，申請者が病弱のために歩行が困難であるなどの事情がある場合には，扶養義務者の側に金銭を郵送するよう依頼することなども必要である。

以上，いずれの場合も扶養義務者の側に扶養の意思がある以上，これを拒むことは認められるものではなく，これらの説明・説得を十分に行っても，なお要保護者本人が扶養を受けることを拒むようであれば，法第4条第1項の要件を欠ぐものとして保護申請を却下すべきである。

＊ **次** 第5 扶養義務の取扱い
＊ **局** 第5－2－（3） 重点的扶養能力調査対象者以外の扶養義務者

> のうち扶養の可能性が期待される者の調査
> ＊局　第5－4　扶養の履行について

　これは扶養義務者に十分な扶養能力と，扶養する意思があることについて争いがないことを前提とした問答であることに注意が必要ですが，厚生労働省は，扶養を単純に「優先」のみとは理解していないのです。裁判例でも扶養義務者である両親が扶養を申し出ているのに，申請者が扶養を受けるための努力をしていないとして行った2回の保護申請を却下したことを違法ではないとしたものがあります（岡山地判平成4年5月20日）。

　この裁判例では扶養能力，扶養意思，扶養行為などについて，客観的に明らかであったことに留意が必要です。単に扶養義務者がいるとか，扶養意思を表明しているということだけでの判断ではないのです。

岡山地方裁判所平成4年5月20日判決（判例地方自治106号80頁）

　第一次，第二次申請当時原告の両親は原告を扶養できる十分の資力があったこと，原告の両親は入院費用や本件アパートの家賃を支払い実際に扶養行為を行っていること，電話等で原告に連絡がつかないと母親自ら当座の生活費を持参して原告方を訪れている等原告を扶養しようという行動に出ていること，従前の原告ら姉妹への送金を停止したのは両親の経済的理由からではないこと，原告を扶養するという両親の○○事務所職員に対する意思は一貫していることが認められ，かかる事実によれば，第一次，第二次申請当時，両親に原告を扶養する能力及び意思があったことは客観的に明らかである。原告は，両親の扶養に関する話しは信用性がなく，また原告と両親立会の下で実行性のある扶養につき公的に確認すべき旨主張するが，両親は○○事務所職員に対し扶養の意思を表明したにとどまらず，前記認定のとおり現実に原告を扶養する若しくは扶養しようとする行為に出ており，右事実から被告所長が両親の扶養意思・能力ありと判断したことには何ら違法はなく，さらに進んで原告と両親を立ち会わせて扶養に関する事項を確認しなかったことが違法となるものではない。

厚生労働省は，扶養問題がデリケートな側面があることを認め，生活保護制度の趣旨を懇切丁寧に説明することや，対立解消を仲介し円満な扶養義務を図ること，受け取りやすい扶養金の支払方法の検討などが述べられています。

　扶養の問題は，国民意識も絡み複雑な要素があります。救護法や旧法は旧憲法の下に成立しており，戦前の家族主義的な要素から扶養を要件としていたと考えられます。現行憲法下で成立した生活保護法では，このような議論はふさわしくないことは明らかです。極めて稀な例外はあるとしても，現行法の条文からも扶養を要件と考えるべきではありません。扶養義務者が扶養してくれるのであれば，扶養金を受け取った時点で収入認定を行えばよいのです。

　このことについては，実態的に考えても，次の問題が生じることがあります。

　例えば，ＤＶ被害者の母子が保護を求めてきたときに，加害者の夫が相応の資産と収入があり夫宅に戻れば直ちに扶養を行うので生活保護受給をしないで済むと主張をしたときに，扶養を「その他あらゆるもの」と解して保護要件とすると保護ができないことになります。この考えが不適切であることは明らかです[102]。この事例については法4条2項の優先と解することで，生活保護を受給し生活が落ち着いた後に，裁判等で子供の扶養金（養育費）を得たときに養育費について収入認定の問題とすべきです。

　では，前記の『生活保護手帳　別冊問答集』問5－9の「感情問題」は，どのように考えるべきでしょうか。一般に扶養義務者が扶養する意思がある場合は要保護者との関係も悪くない場合が多く（この場合は，保護申請前に援助問題について話し合っていることも少なくないと思われます。），要保護者が扶養を拒むのにはよほどの理由が考えられます。したがって，扶養義務者に扶養能力があり扶養意思がある場合でも，事案ごとに検討するべきであり，ＤＶ被害者はもちろん，扶養義務者と要保護者のこれまでの関係や経過を踏ま

---

[102] 生活保護法施行規則2条では，ＤＶ等の被害者については配慮しています。本章186～187頁参照。

えた対応が福祉事務所には求められます。

　扶養能力のある扶養義務者からの扶養を要保護者が拒む場合には，単に「感情問題」として割り切れるものではないのです。むしろ話合いを丁寧に進めることが必要なのです。前述の家出した未成年の息子の事例においても，親子関係の経緯等を検討せず，扶養金を受領しないことを理由に保護申請を却下したら，親子関係は回復するのでしょうか。むしろ，生活維持ができないことや失踪するなど事態がより悪化することも生じるのです。

第3　平成25年法改正と扶養

　平成25年の生活保護法改正により扶養については，次のような条文が設けられました。

（申請による保護の開始及び変更）
24条　（1項～7項・9項・10項　省略）
　8　保護の実施機関は，知れたる扶養義務者が民法の規定による扶養義務を履行していないと認められる場合において，保護の開始の決定をしようとするときは，厚生労働省令で定めるところにより，あらかじめ，当該扶養義務者に対して書面をもつて厚生労働省令で定める事項を通知しなければならない。ただし，あらかじめ通知することが適当でない場合として厚生労働省令で定める場合は，この限りでない。

（報告，調査及び検診）
28条　（1項・3項～5項　省略）
　2　保護の実施機関は，保護の決定若しくは実施又は第77条若しくは第78条の規定の施行のため必要があると認めるときは，保護の開始又は変更の申請書及びその添付書類の内容を調査するために，厚生労働省令で定めるところにより，要保護者の扶養義務者若しくはその他の同居の親族又は保護の開始若しくは変更の申請の当時要保護者若しくはこれらの者であつた者に対して，報告を求めることができる。

これは，生活保護開始時に扶養義務者へ書面通知を行うことや，扶養義務者へ報告を求める規定であることから，扶養の扱いが強化され，事実上要件化されたのではないのかという疑問が生じます。

しかし，厚生労働省はこの疑問に対しては明確に否定をし，通知や報告の対象となる扶養義務者とは，福祉事務所が家庭裁判所の審判等を経た費用徴収を行うこととなる蓋然性が高いと判断された場合（2003年度以降このような事案がないことは176頁参照）や，明らかに扶養が可能と思われる場合に限られるとしています。

◆ **社会・援護局関係主管課長会議資料** ▶

(平成26年3月3日(26頁))

イ　扶養義務者への通知及び報告徴収について

　生活保護制度では，扶養義務者からの扶養は，受給する要件（前提）とはされていない。この考え方は，扶養義務者が扶養しないことを理由に，生活保護の支給を行わないとした場合には，本人以外の事情によって，本人の生活が立ちゆかなくなることも十分に考えられることによるものである。

　一方で，本人と扶養義務者の関係において考慮が必要な特段の事情がない場合であって，扶養が明らかに可能と思われるにもかかわらず，扶養を拒否しているといったケースは，国民の生活保護制度に対する信頼を損なうことになりかねず，適当ではないと考えている。

　今般の法改正において保護開始に当たっての扶養義務者への通知の規定（改正法第24条第8項）を創設した趣旨は，保護開始後に，扶養義務者に対する報告徴収（改正法第28条第2項）があり得ることや，家庭裁判所の審判等を経た費用徴収があり得ることなどから，あくまで法制上の整理として，その対象となり得る扶養義務者に対して，事前に親族が保護を受けることを知っておくことが適当との法制定な観点から規定したものであり，扶養は保護の要件ではなく，保護に優先するという考え方を変えるものではない。

　扶養の照会は現在でも行っているが，<u>この通知及び報告徴収の対象となり得るのは，福祉事務所が家庭裁判所の審判等を経た費用徴収を行うこととなる蓋然性が高いと判断するなど，明らかに扶養が可能と思われるにもかかわ</u>

らず扶養を履行していないと認められる場合に限ることとし，その旨厚生労働省令で明記する予定である。さらに，通知等で参考とすべき考え方を示す予定であるが，①定期的に会っているなど交際状況が良好であること，②扶養義務者の勤務先等から当該生活保護受給者にかかる扶養手当を受け，さらに税法上の扶養控除を受けていること，③高額な収入を得ているなど十分な資力があることが明らかであること等を福祉事務所が総合的に勘案し，適当と判断される場合が該当すると考えているので，ご了知いただきたい。

(同7頁)

扶養義務者に関する規定について

基本的な考え方

◇明らかに生活保護受給者を十分扶養することができると思われる扶養義務者ついては，その責任を果たしていただきたい。

◇一方で，行政が家庭の問題に立ち入ることは慎重を期すべきことは当然であり，本当に保護が必要な人が保護を受ける妨げとならないよう，慎重に対応していく必要がある。

扶養義務者への扶養照会 ※現行でも実施

親子や兄弟姉妹等，一般的に扶養可能性が高い者に対して重点的に行うことが多く，3親等内の親族すべてに一律行っているわけではない。

※要保護者に事情をよく確認し，20年音信不通であるなど，明らかに扶養の履行が期待できない場合や，DVから逃げてきたなど，扶養を求めることが明らかに要保護者の自立を阻害することになると認められる者には照会していない。

※扶養照会より対象が狭まることなる

扶養義務者への通知 ※第24条第8項に新設

扶養義務者への報告徴収 ※第28条2項に新設

福祉事務所が家事審判手続を活用してまで費用徴収を行う蓋然性が高いと判断されるような場合等に限定して行うこととする旨，省令で明記する。※扶養照会をしないケースは当然対象とならない。

◇生活保護法における扶養義務の範囲は，民法上の規定における扶養義務の範囲に等しい。
① 夫婦間及び親の未成熟の子に対する関係
② 直系血族及び兄弟姉妹
③ 3親等内の親族（おじ，おば，甥，姪など）のうち特別な事情がある（※）者
（※）過去にこの要保護者又はその世帯に属する人から扶養を受けるなど

第6章　補足性の原理②〜保護に優先／第3　平成25年法改正と扶養

　また，保護課長通知等でも扶養義務者に対する通知や扶養義務者等からの報告については，「明らかに扶養義務を履行することが可能と認められる扶養義務者」とされています。

 保護手帳　扶養義務の取扱い　局第5－3・4
　3　扶養義務者への通知について
　保護の開始の申請をした要保護者について，保護の開始の決定をしようとする場合で，要保護者の扶養義務者に対する扶養能力の調査によって，法第77条第1項の規定による費用徴収を行う蓋然性が高いなど，明らかに扶養義務を履行することが可能と認められる扶養義務者が，民法に定める扶養を履行していない場合は，要保護者の氏名及び保護の開始の申請があった日を記載した書面を作成し，要保護者に保護の開始の決定をするまでの間に通知すること。

　4　扶養の履行について
（1）　扶養能力の調査によって，要保護者の扶養義務者のうち，法第77条第1項の規定による費用徴収を行う蓋然性が高いなど，明らかに扶養義務を履行することが可能と認められる扶養義務者が，民法に定める扶養を履行していない場合は，書面により履行しない理由について報告を求めること。

　それでは，この「明らかに扶養義務を履行することが可能と認められる扶養義務者」とは，どのような扶養義務者でしょうか。保護課長通知では扶養義務の履行を家庭裁判所へ調停又は審判の申立てを行う蓋然性が高いと認められる者としています。

 保護手帳　課第5の問5
　　〔明らかに扶養義務の履行が可能と認められる扶養義務者〕
　問（第5の5）　局長通知第5の3及び4の（1）における「明らかに扶養

義務を履行することが可能と認められる扶養義務者」とはどのような者をいうか。
答 当該判断に当たっては，局長通知第5の2による扶養能力の調査の結果，①定期的に会っているなど交際状況が良好であること，②扶養義務者の勤務先等から当該要保護者に係る扶養手当や税法上の扶養控除を受けていること，③高額な収入を得ているなど，資力があることが明らかであること等を総合的に勘定し，扶養義務の履行を家庭裁判所へ調停又は審判の申立てを行う蓋然性が高いと認められる者をいう。

また，生活保護法施行規則2条でも扶養義務者への通知，扶養義務者へ報告を求める場合についてはともに，
① 福祉事務所が法77条1項に基づき扶養義務者から費用の徴収を行う蓋然性が高いと認めた場合
② 申請者がDV等の被害者ではないと認めた場合
③ 申請者の自立に重大な支障を及ぼすおそれがないと認めた場合
に限定されました。
このように，扶養義務者に対する通知や扶養義務者等からの報告が生じる事案は非常に範囲が狭いように思われます。

生活保護法施行規則
（扶養義務者に対する通知）
2条　法第24条第8項による通知は，次の各号のいずれにも該当する場合に限り，行うものとする。
一　保護の実施機関が，当該扶養義務者に対して法第77条第1項の規定による費用の徴収を行う蓋然性が高いと認めた場合
二　保護の実施機関が，申請者が配偶者からの暴力の防止及び被害者の保護等に関する法律（平成13年法律第31号）第1条第1項に規定する配偶者からの暴力を受けているものでないと認めた場合

三　前各号に掲げる場合のほか，保護の実施機関が，当該通知を行うことにより申請者の自立に重大な支障を及ぼすおそれがないと認めた場合
（報告の求め）
3条　保護の実施機関は，法第28条第2項の規定により要保護者の扶養義務者に報告を求める場合には，当該扶養義務者が民法（明治29年法律第89号）の規定による扶養義務を履行しておらず，かつ，<u>当該求めが次の各号のいずれにも該当する場合に限り</u>，行うものとする。
　一　保護の実施機関が，当該扶養義務者に対して法第77条第1項の規定による費用の徴収を行う蓋然性が高いと認めた場合
　二　保護の実施機関が，要保護者が配偶者からの暴力の防止及び被害者の保護等に関する法律第1条第1項に規定する配偶者からの暴力を受けているものでないと認めた場合
　三　前各号に掲げる場合のほか，保護の実施機関が，当該求めを行うことにより要保護者の自立に重大な支障を及ぼすおそれがないと認めた場合

（下線は筆者）

第4　扶養照会，扶養調査

　生活保護の扶養義務関係が分かりにくいのは，次のような民法にある絶対的扶養義務者（民法877条1項），相対的扶養義務者（民法877条2項）という概念ととともに，条文にはない民法学説であり生活保護行政が採用している考え方である生活保持義務関係，生活扶助義務関係という概念があるためと思われます。

　『生活保護手帳　別冊問答集2016』では，次のような説明が行われています。

別冊問答集 第5 扶養義務の取扱い

生活保護制度における扶養義務

　民法における扶養義務の規定は，その人的範囲として，夫婦のほかに，直系血族及び兄弟姉妹（絶対的扶養義務者）とこれら以外の三親等内の親族（相対的扶養義務者）で家庭裁判所の審判を受けた者とを定めるのみで，具体的な扶養の順位，程度，方法については当事者の協議及び家庭裁判所の審判に委ねている。これに対し，生活保護制度では民法の解釈上通説とされている「生活保持義務関係」と「生活扶助義務関係」の概念を採用し，生活保護制度における扶養義務の取扱いの目安としている。これらの関係を表で示せば次のとおりである。

民法上の位置 扶養義務の内容	第752条 夫　婦	第877条第1項 絶対的扶養義務者	第877条第2項 相対的扶養義務者
生活保持義務関係	夫　婦	親の未成熟の子に対する関係（※）	
生活扶助義務関係		直系血族（※を除く）及び兄弟姉妹	三親等内の家族で家庭裁判所が特別の事情ありと認める者

『生活保護手帳　別冊問答集2016』142頁

1　扶養照会，調査の流れ

　保護申請時があったときには，絶対的扶養義務者と相対的扶養義務者のうち現在，要保護者及びその世帯員を扶養している者などについては，扶養義務者の存否を要保護者の申告により，必要な場合は戸籍謄本等で確認を行うこととされています。

　その上で扶養の可能性を確認し扶養義務の履行が期待できるものについて扶養照会を行うことになっています。ところが，この扶養の可能性の確認を経ずに戸籍謄本に記載されている扶養義務者全てに扶養照会を行う福祉事務所があります。

　扶養の問題は非常にデリケートな問題が含まれており，無用な扶養照会

を行うことにより親族間でトラブルが生じることがあってはなりません。また行う必要のない扶養照会は行政事務の不効率にもつながります。そこで，ここでは『生活保護手帳　別冊問答集』の扶養照会のチャート図を基に扶養照会，扶養に関する調査の流れについて検討をします。

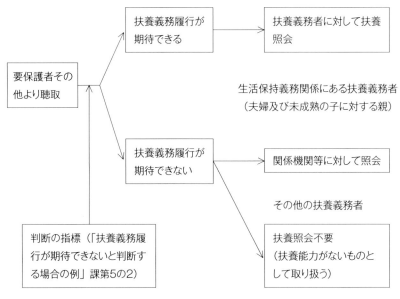

『生活保護手帳　別冊問答集2016』144頁

2　扶養に関する調査，照会の方法

(1) 扶養義務者の存否の確認

　絶対的扶養義務者についてのほか，相対的扶養義務者についても行いますが，相対的扶養義務者については現在実際に扶養している場合と，過去に要保護者から扶養を受けていたなどの特別の事情があり，かつ現在扶養能力がある場合が対象になりますから，多くの場合は，この段階で扶養の議論は絶対的扶養義務者に絞られることになります。

第2編　生活保護の原理

保護手帳　扶養義務の取扱い　**局**第5－1（1）

局　第5
1　扶養義務者の存否の確認について
 (1)　保護の申請があったときは，要保護者の扶養義務者のうち次に掲げるものの存否をすみやかに確認すること。この場合には，要保護者よりの申告によるものとし，さらに必要があるときは，戸籍謄本等により確認すること。
ア　絶対的扶養義務者
イ　相対的扶養義務者のうち次に掲げるもの
 (ア)　現に当該保護者又はその世帯に属する者を扶養している者
 (イ)　過去に当該保護者又はその世帯に属する者から扶養を受ける等特別の事情があり，かつ，扶養能力があると推測される者

(2)　扶養の可能性の確認

　扶養の内容について経済的扶養のほか，定期訪問や架電等の精神的支援も扶養の内容とされています。経済的問題は生活保護により対応が可能ですが，親子・兄弟による精神的支援は福祉事務所ではなかなかできないことや，相談できる親族がいることでの精神的な安定等を考えると精神的支援は重要と考えられます。だからこそ，経済的扶養に重きを置くあまり，親族間でトラブルが起きることがないように注意しなくてはなりません。その上で，要保護者から扶養の可能性を聴取します。

保護手帳　扶養義務の取扱い　**局**第5－2（1）
2　扶養能力の調査について
（1）　1（扶養義務者の存否の確認について＝筆者注）により把握された扶養義務者について，その職業，収入等につき要保護者その他により聴取する等の方法により，扶養の可能性を調査すること。なお，調査にあたっては，金銭的な扶養の可能性のほか，被保護者に対する定期的な訪問・架電，

書簡のやり取り，一時的な子どもの預かり等（以下「精神的な支援」という。）の可能性についても確認するものとする。

(3) 扶養義務の履行が期待できない場合

この段階では，まだ福祉事務所は扶養義務者には接触しておらず扶養の可能性の調査の段階となります。そこで，扶養義務者が生活保護受給者である場合や社会福祉施設入所者などの場合については，この段階で直接照会することが真に適当でない場合や扶養義務が期待できない者と考えられています。

保護手帳 課第5の問2
〔扶養義務の履行が期待できない者に対する扶養能力調査の方法〕

問（第5の2） 局長通知第5の2の(1)による扶養の可能性の調査により，例えば，当該扶養義務者が被保護者，社会福祉施設入居者及び実施機関がこれらと同様と認める者，要保護者の生活歴等から特別な事情があり明らかに扶養できない者並びに夫の暴力から逃れてきた母子等当該扶養義務者に対し扶養を求めることにより明らかに要保護者の自立を阻害することになると認められる者であって，明らかに扶養義務の履行ができない場合は，その間の局長通知第5の2の(2)及び(3)の扶養能力調査の方法はいかにすべきか。

答1 当該扶養義務者が生活保持義務関係にある扶養義務者であるときは，局長通知第5の2の(2)のアのただし書きにいう扶養義務者に対して直接照会することが真に適当でない場合として取り扱って差しつかえない。

 2 当該扶養義務者が生活保持義務関係にある扶養義務者以外であるときは，個別の慎重な検討を行い扶養の可能性が期待できないものとして取り扱って差しつかえない。

 3 なお，いずれの場合も，当該検討経過及び判定については，保護台帳，ケース記録等に明確に記載する必要があるものである。

第2編　生活保護の原理

> 保護手帳　課第5の問3
> 〔扶養能力の判断〕
> **問（第5の3）** 生活扶助義務関係にある者の扶養能力を判断するにあたり，所得税が課されない程度の収入を得ている者は，扶養能力がないものとして取り扱ってよいか。
> **答** 給与所得者については，資産が特に大きい等，他に特別の事由がない限り，お見込みのとおり取り扱って差しつかえない。給与所得者であってもこの取扱いによることが適当でないと認められる者及び給与所得者以外の者については，各種収入額，資産保有状況，事業規模等を勘案して，個別に判断すること。

　上記，問第5の2にある被保護者や社会福祉施設入所者などと「実施機関がこれらと同様と認める者」「要保護者の生活歴等から特別な事情があり明らかに扶養ができない者」については無収入の主婦（主たる生計維持者ではない非稼働者），70歳以上の高齢者や20年間音信不通の者などが挙げられます。

　また，東京都は「要保護者の生活歴等から特別な事情があり明らかに扶養ができない者」については，10年以上の音信不通の場合，過去1年以上全く交流関係が途絶えている場合などとします。

> **別冊問答集**
> **問5－1　扶養義務履行が期待できない者の判断基準**
> **（問）** 課第5の2にある「実施機関がこれらと同様と認める者」及び「要保護者の生活歴等から特別な事情があり明らかに扶養ができない者」というのは，具体的にどのような者を指すのか。
> **（答）** 前者については，例えば長期入院患者，主たる生計維持者ではない非稼働者，未成年者，概ね70歳以上の高齢者などが想定される。後者については，例えば20年間音信不通である等が想定される。

（問4－5）　要保護者の生活歴等から特別な事情があり明らかに扶養が期待できない者

> 扶養の可能性を検討にあたって、要保護者の生活歴等から特別な事情があり明らかに扶養が期待できない者と判断できるのはどのような場合か。

都内の被保護者の実態に基づき、出身地や家族の元を離れ、就労等の理由により上京した後、長期間（10年以上）音信不通となっている場合等は、個々の実状に応じて、扶養の期待可能性のない者として取り扱って差し支えない。

また、親族が都内近隣に居住する場合についても、生活困窮に至る過程で疎遠になっているような事例もあることから、過去1年以上の間、音信も含め全く交流関係が途絶えている場合は、同様に取り扱って差し支えない。

「東京都生活保護運用事例集（平成27年度修正版＜反映版＞）」71～72頁

(4) 扶養が期待できない場合

扶養義務者の扶養能力の期待可能性をここまで検討した結果、扶養が期待できないと判断されたときには、文書による扶養義務者への照会は行いません。

絶対的扶養義務者のうち、生活保持義務関係にある者や生活保持義務関係にはないが扶養の可能性がある親子関係などの「重点的扶養能力調査対象者」については関係機関に照会を行います。

保護手帳　扶養義務の取扱い　**局**第5－2（扶養能力の調査について）－(2)
(2)　次に掲げる者（以下「重点的扶養能力調査対象者」という。）については、更にアからエにより扶養能力を調査すること。
① 　生活保持義務関係にある者
② 　①以外の親子関係にある者のうち扶養の可能性が期待される者
③ 　①、②以外の、過去に当該要保護者又はその世帯に属する者から扶養

第2編　生活保護の原理

　　　を受ける等特別の事情があり，かつ，扶養能力があると推測される者
　　ア　重点的扶養能力調査対象者が保護の実施機関の管内に居住する場合
　　　には，実地につき調査すること。
　　　　重点的扶養能力調査対象者が保護の実施機関の管外に居住する場合
　　　には，まずその者に書面により回答期限を付して照会することとし，
　　　期限までに回答がないときは，再度期限を付して照会を行うこととし，
　　　なお回答がないときは，その者の居住地を所管する保護の実施機関に
　　　書面をもって調査依頼を行うか，又はその居住地の市町村長に照会す
　　　ること。ただし，重点的扶養能力調査対象者に対して直接照会するこ
　　　とが真に適当でないと認められる場合には，まず関係機関等に対して
　　　照会を行い，なお扶養能力が明らかにならないときは，その者の居住
　　　地を所管する保護の実施機関に書面をもって調査依頼を行うか，又は
　　　その居住地の市町村長に照会すること。
　　　　なお，相当の扶養能力があると認められる場合には，管外であって
　　　も，できれば実地につき調査すること。
　　（イ〜エ・省略）

(5) 扶養が期待できる場合

　管外に居住する重点的扶養能力調査対象者，その他の扶養義務者に対して文書による扶養照会を行います。管外の重点的扶養能力調査対象者から期限までに回答がないときは再度期限を付して照会を行い，なお回答がないときにはその者の居住地を所管する実施機関に調査依頼を行うか，居住する市町村長に調査依頼を行うこととされています（上記参照）。

　しかし，扶養義務者の居住地を所管する実施機関に調査依頼をするというのは現実的ではありません。

　ケースワーカーの多くは自らの担当地区の被保護者に手いっぱいの状況ですから，他の福祉事務所のために扶養能力調査などを行う余裕などないと思います。筆者がケースワーカー，査察指導員を合わせて30年以上行ってきた中で，この調査依頼を受けたのは1件だけでした。依頼元の福祉事務

所に事情を聴いたところ監査対策で調査依頼をしただけなので回答をしないでよいと言われた経験があります。この経験は極端かもしれませんが，現在の生活保護行政では他の福祉事務所への調査依頼は現実的ではないように思われます。

また，重点的扶養能力調査対象者以外の扶養義務者から期限までに回答がない場合は扶養の可能性がないものとします。

> **別冊問答集**
> **問5－12　重点的扶養能力調査対象者以外の扶養義務者への扶養能力調査**
> **(問)**　局第5の2の(3)によれば，重点的扶養能力調査対象者以外の扶養義務者への扶養能力調査については，実地につき調査を行わないこととして差し支えないか。また，原則として書面により回答期限を付して行うこととされているが，期限までに回答がない場合にはどのようにすればよいか。
> **(答)**　前段については，お見込みのとおりであり，後段については再度期限を付して照会するまでもなく，扶養の可能性がないものとして取り扱って差し支えない。
> 　なお，いずれの場合であっても，実施機関の判断により重点的扶養能力調査対象者に対する調査方法を援用しても差し支えないこととしている。
> ＊　**局**　第5－2－(3)　重点的扶養能力調査対象者以外の扶養義務者のうち扶養の可能性が期待される者の調査

3　まとめ

扶養能力調査は重点的扶養能力調査対象者とその他を区分し，重点的扶養能力調査対象者を重視し，それ以外の扶養義務者は必要最小限度の調査とされています。

第2編　生活保護の原理

別冊問答集 扶養義務者の存否の確認と扶養能力の調査

　扶養能力調査については，社会常識及び実効性の観点から，①生活保持義務者，②生活保持義務関係以外の親子関係にある者のうち扶養の可能性が期待される者，③その他当該要保護世帯と特別な事情があり，かつ扶養能力があると推定される者を「重点的扶養能力調査対象者」として重点的に調査を実施することとし，それ以外の扶養義務者については，必要最小限度の調査をすることとしている。

『生活保護手帳　別冊問答集2016』143頁

　このように重点的扶養能力調査対象者に対しては重視し，その扶養能力及び扶養の履行調査は年1回行うこととされています（局第5－4（4））。しかし，扶養が行われている場合の履行調査については被保護者からの申告等により把握が可能ですが，扶養能力調査を年1回行うことは福祉事務所現場にとり大きな負担と思われます。

　総務省行政評価局「生活保護に関する実態調査　結果報告書」によると重点的扶養能力調査対象者に対する調査の実施状況は102事務所のうち，年1回実施 46か所，必要に応じて実施 47か所，未実施 9か所であり，局長通知どおりに行えている福祉事務所は半分以下なのです[103]。

　その理由を総務省は「福祉事務所においては，業務多忙の中，実施しても引取りや協力が得られる可能性が低く，十分な費用対効果が見込めないため，調査に消極的であるとする意見が多い。また，前回の扶養の可能性調査の際に，連絡，引き取り，金銭的協力等について一度拒否された場合は，状況の変化がない限り，再度扶養能力の調査を実施しても，扶養義務者との関係を悪化させるだけであるといった意見も聴かれた。」とします。この聴取内容は実態に合っていると考えられますが，総務省は厚生労働省に対して「趣旨・目的を明確にするとともに，保護の実施機関に対し，その重要性を周知し，実施を指導すること。」と所見で述べます。聴取内容と所見の議論

---

[103] 総務省行政評価局による「生活保護に関する実態調査結果報告書平成26年8月」188頁，194頁。http://www.soumu.go.jp/menu_news/s-news/87245.html#kekkahoukoku

が噛み合っていませんが，福祉事務所の現状を放置して，扶養能力調査について強化をしても，費用対効果がないばかりか，扶養義務者との関係悪化を招き，ケースワーカーの負担が増すことでその扱いが形骸化することになるように思われます。

第5 生活保護の扶養問題

　扶養の問題は，厚生労働省が指摘するように非常にデリケートな問題です。生活に困窮したときに，扶養義務者との良好な人間関係やこれまでの経過から話合いの中で扶養を受けることになり，生活保護の申請に至らない場合も少なくありません。保護申請に至るのは，そのような関係で話し合ったものの扶養義務者も援助が困難である場合や，そもそも扶養を依頼できるような関係ではなかった場合が多いと思われます。

　そのような事情の中で，生活保護申請を受けた際に福祉事務所が親族に扶養を求めることで要保護者と扶養義務者の人間関係が悪化し，精神的なつながりも断ち切れる可能性も生じます。また，疎遠であった親族に扶養照会が行われる，あるいは泥沼のような離婚の経過のある元配偶者に対して子の親として扶養照会が行われることは要保護者にとって精神的に大きな圧力であり，扶養照会自体が保護申請をためらわす要素であるとも考えられます。

　したがって，扶養照会の在り方次第では要保護者が保護から遠ざかり，生存権が脅かされることも想定しなくてはなりません。

　扶養が保護の「要件」ではなく「優先」であるとされた意味を確認し，この問題で親族間のトラブルが生じないような対応が必要なのです。

　そこで比較的整理がされている東京都の扶養義務の扱いの説明を紹介いたします。

法第4条（保護の補足性）第2項において民法に定める扶養義務者の扶養が生活保護に優先して行なわれるものとされている。扶養は第4条第1項とは異なり，保護の前提となる要件ではない。
　さらに民法上，扶養の履行は当事者間の協議を前提とし，協議が整わないときに家庭裁判所が定めることとされている。このことから，生活保護の実施要領上も扶養の履行は努めて当事者間における話し合いによって解決し，円満裡に履行させることを本旨として取り扱うこととしている。
　つまり，生活保護法上の扶養の取扱いは，民法の規定により扶養が行なわれた時に，その援助された額を収入認定するという意味であり，実施機関に扶養の履行を強制する権限はない。
　一方，生活保護の利用を考える者は，生活困窮に至る過程で扶養義務者との関係が疎遠となっている者が多い。また社会の扶養意識も変化していることから，扶養の履行を要請することが，要保護者の心理的負担となっている実情にある。
　以上のことから，生活保護の実施にあたっては，要保護者に対し，扶養が保護適用の前提要件であるといった誤解を与えないよう，扶養の考え方，扶養調査の方法等について，的確に説明する必要がある。特に相談時に「扶養届」等の用紙を交付し，記入を義務付ける等の取扱いは行なってはならない。また，申請受理後に行なった扶養照会に対する回答が遅れていることを理由として，法定期間内の保護の決定を怠ってはならない。

「東京都生活保護運用事例集（平成27年度修正版＜反映版＞）」
（問4－1）69頁

第7章　補足性の原理③～急迫保護

第1　急迫保護の「急迫」の意味

　法4条3項は「前二項の規定は，急迫した事由がある場合に，必要な保護を行うことを妨げるものではない」と規定しています。これは，1項，2項に抵触する場合であっても，急迫性のある場合は保護ができるということです。条文上は「妨げない」としていますが，急迫性がある場合は生活保護の目的から，行政の責任として保護しなくてはならないと考えるべきです。

第2　生活保護行政による急迫性判断の変遷

　法4条3項の「急迫した事由」とは，どのような事由なのかが問題となります。この判断については，生活保護行政では法制定時から現在まで，次のように考え方の変遷があります。

> ① 1950（昭和25）年の法制定時の厚生省による「生活保護法案説明資料」（1950年)[104]では，「『急迫した事由がある場合』例えば，怠惰者若しくは素行不良者が重病のため放置するを許さぬ場合」と説明がされています。
> ② 法制定時の社会局長木村忠二郎の見解（1950年)[105]では，「本条第3項は重要な改正点である。即ち，要保護者に急迫した事由がある場合においては，前2項の要件を排除して本法を発動し得ることを明らかにしたものであって，この点は，旧生活保護法第2条が怠惰者や素行不良者を絶対的欠格者として法の適用の余地をなからしめていることに比べて生活保障の理想に徹底したものと言い得よう。」としています。

---

104) 厚生省社会局「第7回　国会生活保護法案説明資料」「生活保護法案逐条説明」19頁
105) 木村『改正生活保護法の解説』3頁

③ 法制定時の保護課長小山進次郎の見解（1950年）[106]では「生存が危うくされるとか，その他社会通念上放置しがたいと認められる程度に情況が切迫している場合。従って単に最低生活の維持ができないというだけでは，必ずしもこの場合に該当するとはいえない」と述べています。

④ 1957（昭和32）年になり『生活保護手帳』の前身である，厚生省社会局保護課『生活保護法の運用［生活保護百問百答第十輯］』では[107]，「要保護者が疾病，負傷等のため急迫した状況にあるとき」とされました。

⑤ 1968（昭和43）年の厚生省社会局保護課『生活保護手帳（別冊）』[108]では「急迫した事由とは客観的な事実である。実施機関は次の点に関して注意して観察を行い的確な判断に基づいて慎重に取り扱わなければならない。（１）世帯内に義務教育中の児童生徒がいる場合，学校出席状況等について担任教師，学校長の意見聴取（２）世帯内に患者のいる場合，病状の事実確認及び担当医療機関の意見徴収（３）世帯の資産に著しい減少が認められるかどうか（４）電気，水道料等の公共料金等の納付状況（５）食料等生活必需物資の購入状況，食生活の内容についての事実確認及び民生委員等関係者の意見聴取」とされました。

⑥ 厚生労働省社会・援護局保護課「相談室　年金担保貸付利用者に対する生活保護制度上の取扱いについて」（2006年）[109]では，「『急迫の状態』とは，一般に生存が危うくされるとか，その他社会通念上放置しがたいと認められる程度に状況が切迫している場合を指すことから，単に収入がなく，最低生活の維持ができないというだけでは，必ずしもこれに該当するとは言えないものと考えられますが，具体的にどのような場合が急迫に該当するかについては，一律に示すことは適当ではなく，あくまでも当該申請者が現在置かれている状況を踏まえ，実施機関が個別に判断していただいて差し支えないものと考えております。」とされました。

---

106) 小山進次郎『生活保護法の解釈と運用』（日本社会事業協会，1950年）73頁。同『生活保護法の解釈と運用（改訂増補）』（中央社会福祉協議会，1951年）122～123頁
107) 厚生省社会局保護課『生活保護法の運用[生活保護百問百答第十輯]』（社会福祉調査会，1957年）183頁
108) 厚生省社会局保護課『生活保護手帳（別冊）』（全国社会福祉協議会，1968年）（問372　急迫した事由と職権保護）255～256頁
109) 厚生労働省社会・援護局保護課「相談室　年金担保貸付利用者に対する生活保護制度上の取扱いについて」生活と福祉604号20～22頁

⑦ 厚生省社会・援護局長通知「生活保護法施行細則準則について」(2009年)[110]では，生活保護法施行細則3条の面接記録票（様式第1号）を改正し，急迫状態についての判断項目として「預貯金・現金等の保有状況」「ライフラインの停止・滞納状況」「国民健康保険等の滞納状況」が追加されました[111]。

　法制定時には，急迫の事由は「重病のため放置を許さぬ場合」などと極めて狭く判断されています。木村はこれを保護の要件を絶対的なものとしたのではなく例外もあり得ることを述べ，小山は急迫性の実態についてより具体的に「生存が危くされるとか，その他社会通念上放置し難いと認められる程度に情況が切迫している場合。従って，単に最低生活の維持ができないというだけでは，必ずしもこの場合に該当するとは言えない」[112]との限定的な説明を行いました。これにより，急迫状況とは最低生活よりも厳しい状況を指すものという理解がされることとされました。

　その後，厚生省保護課は急迫状況を「生存が危うくされる」とか「放置し難い」という限定的な表現を削除して「疾病・負傷等のため急迫した状況」としています。

　1968（昭和43）年の『生活保護手帳（別冊）』では，急迫状況の判断に当たり，疾病状況の確認，公共料金等の納付状況，食料品の状況のほかに児童生徒の学校出席状況も判断素材とされ，「生存の危機」，疾病，負傷等の限定的な状況から，当該世帯の生活状態全体を見渡すとともに，子供の教育状況も視野に入れられることとなりました[113]。

　2006（平成18）年には，急迫の状態を「一般に生存が危うくされるとか，その他社会通念上放置しがたいと認められる程度に状況が切迫している場合

---

110) 平成12年3月31日社援第871号
111) 厚生労働省社会・援護局保護課「平成21年度の生活保護」生活と福祉638号13頁
112) 小山『生活保護の解釈と運用（改訂増補）』123頁
113) しかし，同問答は『生活保護手帳（別冊改訂版）』(1971年)では削除されており，以降見当たりません。

を指す」という小山の見解を踏まえつつも,「具体的にどのような場合が急迫に該当するかについては,一律に示すことは適当ではな」いことから,「申請者が現在置かれている状況を踏まえ,実施機関が個別に判断」することで差し支えないとしています。これは,急迫状態を「生存の危機」「社会通念上放置しがたい」という文字どおりの内容では抽象的でありかつ制限的なため,適用が行われないことで問題が生じかねないことから,その判断を実施機関に委ねたように思われます。

2009 (平成21) 年の「生活保護法施行細則準則について」では,生活保護申請時等の相談面接の際に福祉事務所職員が使用する面接記録票に,相談者の急迫状況を確認するため,預貯金等とともにライフライン,国民健康保険の滞納状況の項目を新設しています。これは要保護者の発見・把握に努める取組等を徹底するために新設されたもので[114],ライフライン,国民健康保険の滞納により将来予想される状態も,急迫状況の判断に含むものとされたと考えられます。

このように,生活保護行政の「急迫性」の判断は,法制定時の極めて限定的なものから,福祉事務所の個別判断へと変化し,将来予想される状態も含まれるようにその範囲は広がっています。それと同時に急迫性の判断の責任は福祉事務所に委ねられていることに注意が必要です。

第3 裁判例による急迫性の判断

最高裁判所昭和46年6月29日判決(民集25巻4号650頁)では,交通事故の被害者は,賠償を直ちに受けることができず,現実に利用し得る資産がない場合で治療等の保護の必要があるときは「急迫性がある」と認められています。最高裁は急迫性の判断に当たり「生存が危うい」ことを求めてはいません。

---

114) 前掲注111)「平成21年度の生活保護」生活と福祉638号13頁

最高裁判所昭和46年6月29日判決（民集25巻4号650頁）

　交通事故による被害者は「賠償を直ちに受けることができない場合には，他に現実に利用しうる資力がないかぎり，傷病の治療等の保護の必要があるときは，同法4条3項により，利用し得る資産はあるが急迫した事由がある場合に該当するとして，例外的に保護を受けることができる」

　しかし，大分地方裁判所平成22年9月13日判決（裁判所ウェブサイト）では，小山と同様に急迫性を狭く限定する考え方を示しています。

 大分地方裁判所平成22年9月13日判決（裁判所ウェブサイト）

　「急迫した事由」を「同条3項が，法4条1項の要件を満たさない場合に生活保護を認めることができる例外規定であることからして，また，その文言に照らせば，同項の『急迫した事由』とは，生存が危うくされるとか，その他社会通念上放置し難いと認められる程度に状況が切迫している場合をいうものと解すべきである。」

　那覇地方裁判所平成23年8月17日判決では，上記大分地裁判決と同様の判断枠組みを持ちながら結論を異にしています。これは，生活状況の事実認定の違いにより判断が異なったものと考えられます。

 那覇地方裁判所平成23年8月17日判決（賃金と社会保障1551号56頁）

　法4条3項は，同条1項や2項の要件を満たさず，本来であれば生活保護を受けられない者に対して，特別に保護を行う場合を定める例外規定であることに鑑みると，その該当性は厳格に判断すべきであり，「『急迫した事由』とは，単に生活に困窮しているだけでなく，生存が危うくされるとか，その他社会通念上放置し難いと認められる程度に状況が切迫している場合をいう

ものと解すべきである」との判断枠組みを示した上で，原告の生活状況を検討し「このような状況が続けば，原告は，住む家を失ったり，電気，ガス，水道などのライフラインを止められたりする可能性があったということができる。」

「以上のような事情を考慮すれば，本件申請当時，原告は，生活保護を受給することができなければ，その生存が危うくされ，社会通念上放置し難いと認められる程度に切迫した状況にあったというべきであり，法4条3項にいう『急迫した事由』があったと認められる。」

第4　急迫事由，急迫状況の判断基準

　急迫保護の問題は法4条1項の保護要件を満たさない保護申請者に対する法4条3項の急迫保護の急迫性の内容でした。生活保護行政における急迫性の判断の変遷も法4条3項を対象とするものとなっています。

　現在の生活保護行政では，前述のとおり「どのような場合が急迫に該当するかについては，一律に示すことは適当ではなく，あくまでも当該申請者が現在置かれている状況を踏まえ，実施機関が個別に判断」することとされています[115]。

　この考え方は福祉事務所の判断に「縛り」を入れていた従来のものよりも，より要保護者の実態に沿うものとなったと思われます。しかし福祉事務所による個別の判断を強調することで，要保護者の状況が同様であるにも関わらず，福祉事務所（ケースワーカー）次第で保護の決定が異なる可能性が生じることになります。このような福祉事務所の恣意的な考えにより，急迫性の有無の判断が行われることも避ける必要があります[116]。

　そこでこの問題を解決するには「実施機関による個別の判断」についての判断基準が必要となります。

---

115) 前掲注109)「相談室　年金担保貸付利用者に対する生活保護制度上の取扱いについて」生活と福祉604号20〜22頁

生活保護開始申請時に，実施機関が「急迫性」の判断を14日間という法定期間（法24条）内に，具体的かつ詳細に内容を調査していくことは困難な場合も多いと考えられます。この場合には，客観的な基準である生活保護基準を基に，最低限度の生活水準以下の生活を余儀なくされているような場合であれば，急迫保護を行うとすることが考えられます。

つまり，資産の活用を直ちに行うことができず，最低限度の生活水準（保護基準）を維持することができない場合には急迫性を認めることが妥当なのです。

生活保護行政では法63条を「本来，資力はあるが，これが直ちに最低生活のために活用できない事情にある場合にとりあえず保護を行い，資力が換金されるなど最低生活に充当できるようになった段階で既に支給した保護金品との調整を図ろうとするもの」とされていることから[117]，急迫保護を行った後に資力が換金化された場合に同条による保護費の返還を検討することで足りるように思われます。

急迫性の判断を福祉事務所が行わなくてはならないということは判断ミスが要保護者の生命を危すことになり，重い責任を負います。急迫性の判断基準を保護基準とし法63条の適用を行うことがそのリスクを避けるということになると思われます。

---

[116] 大阪高判平成25年6月11日（賃金と社会保障1593号61頁）は急迫保護についての争いでしたが，ここでは福祉事務所は「法4条3項の『急迫した事由』について，更に被控訴人から丁寧に聞き取ったり，その他の調査をしたりすることなく，同条1項に係る年金担保貸付，恩給担保貸付及び無届での就労を問題視し，そのことを理由に本件却下決定をしたものといえる。」と指摘し，福祉事務所の対応が違法とされています。

[117]『生活保護手帳　別冊問答集2016』（問13-5　法第63条に基づく返還額の決定）410頁。同様の説明に，同書（問13-1　不当受給に係る保護費の法第63条による返還又は法第78条による徴収の適用）405頁

第5　急迫した事由と急迫した状況の場面の問題

　法4条3項の「急迫した事由」とは、法4条1項の保護要件を満たさないことを前提とした場合ですが、急迫性について、法は「急迫の事由」「急迫の状況」「急迫した事情」「急迫の場合」と分けて明記されています[118]。

　この違いについて、保護要件の「急迫した事由」（法4条3項）と申請保護の「急迫した状況」（法7条）は同義とする[119]一方で、実施機関の実施責任についての「急迫した状況」（法19条2項）と申請保護の「急迫した状況」（法7条）については異なるもの[120]とする考えがあります。また、法19条6項は「特に急迫した事由」とされています。

　そこで、法が急迫性を求めるのは、どのような場面なのかについて整理をしてみます。

　法4条3項の「急迫した事由」とは、法4条1項の保護要件を満たさないことを前提とした議論であり、法7条、法25条1項の「急迫した状況」とは、法4条1項の保護要件を満たすが申請意思がない者、申請ができない者を対象[121]にした議論です。

　前者の法4条3項の場合は災害等により直ちに換金が困難な預貯金等の資産がある場合、保有が認められない不動産を有しているが売却するためには長期間を要し、その間の生活が維持できない場合、稼働能力の不活用[122]などが考えられます（208頁の表・設例1）。

---

[118]「急迫した事由」（法4条3項、19条2項、19条6項、25条3項）、「急迫した状況」（法7条、19条2項、25条1項）、「急迫した事情」（法34条5項）、「急迫の場合」（法63条）。
[119] 小山『生活保護法の解釈と運用（改訂増補）』122～123頁、164頁、408頁。栃木県弁護士会編『生活保護法の解釈と実務』（ぎょうせい、2008年）38頁
[120] 小山『生活保護法の解釈と運用（改訂増補）』309頁。ただし、異なったものと理解する必要はないとの見解に前掲注119）『生活保護法の解釈と実務』97頁
[121] 小山『生活保護法の解釈と運用（改訂増補）』164頁、407～408頁
[122] ただし、稼働能力不活用については、法4条1項に示されているものとして挙げましたが、保護申請時に稼働能力活用の要件が問われる事案では、稼働能力以外の要件は満たし最低生活以下の生活状態の場合が多いと考えられることから、筆者は急迫保護を検討するまでもなく保護を行う必要があると考えています。池谷秀登編著『生活保護と就労支援』（山吹書店、2013年）15頁以下

後者の法7条，法25条1項については，法4条1項の要保護性はあるものの保護受給を拒む場合（設例2）や，障害，疾病等で保護申請ができない場合（設例3）などが考えられます。設例2・設例3については，保護受給を希望するなど申請意思が明らかにされれば，保護が開始されることに支障はない場合です[123]。

医療の給付は医療保護施設，指定医療機関において行うこととされていますが（法34条2項），急迫した事情がある場合は指定医療機関以外でも医療の給付を受けることができるとされています（法34条5項）。この場合は，外出時に急病に陥り救急搬送された医療機関が生活保護の指定医療機関でなかった場合等が考えられます（設例4）。これは医療扶助の給付についての問題であり，被保護者自身の要保護性の問題自体は生じません[124]。

医療扶助の給付について，被保護者である患者が急迫した状況の場合は，受診に必要とされる医療給付券を発行しないで医療給付を行っても差し支えなく，保護を受けていない患者が急迫した状況にあるため，保護申請手続を行わず入院，入院外の治療を受けた場合でも，要保護性が認められれば連絡のあった日を保護申請の提出日とみなして差し支えないこととされています[125]。

また，居住地は明らかなものの，急迫した状況の要保護者に対して本来の実施機関以外が保護を行う場合（法19条2項）もあります。これは，甲市に居住する者が所用のため乙市に至り，急病等のため生活困難の状況に陥ったものの，甲市に連絡がつかず放置しがたい場合は，乙市が応急的に保護を実施するというものです（設例5）[126]。この場合は，要保護性があることに問題はなく，どこの実施機関が保護をするかの行政機関の所管の議論にすぎず，

---

123) また，生活保護行政では，やむを得ない事情により申請することができなかった場合には，申請後に遡及して保護が開始される場合があります。『生活保護手帳2016年度版』（問第10の2　申請時期の遡及適用）383頁
124) 介護扶助も同様の考え方です（法34条の2第3項）。
125)「生活保護法による医療扶助運営要領について」（昭和36年9月30日社発第727号社会局長通知）。『生活保護手帳2016年度版』409頁
126) 小山『生活保護法の解釈と運用（改訂増補）』309頁

甲市か乙市のいずれかによって保護は行われることとなります。

　このように，急迫事由，急迫状況の場面によって要保護性の有無は異なると考えられ，整理すると次の表のようになります。この表を見ますと，法4条3項の急迫性の問題が重要であることが分かります。

【急迫事由，急迫状況の場面とその扱い】

	急迫事由，急迫状況の想定場面	要保護性の議論	条文
設例1	保有を容認できない資産を有している，稼働能力の不活用	法4条1項の保護要件に抵触	法4条3項「急迫した事由」
設例2	要保護性はあるが保護受給（申請）を拒む	法4条1項の保護要件はある	法7条「急迫した状況」 法25条1項「急迫した状況」 法25条3項「急迫した事由」
設例3	要保護性はあるが保護申請ができない	法4条1項の保護要件はある	法7条 法25条1項・3項
設例4	指定医療機関（指定介護機関）以外での給付	法4条1項の保護要件はある	法34条5項「急迫した事情その他やむを得ない事情」 （法34条の2第3項で準用）
設例5	本来の実施機関とは異なる実施機関で保護受給の必要	法4条1項の保護要件はある	法19条2項「急迫した状況にあるときは，その急迫した事由が止むまで」
設例6	福祉事務所を設置しない町村が保護を行う必要	法4条1項の保護要件はある	法19条6項「特に急迫した事由」

第3編

生活保護行政の課題

第1章　申請保護の原則

> （申請保護の原則）
> 法7条　保護は，要保護者，その扶養義務者又はその他の同居の親族の申請に基いて開始するものとする。但し，要保護者が急迫した状況にあるときは，保護の申請がなくても，必要な保護を行うことができる。

第1　申請主義

　国民は憲法25条により健康で文化的な最低限度の生活が保障されていることから，その生活が維持できないときに国に対して保護を請求する権利があり，申請主義[1]とはその発動形式であるとされています。

　その要点は，第1に保護は職権によらず申請に基づいて開始することが原則であり，第2に申請権者の範囲は，要保護者，扶養義務者，同居の親族であること，第3に要保護者が急迫した状況にあるにもかかわらず申請しないときは，職権による保護が行われるということです[2]。

　小山は申請保護は新法を特徴づける制度運営上の原則となるに至ったと，次のように述べています。

　「我が国の公的扶助制度は，明治7年の恤救規則以来旧法に至る迄終始一貫職権保護の建前をとってきた。たとえ手続上申請なるものが行われても，それは飽く迄便宜上の問題であって，法律上の問題としては，申請に基いて行われるのではなく，職権に基いて行われるのである。しかるに新法においては国民に保護請求権のあることが明らかにされるに至ったから，申請

[1) 　法7条は「申請保護の原則」とされていますが，小山進次郎の説明では「申請主義」とされています（小山『生活保護法の解釈と運用（改訂増補）』162頁）。木村忠二郎も法7条を申請主義の原則と述べており（木村忠二郎『生活保護法の解説』（時事通信社，第2次改訂版，1958年）129頁），同義と考えてよいように思います。
2) 　小山『生活保護法の解釈と運用（改訂増補）』162頁

は単なる便宜的手段からこの権利を行使するための法律的手段に高められるに至ったのである。」3)

そこで、申請主義がどのような経過で設けられるようになったか、旧生活保護法から検討をしたいと思います。

第2　旧生活保護と現行法の保護請求権

旧生活保護法（以下、「旧法」という。）は1946（昭和21）年に施行され、現行生活保護法の施行により廃止されました。旧法の1条は「この法律は、生活の保護を要する状態にある者の生活を、国が差別的又は優先的な取扱をなすことなく平等に保護して、社会の福祉を増進することを目的とする。」としており、要保護者を国が保護する責任が明記されていましたが、「保護を要する状態にある者」が保護を受ける権利は認められていませんでした。

当時の帝国議会での法案提案資料では、次の問答を設けています。

「問　生活を保護することを要する状態にある者については国は当然本法の保護をなさなければならないか。

　　そのやうな状態にある者は本法の保護を受ける権利はあるか。

　答　国民の保護と云う国家存在の根本的目的から考へましても、国は生活の保護を要する状態にある者を放置することは許されませんから、当然その保護をなさなければなりません。

　　ただ、そのやうな状態にある者に保護を受ける権利を認めることは、国民の自立心涵養の見地から不適当と認められますので、本法においては権利としての規定は設けてをりません。」4)

また、1949（昭和24）年2月5日に愛知県知事が生活保護を要する者は生活保護法による保護請求権があるのかという疑義照会を厚生省に出したところ、厚生省社会局長の回答は次のように保護請求権を否定しています。

3）　小山『生活保護法の解釈と運用（改訂増補）』160頁
4）　第90回帝国議会・生活保護法案第1条関係質疑応答

「生活保護の疑義の関する件」要旨

生活保護法の疑義に関する件

標記の件に関し，別紙甲号愛知県知事の照会に対し，別紙乙号の通り回答したので御了知ありたい。

(別紙甲号) 生活保護法の疑義についての照会
(昭和24年2月5日　社会第79号
厚生省社会局長宛　愛知県知事照会)

生活保護法は，生活の保護を要する状態にある者の生活を，国の責任に於て保護すべきことは，同法第1条により明らかなところであり，又適正な保護をなすためには要保護者が保護に対する異議ある場合には，夫々の救済機関（民生委員，市町村長，地方事務所長，知事）に異議の申立を為さしめて万全を期しているが，これに関して左記の点についていささか疑義があり，又本件については愛知県軍政部厚生課長よりも至急本疑義を解明するようにとの指示もありますので，右御含みのうえ至急御回答を御願い致します。なお，本件とは別に要保護者に異議の申立を周知せしめるため別紙事項を要保護者に対し書類をもつて配付して差支えなきや。

記

（一）　生活の保護を要する状態にある者は，生活保護法により保護を請求する権利を有するか。

　　もし有すれば，右の者が保護の申請が却下せられた場合，又は現に受けている保護に対し，異議の申立を保護救済機関に対し為した場合に不当に却下せられた場合には，裁判上如何なる機関に対し，如何なる法的根拠により手続をなして保護せられるか。

（二）　保護を請求する権利は，法律上認められていなく，要保護者は単に保護を受ける資格を有する過ぎないとすれば，本法と憲法第25条との関係は，如何なる関係にあるか。

(別紙) 省略

生活保護法の疑義に関する件

(昭和24年3月1日　社乙発第55号
愛知県知事宛　厚生省社会局長回答)

　2月5日付社会第79号を以て照会の標記の件は，現行法の条文上夫々左記の如く解すべきものと存ずる。

　なお，之が理由として本省に於ける見解の大略を別紙に「参考」として附する。

記

一　照会の一の件については，保護を請求する権利を有しないと解すべきであり，(理由，別紙「参考」の第2項参照のこと) 従つて，裁判上これを争うべき法的根拠もないものであること (理由・省略)。

二　二の件については，本法は憲法第25条の生存権保障の規定を受けて，これを具体的に立法化したものではあるが，憲法第25条の権利は，請求権を伴う権利であるとは認められ難いから，本法による保護を請求する権利は法律上認められないと解しても憲法第25条との間に矛盾は存在しないこと (理由・省略)。

(以下略)

　このように旧法では国民の保護請求権は認められないという考えの下に実施されていました。この旧法の考え方を否定し，国民に保護請求権を認めたものが現行法なのです。生活保護法が現行法に改正された直後に，厚生事務次官依命通知「生活保護法の施行に関する件」が知事あてに出され，そこでは明確に保護請求権が確認され，次のように述べています。

生活保護法の施行に関する件

（昭和25年5月20日発社第46号）
（各都道府県知事あて厚生事務次官通知）

「第1　法律改正の趣旨
1　旧法は，救護法における所謂慈恵的な救貧思想を一応脱却していたのであるが，未だ完全に救貧法的色彩を拭払し得るに至らず，殊に憲法第25条に規定されている生存権保障の精神が未だ法文上明確となつていなかつたので，新法においては，国が国民の最低生活を保障する建前を明確にするため，保護を受ける者の法的地位を確立し，保護機関等の職責権限と要保護者の権利との法的関係とを明瞭化するとともに，保護に関する不服申立制度によって，要保護者が正当なる保護の実施を主張し得る法的根拠を規定したこと。」

「第3　保護の原則に関する事項
1　新法においては，生活に困窮する国民に対して保護の請求権を認めたことに対応して，保護は申請に基いて開始することの建前を明らかにしたのであるが，これは決して保護の実施機関を受動的，消極的な立場に置くものではないから，保護の実施に関与する者は，常にその区域内に居住する者の生活状態に細心の注意を払い，急迫の事情のあると否とにかかわらず，保護の漏れることのないようこれが取扱については特に遺憾のないよう配慮すること。」

　申請主義とは戦前の救護法以来，旧法に残っていた生活保護受給を国からの「お恵み」「施し」と考える慈恵思想を脱却し，国民が権利としての生活保護を請求する権利のことなのです。したがって，生活保護は国民の権利であり国からの恩恵ではないことから，行政（福祉事務所）は生活保護の申請をどのような理由であれ拒むことはできません。
　つまり，要保護性がないと考えられる人が生活保護申請を希望したときにも申請は拒めず，福祉事務所は保護申請を受理した上で調査を行い却下する

ことになります。

　また，申請主義とは保護請求権であることとともに法7条ただし書の職権保護が規定されていることから，要保護者からの申請がないと行政は保護を開始できないという意味でもありません。

第3　申請できる者

　法7条は申請できる者を，要保護者，その扶養義務者，その他の同居の親族としています。「その他の同居の親族」とは，要保護者と同居している親族で扶養義務者（民法877条）でない者を指し，生計を同一にしていない者も含まれます[5]。

　要保護者以外にも申請権があるとされたのは，要保護者の中には保護請求権を行使することが困難な場合が考えられるからです。一方で，友人・知人まで広げなかったのは保護請求権が一身専属権であるからとされています[6]。

　しかし，要保護者の知人等が保護申請に来所した場合，法的に申請権はないものの，保護の対象とされる人に何らかの生活上の問題が発生し，要保護性の可能性があり得ますから，調査した上で要保護者に対しては保護申請の助言や支援，場合によっては急迫保護による職権による保護を適用する必要があります。

　それでは，代理人は保護申請ができるのでしょうか。生活保護行政では，法制定時より保護申請は代理に親しまないものと否定し[7]，現在の厚生労働省も代理による保護の申請を否定しています。

---

[5]　『第7回　国会生活保護法案説明資料』「七　生活保護法案逐条説明」28頁
[6]　小山『生活保護法の解釈と運用（改訂増補）』163頁
[7]　小山『生活保護法の解釈と運用（改訂増補）』164頁

第1章 申請保護の原則／第3 申請できる者

別冊問答集
問9－2 代理人による保護の申請
(問) 代理人による保護の申請は認められるか。
(答) 民法における代理とは，代理人が，代理権の範囲で，代理人自身の判断でいかなる法律行為をするかを決め，意思表示を行うものとされている。これに対して生活保護の申請は，本人の意思に基づくものであることを大原則としている。このことは，仮に要保護状態にあったとしても生活保護の申請をするか，しないかの判断を行うのはあくまで本人であるということを意味しており，代理人が判断すべきものではない。また，要保護者本人に十分な意思能力がない場合にあって，急迫した状況にあると認められる場合には法第25条の規定により，実施機関は職権をもって保護の種類，程度及び方法を決定し，保護を開始しなくてはならないこととなっている。

以上のことから代理人による保護申請はなじまないものと解することができる。

なお，本人が自らの意思で記載した申請書を代理人が持参した場合については，これは代理ではなく，使者として捉えるべきであり，そこで行われた申請は有効となるので留意が必要である。
＊ 法第7条　申請保護の原則
＊ 法第25条　職権による保護の開始及び変更

　確かに貧困ビジネス等が，要保護者を騙したり脅かしたりして代理人となる場合もあり得ることから，代理を認めることが本人の不利益となる場合もあります。それでは弁護士が代理人となることについてはどうなのでしょうか。

　日本弁護士連合会は，2009（平成21）年6月18日に上記の『生活保護手帳別冊問答集』問9－2について，「代理人による生活保護申請はなじまない」とする厚生労働省の問答の削除を求める意見書を出しています。そこでは「弁護士法第3条は，弁護士の職務として『弁護士は，当事者その他関係人の依頼又は官公署の委嘱によって，訴訟事件，非訟事件及び審査請求，異

議申立て，再審査請求等行政庁に対する不服申立事件に関する行為その他一般の法律事務を行うことを職務とする』と規定している。弁護士は，あらゆる分野の法律事務を代理して行うことを職務とするのであり，生活保護申請などの行政手続に関する法律事務についても，当然に代理することができる。」と主張しています。

　福祉事務所のケースワーカーとしては厚生労働省と弁護士会との「板挟み」となりますが，弁護士が代理人として保護申請をしたとしても，本人に対しての調査は必要ですから，その際に本人の意思を確認することもでき，あえて弁護士の代理を拒む理由はないように思われます。

　むしろ，弁護士に限らず支援者，知人等が本人の貧困状況を心配して福祉事務所に連絡・相談をしているにもかかわらず，本人が保護受給を拒む場合が問題となります。

　このような場合は要保護状態であるならば，ケースワーカーは保護を拒む理由を丁寧に聴取した上で，本人に生活保護制度を説明し，保護受給へ向けて支援を行う必要があると思われます。また，本人が保護受給を納得できるように，弁護士や支援者にも協力を求めてもよいのではないでしょうか。

第4　法24条申請による保護の開始

　保護申請があったときに，福祉事務所の具体的な事務処理手続や職務上の義務を明確に定め，その迅速・確実な処理と福祉事務所の恣意的裁量にならないように規定された条文が法24条です[8]。

　この法24条は法改正があり，2014（平成26）年7月より施行されています。その改正に当たっては，法7条による国民の保護請求権が損なわれるのではないか，という議論が生じました。

8）　小山『生活保護法の解釈と運用（改訂増補）』390頁

第5　保護の申請は「非要式行為」

> 法24条　保護の開始を申請する者は，厚生労働省令で定めるところにより，次に掲げる事項を記載した申請書を保護の実施機関に提出しなければならない。ただし，当該申請書を作成することができない特別の事情があるときは，この限りでない。
> 一　要保護者の氏名及び住所又は居所
> 二　申請者が要保護者と異なるときは，申請者の氏名及び住所又は居所並びに要保護者との関係
> 三　保護を受けようとする理由
> 四　要保護者の資産及び収入の状況（生業若しくは就労又は求職活動の状況，扶養義務者の扶養の状況及び他の法律に定める扶助の状況を含む。以下同じ。）
> 五　その他要保護者の保護の要否，種類，程度及び方法を決定するために必要な事項として厚生労働省令で定める事項
> 2　前項の申請書には，要保護者の保護の要否，種類，程度及び方法を決定するために必要な書類として厚生労働省令で定める書類を添付しなければならない。ただし，当該書類を添付することができない特別の事情があるときは，この限りでない。
> （3項〜10項・省略）

　法24条1項や2項の文言からは，定められた書類に様々なことを記載したり，定められた書類を添付しないと保護の申請ができないかのような理解が生じます。この点が今回の法改正で大きな議論となった箇所の1つでした。

　保護の申請が「要式行為」なのか「非要式行為」なのかという問題となります。要式行為とは一定の方式を必要とする法律行為であり，保護申請を要式行為とすると，決められた保護申請書に決められた事項を記入し，決められた資料を添付しないと保護申請ができないことになります。すると，国民の権利行使（保護の申請）に大きな条件や負担が伴うこととなります。

1950(昭和25)年に、現行法ができたときの説明では、次のように述べられていました。

「申請は要式行為か。この法律の何処にもこれを要求する条項はないし、且つ、法律の趣旨からみても非要式行為と解すべきであろう。」[9]「申請は要式行為ではないから、申請書の記載が整理されていなくても所要の事項が尽くされて居れば、たとえそれが手紙の形を採っていても(このような場合にはその手紙に記載された事項の中から申請書の必要的記載事項を要約して作成しその旨明示しておけばよい)、申請として受理すべきである。」[10]

申請が要式行為か否かに関わる問題として、2014(平成26)年の法改正直前の『生活保護手帳　別冊問答集2013』に「問9－1　口頭による保護の申請」があり、そこでは「生活保護の開始申請は、必ず定められた方法により行わなくてはならないというような様式行為ではなく、非要式行為であると解すべきであるとされている。」と述べられています。

法24条についての法改正の厚生労働省の説明では、この従来の考え方に変更はないとして、保護の開始申請は非要式行為であり、改正法によってもその運用は変えないとされています。『生活保護手帳　別冊問答集2016』の「問9－1　口頭による保護の申請」でも、法改正以前と同様に非要式行為であると明記されています。

厚生労働省保護課による改正法の逐条解説でも、保護の開始申請は非要式行為であり、事情がある場合には口頭による申請も認められており、法改正によってもその運用を変えることはないと明記されています。

重要な問題ですので、次に掲載をしておきます。

---

9) 小山『生活保護法の解釈と運用(改訂増補)』164頁
10) 小山『生活保護法の解釈と運用(改訂増補)』166頁

第1章 申請保護の原則／第5 保護の申請は「非要式行為」

　改正法の逐条解説
第24条第1項・第2項
（保護の開始の申請）
（申請による保護の開始及び変更）
第24条　保護の開始を申請する者は，厚生労働省令で定めるところにより（※1），次に掲げる事項を記載した申請書を保護の実施機関に提出しなければならない（※2）。ただし，当該申請書を作成することができない特別の事情があるときは，この限りでない（※3）。
　一　要保護者の氏名及び住所又は居所
　二　申請者が要保護者と異なるときは，申請者の氏名及び住所又は居所並びに要保護者との関係
　三　保護を受けようとする理由
　四　要保護者の資産及び収入の状況（生業若しくは就労又は求職活動の状況，扶養義務者の扶養の状況及び他の法律に定める扶助の状況を含む。以下同じ。）
　五　その他保護者の保護の要否，種類，程度及び方法を決定するために必要な事項として厚生労働省令で定める事項（※4）
2　前項の申請書には，要保護者の保護の要否，種類，程度及び方法を決定するために必要な書類として厚生労働省令で定める書類（※5）を添付しなければならない（※6）。ただし，当該書類を添付することができない特別の事情があるときは，この限りでない（※7）。

【趣旨】
　法では，保護は申請保護の原則を採っているが（法第7条），これまで，申請から決定までの手続について定める法第24条には，具体的な申請手続について定めていなかったところである。
　改正法では，法第29条に基づく福祉事務所の調査権限を拡大する見通しを行ったが，当該規定が，法第24条の保護の要否等の決定のための事実確認を担保する趣旨の規定であることを踏まえれば，申請時の確認事項についても法律上明確に位置づける必要があるという，法制的な整合性を図る観点から，法第24条についても見直しを行い，保護の開始等の申請に当たっての申請書の提出等に係る手続を規定することとしたものである。

221

第3編　生活保護行政の課題

　これまでも，生活保護法施行規則（昭和25年厚生労働省令第21号。以下「規則」という。）において，保護の開始の申請は書面を提出して行うことについて規定していたところであり，また，運用上，資産や収入の状況を記した書面についても従来から提出を求めており，改正法では，これを法律に位置づけたものであり，従来の運用を変えるものではないことに留意が必要である。

　保護の開始の申請については，非要式行為（要式行為とは，一定の方式にしたがって行わないと不成立または無効とされる法律行為をいう。）であり，現行においても，書面を提出して行うことが基本とされている一方で，事情がある方については，口頭による申請も認められており，改正法によってその運用を変えることはない。また，書面の提出は，申請から保護決定までの間に行えばよいという運用も変えるものではない。この点については，第183回通常国会における衆議院厚生労働委員会での審議において，よりその趣旨を明確とするよう修正いただいたものであり，臨時国会への再提出に当たっては，当該修正の趣旨を真摯に受け止め，これを反映させた形とした。

【解釈】
　（注）左記の番号は，条文中に付した番号に対応する。
　※1　保護の開始の申請は，保護の開始を申請する者の居住地又は現在地の保護の実施機関に対して行うものとする（規則第1条第1項）。
　※2　申請書の提出は，保護決定までの間に行えばよいという運用は変わるものではない。なお，保護の申請については非要式行為であり，申請がどのような形式であっても，また申請書の記載が整理されていなくとも，受理すべきものである。保護の実施機関は，申請者が申請する意思を表明しているときは，これを拒んではならず，その申請が速やかに行われるよう，必要な援助を行わなければならないことを規則第1条第2項に規定した。これは，改正法に係る国会審議において，申請の意思が明確にされたにもかかわらず申請書が交付されない場合が，「申請書を作成することができない特別な事情」に含まれるか否かという質問が多くなされたこと等を踏まえ，本来，申請の意思が明確にされた場合にこれを拒むことはあってはならないことであり，改めて厚生労働省令において明記したものである。

※3　これまでも「生活保護問答集について」（平成21年3月31日厚生労働省社会・援護局保護課長事務連絡）において示していたところであるが，申請者の状況から書面での提出が困難である場合には，口頭による申請も認められるものである。このような場合にあっては，本人に代わって必要な事項を記載し，本人に読みきかせた上でその書面に記名押印させこれを受理すべきものである。この「特別な事情」の具体的な内容について，規則等で明確に規定することも検討されたのであるが，パブリックコメント等により，規定された内容しか認められなくなるなど，運用がかえって限定的となる等の意見が多数寄せられたことを踏まえ，明記しないこととした。なお，保護の開始の申請については，これまでにおいても，書面を提出して行うことを基本とし，事情がある方について，口頭による申請を認めているものである。

※4　要保護者の性別及び生年月日，その他必要な事項がこれにあたる（規則第1条第3項）。

※5　現時点において，規定している事項はない。法第29条に基づく調査に係る同意書については，そもそも法第29条に基づく調査自体が法律の規定上義務とはしていないことを踏まえ，申請書に必ず添付しなければならない書類としては規定しなかったものである。しかしながら，福祉事務所においては基本的に調査を行っており，同意書の提出がなされなければ，保護の決定及び実施に際して必要な情報が得られず，適切な保護の決定が困難となり，結果的に申請を却下せざるを得ないこととなる。このため，基本的には同意書を提出していただく必要はある。なお，この同意書については，規則第1第6項に基づき提出を求めることができる書類である。

※6　速やかな保護決定のためには，できる限り早期に要否の判定に必要となる資料を提出していただくことが望ましいが，書面等の提出は申請から保護決定までの間でも構わない。

※7　特別の事情とは，隠匿等の意図もなく，書類を紛失した等の場合がこれにあたる。

【参考】
生活保護法施行規則（昭和25年厚生省令第21号）（抄）
（申請）
第一条　生活保護法（昭和25年法律第144号。以下「法」という。）第24条第一項（同条第9項において準用する場合を含む。次項において同じ。）の規定による保護の開始の申請は，保護の開始を申請する者（以下「申請者」という。）の居住地又は現在地の保護の実施機関に対して行うものとする。

2　保護の実施機関は，法第24条第1項の規定による保護の開始の申請について，申請者が申請する意思を表明しているときは，当該申請が速やかに行われるよう必要な援助を行わなければならない。

3　法第24条第1項第5号（同条第9項において準用する場合を含む。）の厚生労働省令で定める事項は，次の各号に掲げる事項とする。
　一　要保護者の性別及び生年月日
　二　その他必要な事項

4　法第15条の2第1項に規定するところの介護扶助（同条第2項に規定する居宅介護又は同条第5項に規定する介護予防に限る。）を申請する者は，法第15条の2第3項に規定する居宅介護支援計画又は同条第6項に規定する介護予防支援計画の写しを添付しなければならない。ただし，介護保険法（平成9年法律第123号）第9条各号のいずれにも該当しない者であつて保護を要するものが介護扶助の申請を行う場合は，この限りでない。

5　法第18条第2項に規定する葬祭扶助を申請する者は，次に掲げる事項を記載した申請書を保護の実施機関（法第18条第2項第2号に掲げる場合にあつては，当該死者の生前の居住地又は現在地の保護の実施機関）に提出しなければならない。ただし，当該申請書を作成することができない特別の事情があるときは，この限りではない。
　一　申請者の氏名及び住所又は居所
　二　死者の氏名，生年月日，死亡の年月日，死亡時の住所又は居所及び葬祭を行う者との関係
　三　葬祭を行うために必要とする金額
　四　法第18条第2項第2号の場合においては，遺留の金品の状況

第1章 申請保護の原則／第5 保護の申請は「非要式行為」

> 6 保護の実施機関は，第4項又は前項に規定する書類又は申請書のほか，保護の決定に必要な書類の提出を求めることができる。
>
> 厚生労働省社会・援護局保護課「連載 第1回 改正生活保護法逐条解説 法改正の背景と経過 第24条第1項・第2項（保護の開始の申請）」『生活と福祉』
> 全国社会福祉協議会 701号24〜25頁（2014年）より転載

この問題は国民の保護請求権の問題として重要であるとともに，実際に保護申請ができないことで不測の事態が生じることがあってはならないことから，厚生労働省も申請時の対応については，再三，次のように説明を行っています。

保護手帳 保護の開始申請等 局第9－1

第9 保護の開始申請等
1 保護の相談における開始申請の取扱い
　生活保護の相談があった場合には，相談者の状況を把握したうえで，他法他施策の活用等についての助言を適切に行うとともに生活保護制度の仕組みについて十分な説明を行い，保護申請の意思を確認すること。
　また，保護申請の意思が確認された者に対しては，速やかに保護申請書を交付し，申請手続きについての助言を行うとともに，保護の要否判定に必要となる資料は，極力速やかに提出するよう求めること。
　なお，申請者が申請書及び同意書の書面での提出が困難である場合には，申請者の口頭によって必要事項に関する陳述を聴取し，書面に記載したうえで，その内容を本人に説明し署名捺印を求めるなど，申請があったことを明らかにするための対応を行うこと。

第3編　生活保護行政の課題

社会・援護局関係主管課長会議資料
（平成28年3月3日・資料2　保護課(11頁)）

第1　生活保護制度の適正な実施について
1　面接時の適切な対応について

　福祉事務所に生活の相談で来所した方への対応については，保護の実施要領等により示しており，また，生活保護法の一部を改正する法律（平成25年法律第104号。以下「改正生活保護法」という。）により申請時の手続等を法律に規定したところである。これまでも周知してきているとおり，保護の申請時において必ずしも申請書の記載事項のすべてが記入されている必要はなく，添付書類の提出を含めて，保護決定前に記入・提出がなされることで差し支えないこと，事情がある方には口頭申請が認められていることについては，従前からの運用を変更するものではない。

　面接時の適切な対応としては，相談者の状況を把握した上で，他法他施策の活用等についての適切な助言とともに，生活保護制度の仕組みについて十分な説明を行い，保護申請の意思を確認し，意思が確認された者に対しては，速やかに保護申請書を交付するとともに申請手続の助言を行う必要がある。このため，保護の申請書類が整っていないことをもって申請を受け付けない等，法律上認められた保護の申請権を侵害しないことはもとより，侵害していると疑われるような行為も厳に慎むべきであることに留意願いたい。また，相談の際には，手持ち金及び預貯金の保有状況，家賃，水道・電気等のライフラインに係る滞納状況等，急迫状況をはじめとする生活状況の確認は的確に行われているか等に留意すること。加えて，生活困窮者に関する情報が福祉事務所の窓口につながるよう，生活保護制度の周知を図るとともに，民生委員及び各種相談員，生活困窮者自立相談支援事業，保健福祉関係部局，水道・電気等の事業者等との連絡・連携体制をとるよう留意すること。

　そのほか，相談段階における扶養義務者の状況の確認について，扶養義務者と相談してからでないと申請を受け付けない，扶養が保護の要件であるかのごとく説明を行う，といったことがないよう徹底されたい。

　さらに，従前より「生活保護法施行事務監査の実施について」（平成12年10月25日社援第2393号厚生省社会・援護局長通知）において，生活保護法（昭

和25年法律第144号。以下「法」という。）第23条第１項に基づく生活保護法施行事務監査の実施要綱を定め，都道府県及び指定都市が監査を実施する際には，福祉事務所が要保護者に対して①保護申請の意思を確認しているか，②申請の意思が表明された者に対しては，事前に関係書類の提出を求めることなく，申請書を交付しているか等を確認し，不適切な事例があった場合には是正改善指導を行うこととしている。
　<u>上記趣旨を踏まえ，面接相談時における適切な窓口対応が行われるよう，引き続き福祉事務所に対し必要な指導を行っていただきたい。</u>
　なお，過去に福祉事務所が使用する扶養照会書等に，扶養義務の履行が保護を受けるための要件であると誤認させるおそれのある表現がされている事案が判明したことを踏まえ，<u>管内福祉事務所が使用している各種様式等について，不適切な表現がないか，という観点で点検いただくよう改めてお願いする。</u>

指導監査においても次のように申請段階で要保護者の申請権の侵害がされていないかに重点が置かれています。

社会・援護局関係主管課長会議資料
（平成28年３月３日・資料３　保護課自立推進・指導監査室）

「(1)　面接相談について
　監査において，保護の申請に至らなかった面接記録票を抽出して検討しているが，これらの面接記録票に記載されている内容が乏しいため，相談者の申請意思や急迫状況，相談者からの相談内容やそれに対する助言内容，申請に至らなかった経緯などを十分に確認することができない状況が認められるところである。」（６頁）

　　　（別紙）生活保護法施行事務監査事項（案）
主眼事項
１　保護の適正実施の推進

> （1） 保護の相談，申請，開始段階における助言，指導及び調査の徹底
> 着眼点
> 1　面接相談時等における適切な対応と事務処理
> 「（6） 相談者に対し，「居住地がなければ保護申請できない」，「稼働年齢層は保護申請できない」，「自動車や不動産を処分しなければ申請できない」等の誤った説明を行ったり，扶養が保護の要件であるかのように説明するなど，保護の申請権を侵害するような行為及び申請権を侵害していると疑われるような行為は厳に慎んでいるか。
> （7） 相談者に対しては，保護申請の意思を確認しているか。申請の意思が表明された者に対しては，保護申請に当たって事前に関係書類の提出を求めることなく，申請書を交付し，申請手続についての助言は，適切にされているか。
> （8） 申請書及び同意書を書面で提出することが困難な申請者に対しては，口頭申請など申請があったことを明らかにするための対応が執られているか。」

　このように，申請主義とは国民の保護請求権ですから申請意思があれば直ちに申請書を交付し受理することはもちろん，事情により申請書の提出がない場合でも口頭を含めた申請の意思表示があれば，申請があったとされることに注意が必要です。
　このことについて東京都は次のように整理しています。ここでは来所者が直ちに保護申請書の提出を求めた場合，書類が不足の場合，電話や郵送による申請の場合などについても，いずれも保護請求権の観点から有効であることが示されています。

第9 保護決定上の指導指示及び検診命令

（問9－1） 保護の申請受理の時期（平成27年度修正版）

1 生活に困窮しているとして相談に来所した者が，すぐに保護申請書を提出したいと申し出た。この場合，直ちに保護申請書を渡して保護の申請を受理しなければならないか。

2 上記1の事例において，相談に応じている中で，生活保護の適用を検討する必要が生じてきた。しかし，相談者は，資産，収入等を明らかにできる書類を何一つ持ってきてはおらず，要保護性の確認が不十分と判断されたため，日を改めて必要な書類を再度持ってくるように指導しようとしたところ，「保護の申請だけは今日のうちにしておきたい。」との申し出があった。

　このような場合には，即日，申請書を受理すべきであるか。

1 生活保護の申請は，国民の権利である。したがって，相談者の保護申請の意思を確認したときは，保護申請書（書式）を交付し，申請を受け付けなければならない。ただし，相談を受ける時は，生活保護制度の仕組みを説明し，要保護者の理解を得ることが重要である。つまり，保護申請後には，資産・収入状況等受給要件の調査把握とその確認が行われること，また，生活保護を受けることになった場合の被保護者の権利及び義務等について，相談及び申請の段階で周知しておく必要がある。開始時調査を円滑に進め，また制度の説明不足から生じるトラブルを避けるために，相談及び申請段階での十分な説明が欠かせない。「福祉事務所に生活保護の適用を求めて相談に行ったが，なかなか申請書を渡してくれなかった。」というような誤解を相談者に与えないように配慮した上で，制度の説明を行う必要がある。

　また，相談者が実施機関の担当者の説明や助言指導に対して納得せず，これと異なる見解を主張したとしても，これを理由として生活保護申請書を交付せず，保護の申請を受理しないことは，保護申請時の助言指導として許容される範囲を逸脱するものである。

　特に，扶養援助については，要保護世帯の収入資産調査と異なり，保護受給するにあたっての前提要件ではない。保護が開始された後に，被保護

世帯の理解を得ながら実際に扶養の期待可能性がある親族への扶養調査を検討することとしても，扶養についての要件確認は十分可能である。

　生活保護の相談・申請のために福祉事務所を訪れる人は，経済的な困窮に加えて，さまざまな精神的な悩み，生活上の問題を抱えていることが多く，こうした相談者の置かれている状況を理解し，懇切丁寧な対応が望まれるところである。

　なお，保護の相談段階では，申請者は被保護者ではないため，福祉事務所は法第27条による指導・指示はできない。また，法第28条による検診命令や扶養義務調査を行うことはできず，法第27条の2による助言・援助を行うのみである。この助言・援助は行政手続法にいう「行政指導」には当たらないものとして整理されている。

2　本設問は，相談者が資産，収入等を明らかにできる書類を何一つ持って来ていないため，明確な申請意思がありながらも，保護決定に伴う調査に必要な書類を直ちに添付することができない場合である。

　保護申請は申請書の提出によって成立し，添付書類の同時提出は申請の必須要件ではない。添付書類が整わないことを以って，申請書を受理しない行為は申請権の侵害にあたる。

　事例の場合，福祉事務所としては，提出された保護申請書は即日受け付けすると同時に，申請者に対して，速やかに必要な書類を提出するよう求めるという対応が望まれる。

　その場合，必要な書類の提出に日時を要することも考えられ，結果的に開始又は却下の決定通知が法定期間（14日間）を経過してしまうという事態も想定されるが，その場合には，その間の事情を保護開始（却下）決定通知書の法定期間経過理由として明記する必要がある。

（注）　生活保護法第2条は，すべての国民に対し，保護を請求する権利（保護請求権）を無差別平等に保障している。

　　　行政手続法第7条では，行政庁は，申請がその事務所に到達したときは遅滞なく当該申請の審査を開始しなければならない，と定められている。

(問9－1－2) **保護申請書の書式及び口頭による保護申請について**
（平成27年度修正版）
　保護申請は定められた書式でなければならないのか。また，必ず書面により行わなければならないのか。

　保護申請は，法の規定やその趣旨から，必ず定められた方法により行わなければならないというような要式行為（一定の方式を必要とする法律行為。又，法律が書面の作成を勧奨しているだけのものは要式行為でない。）ではない。このことから，便箋等による保護申請も有効である。したがって，保護申請にあたって提出された書類に必要事項（法第24条第1項に規定する氏名，住所，生年月日等）さえ記載されていれば，たとえそれが定められた申請書によって行われたものでなくても，申請として受理するべきものとなるので留意すること。また，申請書の提出自体も申請の成立要件ではない。このため，申請は必ずしも書面により行わなければならないとするものではなく，申請書を作成することができない特別の事情があるときは，口頭による保護申請も認められる。なお，口頭で保護申請を受けた場合，実施機関としては書面で提出することを求めたり，申請者の状況から書面での申請が困難な場合等には，実施機関側で必要事項を聞き取り書面に記載したうえで，その内容を本人に説明し署名捺印を求めるなど，申請行為があったことを明らかにするための対応を行う必要がある。
　（注）行政手続法第7条によれば，行政庁は，申請書の記載事項に不備がある場合など，形式上の要件に適合しない申請については，速やかに，申請者に対し相当の期間を定めて当該申請の補正を求め，又は当該申請により求められた許認可等を拒否しなければならない，とされている。

別冊問答集　問9－1
相談室（生活と福祉2005年1月）参照

【電話での保護申請及び郵送による保護申請について】（参考）
　電話での保護申請の際に問題となるのは，電話で申請している者が誰なの

第3編　生活保護行政の課題

か，その者が本人であるのかについて確認が必要な点である。この点が明白であれば，申請者本人は保護の申請意思があるからこそ，電話連絡をしてきたのであり，現実に電話による応答で申請の意思表示を行っているならば，有効な保護申請と考えられる。

郵送による保護申請も，郵送の差出人（申請者）が管内に居住しており，本人の意思によって書かれたものであることが確認できるならば，同様に有効な申請と考えられる。

いずれの場合も，申請者に来所による申請書の提出ができない事情があるならば，保護の実施機関は，その理由を確認し，必要に応じて訪問面接を行う等の方法により，改めて本人の申請意思及び困窮状況等を確認する必要がある。

「東京都生活保護運用事例集（平成27年度修正版＜反映版＞）」359～361頁

第6　法定期限

法24条（1項・2項・4項は省略）
3　保護の実施機関は，保護の開始の申請があつたときは，保護の要否，種類，程度及び方法を決定し，申請者に対して書面をもつて，これを通知しなければならない。
5　第3項の通知は，申請のあつた日から14日以内にしなければならない。ただし，扶養義務者の資産及び収入の状況の調査に日時を要する場合その他特別な理由がある場合には，これを30日まで延ばすことができる。

法が法定期間を設定したのは生存権を保障する制度である生活保護は，要保護者に対して迅速に保護を行う必要があるからであり，福祉事務所は法定期間を厳守しなくてはなりません。具体的には保護開始の申請があった日から14日以内に保護の要否，種類，程度及び方法を決定し，申請者に対して決定の理由を付した書面をもって通知をしなくてはならないということに

なります（法24条3項～5項）。ただし，特別な事情がある場合は30日まで延ばすことができますが，その場合は書面にその理由を明示しなくてはなりません（法24条5項ただし書）。

　それでは法24条5項に規定される申請のあった日から14日以内の通知，特別な理由がある場合の30日まで延ばせることの「日数」は，どのように計算をするのでしょうか。

　期間の計算については民法の規定によります[11]。民法140条本文では「日，週，月又は年によって期間を定めたときは，<u>期間の初日は，算入しない</u>。ただし，その期間が午前零時から始まるときは，この限りでない。」（下線は筆者）と規定されています。つまり，申請受理日の初日は計算に入れず翌日から日数計算が始まることになります。

　次に「14日以内」「30日まで」とは，いつまでなのでしょうか。これは民法97条1項の到達主義が適用され，申請者に決定通知が到達した日が「14日以内」，「30日まで」であることが必要になります。ですから，14日以内に決定通知書が申請者の手もとに届くことが原則であり，例外として，30日以内とされているのです。起案日や決裁日，通知書の発送日ではありません。

　法24条6項は，「期間内に第3項の通知をしなかつたときは，同項の書面にその理由を明示しなければならない。」と規定されていますから，14日以内に到達しないときはその遅延理由を通知書に記載しなくてはいけません。

　また，法24条5項は，例外として，「扶養義務者の資産及び収入の状況の調査に日時を要する場合その他特別な理由がある場合」30日まで延ばすことができるとしています。事案によっては，14日以内に調査決定できない場合もあり得ますが，この場合でも30日を超えてはなりません。

　また，「事務多忙のため」「担当職員不在のため」「所長出張のため」など

---

11) 14日以内とは「決定通知書に記載されてある日又は発信の日ではなく，決定通知が申請者に了解し得べき状態にある日を終期とする。即ち期間の計算については本法上別段の規定がないから民法の到達主義による。」としています。期間計算の始期は民法140条本文によります。小山『生活保護法の解釈と運用（改訂増補）』395頁，400頁。

は行政の都合にすぎず特別な理由にはなりません[12]。保護決定が遅れることで要保護者の生活ができなくなるなどがあってはなりませんから，申請者の生活状況と調査期間とのバランスが必要になります。

　この法的期間内の事務処理は行政側の義務ですから，要保護者の困窮程度が著しく，要保護者が「昨日から食事をしていない」「電気やガスが止められ生活できない」等の急迫している場合は，14日に限らず直ちに保護決定を行うことが必要になります。

　また，保護決定は法定期間内に行っても，保護費の支給日は経理上の都合から数週間後に行われるなど，被保護者に最低生活以下の生活を強いることはあってはなりません。この場合は決定後直ちに保護費を支給する必要があります。保護の決定通知が法定期間内に到達すれば福祉事務所の責任が果たせるわけではないことの留意も必要です。

　手持ち金のない被保護者に対して，扶助費の支給を先延ばしすることは法の趣旨・目的を逸脱することになります。

第7　みなし却下

　法24条7項は，「保護の申請をしてから30日以内に第3項の通知がないときは，申請者は，保護の実施機関が申請を却下したものとみなすことができる。」と規定しています。

　いわゆる「みなし却下」といわれるものです。これは生活保護申請を受理したものの，申請がたなざらし状態に置かれた場合，申請者の生存権が害されますから，申請者の権利を守るために，申請者は福祉事務所が申請却下されたものとみなして，審査請求を行えることとしたのです。つまり申請者を救済するための制度なのです。

　仮にこの規定がない場合，法が法定期間を定めていても，福祉事務所から保護決定がされない場合には，行政処分がされていないため審査請求もでき

---

[12] 東京都民生局『福祉事務所執務手引書』（東京都民生局指導部指導第一課，1974年）99頁

ず，宙ぶらりんのまま何ら救済がされず，法定期間を定めた意味が没却され，結局は保護申請の権利が名前ばかりになりかねないからです。

そこで，30日以内に通知が来なければ，却下されたものとみなして審査請求を行うことができ，申請者の権利を守ることとしました。

行政にとって「みなし却下」は法に定められた法定期間内に行う決定が行われていないということですから避けなくてはなりません。仮に保護要件がなければ，却下決定をして却下通知を出すべきなのです。

第8　扶養義務者への通知

法24条8項（扶養義務者への通知）は，2013（平成25）年の法改正で新設されました。扶養義務については様々な問題があり，この条項の新設についても大きな議論となりました。

ここについては，第2編第6章第3を参照してください。

仮に扶養能力があると考えられる扶養義務者がいたとしても，保護申請は受理しなくてはならないことはもちろん，扶養は保護の要件ではないことを押さえておく必要があります。

第9　裁判例

相談申請時の福祉事務所の対応について，争いとなった裁判例を挙げたいと思います。

1　相談申請時の福祉事務所対応の裁判例

生活保護に関する相談をしたのに対し，福祉事務所職員が生活保護開始申請を行わせなかったことについての国家賠償請求が争点となった裁判（大阪地方裁判所平成25年10月31日判決・賃金と社会保障1603・1604号81頁）があります。

ここでは福祉事務所来所者には，生活保護の知識等がない人たちがいる

ことから，そのような人たちに対して福祉事務所は，保護を必要としているか否か，また，保護の開始申請をする意思を有しているか否かを把握し，有している場合には保護の開始申請手続を援助することが職務上求められるものとしました。

 大阪地方裁判所平成25年10月31日（賃金と社会保障1603・1604号81頁）

○岸和田訴訟（生活保護申請却下処分取消等請求事件）
【本件相談の際の被告職員の対応に教示義務違反，申請意思確認義務違反があったか】
保護の実施機関の義務
　「福祉事務所に相談に訪れる者の中には，真に生活に困窮し，保護を必要としている者が当然に含まれているところ，そういった者の中には，受給要件や保護の開始申請の方法等につき正しい知識を有していないため，第三者の援助がなければ保護の開始申請ができない者も多い」
　「保護の実施機関としては，そのような者が保護の対象から漏れることのないよう，相談者の言動，健康状態に十分に注意を払い，必要に応じて相談者に対し適切な質問を行うことによって，その者が保護を必要としている者か否か，また，保護の開始申請をする意思を有しているか否かを把握し，有している場合には保護の開始申請手続を援助することが職務上求められるものといえる。」
　「したがって，保護の実施機関が，相談者の言動等からその者が保護の開始申請をする意思を有していることを把握したにもかかわらず，申請の意思を確認せず，また，相談者に対して現在の生活状況等の質問等をすれば相談者が保護の開始申請をする意思を有していることを容易に推知し得たにもかかわらず，申請の意思を確認せず，その結果，相談者の申請権が侵害されたものといえるときは，保護の実施機関が有する職務上の義務違反が認められ，保護の実施機関が所属する行政主体はこれによって生じた損害について賠償する責任を負うものというべきである。」

2 福祉事務所には生活保護申請権を侵害しない義務があるとされた裁判例

　生活保護実施機関には，生活保護の開始の申請があった際にはこれを審査し，応答する義務があるとともに，相談者の申請権を侵害しない義務があるところ，生活保護の申請に訪れた原告らへの福祉事務所職員の対応に上記各義務違反があったとして，また，生活保護開始決定後も住宅扶助を支給しないなどの職務上の義務違反があったとして，市に対する国家賠償請求が一部認められた事案です[13]。

　この裁判の争点は複数ありますが，ここでは保護申請について紹介いたします。

 さいたま地方裁判所平成25年2月20日（判時2196号88頁）

○三郷事件（国家賠償請求事件）
（1）生活保護実施機関の義務
　生活保護実施機関は，生活保護の開始の申請があったときには保護の要否，種類，程度及び方法を決定し，これを書面で申請者に通知する義務を負う（生保法24条1項。以下「審査・応答義務」という。）。

　また，後記（2）の申請行為が認められないときでも，相談者の申請権を侵害してはならないことは明らかであり，生活保護実施機関は，生活保護制度の説明を受けるため，あるいは，生活保護を受けることを希望して，又は，生活保護の申請をしようとして来所した相談者に対し，要保護性に該当しないことが明らかな場合等でない限り，相談者の受付ないし面接の際の具体的な言動，受付ないし面接により把握した相談者に係る生活状況等から，相談者に生活保護の申請の意思があることを知り，若しくは，具体的に推知し得たのに申請の意思を確認せず，又は，扶養義務者ないし親族から扶養・援助を受けるよう求めなければ申請を受け付けない，あるいは，生活保護を受けることができない等の誤解を与える発言をした結果，申請することができなかったときなど，故意又は過失により申請権を侵害する行為をした場合には，職務上の義務違反として，これによって生じた損害について賠償する責任が

13）判時2196号88頁

認められる。
(2) 申請行為
　生保法は生活保護の開始の申請を書面で行わなければならないとするものではないから，口頭での申請も認められると解すべきである（被告もこの点を争わない。）。

第10　急迫時の保護

第2編第7章を参照してください。

第11　まとめ

　多くの場合，保護申請により生活保護が始まることになりますから，保護申請は非常に重要なものとなります。申請主義は国民が権利として生活保護受給を請求する権利だからこそ法定期間を定め，国民の保護申請権を担保する制度となっています。

　多くの国民は生活が困窮した状況の中で不安な気持ちを持ちつつ福祉事務所に来ます。その気持ちは保護受給ができるかどうか，できなければ生活がどうなるのかという不安な一方で，生活保護受給に対して「恥ずかしい」という気持ちも含まれているように思います。保護受給が権利であることは明らかですが，現在の日本ではこのような生活保護に対し否定的な空気・感情もあるのです。

　ケースワーカーは，そのような気持ちで来所する人たちの気持ちを十分に理解し，生活保護が文字どおり生きていく上で最後の砦であることの自覚をし，生活保護の相談・申請の支援を行う必要があると思います。要保護者を福祉事務所の窓口で追い返すこと等はあってはなりませんが，ケースワーカーはそのつもりでなくとも，住民からそのように思われること自体があってはならないのです。

だからこそ，厚生労働省も次のように述べています。「制度を適切に機能させるためには，本人の申請権を侵害してはならないことはいうまでもなく，申請権が侵害されていると疑われるような行為も厳に慎むべきことに十分留意する必要がある。」[14]

また，次のような保護課長通知も示されており，福祉事務所は保護申請を必ず受理しなければならないのです。

 保護手帳 課第9の問1
〔面接相談時における保護の申請意思の確認〕
問（第9の1） 生活保護の面接相談においては，保護の申請意思はいかなる場合にも確認しなくてはならないのか。
答 相談者の保護の申請意思は，例えば，多額の預貯金を保有していることが確認されるなど生活保護に該当しないことが明らかな場合や，相談者が要保護者の知人であるなど保護の申請権を有していない場合等を除き確認すべきものである。なお，保護に該当しないことが明らかな場合であっても，申請権を有する者から申請の意思が表明された場合には申請書を交付すること。

保護手帳 課第9の問2
〔扶養義務者の状況や援助の可能性についての聴取〕
問（第9の2） 相談段階で扶養義務者の状況や援助の可能性について聴取することは申請権の侵害に当たるか。
答 扶養義務者の状況や援助の可能性について聴取すること自体は申請権の侵害に当たるものではないが，「扶養義務者と相談してからではないと申請を受け付けない」などの対応は申請権の侵害に当たるおそれがある。
　また，相談者に対して扶養が保護の要件であるかのごとく説明を行い，その結果，保護の申請を諦めさせるようなことがあれば，これも申請権の侵害にあたるおそれがあるので留意されたい。

---

14)『生活保護手帳　別冊問答集2016』349頁

|保護手帳| 課第9の問3
〔相談者の困窮状況等を確認するために必要な資料の提出〕

問（第9の3） 相談段階で相談者の困窮の状況等を確認するために必要な資料の提出を求めることは申請権の侵害にあたるか。

答 相談段階で，資産及び収入の状況等が確認できる資料の提出を求めること自体は申請権の侵害に当たるものではない。ただし，「資料が提出されてからでないと申請を受け付けない」などの対応は適切ではない。

　なお，申請段階では，速やかかつ正確な保護の決定を行うために，申請日以降できる限り早期に必要となる資料を提出するよう求めることは認められるが，書面等の提出は申請から保護決定までの間でも差し支えない。これに関し，当該申請者の事情や状況から必要となる資料の提出が困難と認められる場合には，保護の実施機関において調査等を実施し，要件の確認の審査を徹底することが必要となる。

第2章　返還決定（法63条）と自立助長

第1　保護費の返還として法63条と法78条

　生活保護法による保護費の返還には法63条と法78条を根拠にしたものがあります。この法63条と法78条の違いとはどのようなことでしょうか。

　法63条は，条文上「急迫の場合等において資力があるにもかかわらず，保護を受けたとき」とされています。法78条は，条文上「不実の申請その他不正手段により保護を受けたとき」とされ，「不正受給」の保護費の徴収規定となり，この「不正」とは何かが問題となります（詳しくは第3編第3章参照）。

　ここで，法63条と法78条の関係を図にすると次のようになります。法78条は不正受給に対する返還徴収ということで，返還対象は明らかですが，法63条の返還対象には「幅」があることに注意が必要となります。

第2　法63条の適用範囲

> **（費用返還義務）**
> 法63条　被保護者が，急迫の場合等において資力があるにもかかわらず，保護を受けたときは，保護に要する費用を支弁した都道府県又は市町村に対して，すみやかに，その受けた保護金品に相当する金額の範囲内において保護の実施機関の定める額を返還しなければならない。

法63条の適用場面については,「急迫の場合等」とされています。それでは「急迫の場合」「等」とは,どのようものを指すのでしょうか。法制定時の考え方としては,「急迫の場合」とは,急迫状況によって必要と認められる保護をしたときとされ,「等」とは,調査不十分のため誤認し保護したときや,保護の程度の決定を誤って,不当に高額の決定をしたとき,とされていました[15]。

　厚生労働省の現在の考えは「実施機関が,受給者に資力があることを認識しながら扶助費を支給した事後調整規定」としています。また,受給者に不正受給の意図があったことを福祉事務所が立証困難な場合にも法63条が適用されるとしています。

　これは,法63条と法78条の適用要件は理論的には区別されているものの,実務上ではどちらを適用するのかが困難な場合が少なくないからです。そこで,受給者が過少申告や申告を怠ったために扶助費の不当支給(「不正受給」としていないことに注意してください。)が行われた場合の扱いについて『生活保護手帳　別冊問答集』問13－1(次頁参照)が設けられています。

　しかし,この問答は①法63条によることが妥当な場合と,②法78条による場合が妥当な場合とが並列に記載されているため分かりにくくなっています。

　まず,ここでは「受給者に不正受給の意図があったことの立証が困難な場合等については」法63条が適用されることが前提とされていることが重要です。

　その上で「広義の不当受給」について,法63条の適用が妥当な場合として「(a) 受給者に不当に受給しようとする意思がなかったことが立証される場合で届出又は申告がすみやかに行わなかったことについてやむを得ない理由が認められるとき。」とします。このような場合は明らかに不正受給ではないことから法63条が妥当とされます。これは(b)についても同様です。

　次に②法78条による場合が妥当な場合が続きます。この②(a)～(c)の場

---

15) 小山『生活保護法の解釈と運用(改訂増補)』649～650頁

合は，不正受給の意図の立証ができることから法78条によることが妥当とされるのです（法78条の適用については第3編第3章269頁以下を参照）。

つまり，この問答のポイントは②（a）〜（c）場合以外は法78条の適用はされず法63条による処理となるということなのです。ここでも，法63条の適用範囲は広いものとなります。

別冊問答集

受給者に不正受給の意図があったことの立証が困難な場合

問13－1　不当受給に係る保護費の法第63条による返還又は法第78条による徴収の適用

（問）　収入申告が過少であったりあるいは申告を怠ったため扶助費の不当な受給が行われた場合については，法第63条による費用の返還として取り扱う場合と法第78条による徴収として取り扱う場合の二通りが考えられるが，どういう場合に法第63条又は法第78条を適用すべきか，判断の標準を示されたい。

（答）　本来，法第63条は，受給者の作為又は不作為により実施機関が錯誤に陥ったため扶助費の不当な支給が行われた場合に適用される条項ではなく，実施機関が，受給者に資力があることを認識しながら扶助費を支給した場合の事後調整についての規定と解すべきものである。

しかしながら，受給者に不正受給の意図があったことの立証が困難な場合等については返還額についての裁量が可能であることもあって法第63条が適用されているわけである。

広義の不当受給について，法第63条により処理するか，法第78条により処理するかの区分は概ね次のような標準で考えるべきであろう。

① 法第63条によることが妥当な場合
　（a）　受給者に不当に受給しようとする意思がなかったことが立証される場合で届出又は申告をすみやかに行わなかったことについてやむを得ない理由が認められるとき。
　（b）　実施機関及び受給者が予想しなかったような収入があったことが事後になって判明したとき（判明したときに申告していればこれは，む

しろ不当受給と解すべきではない)。
② 法第78条によることが妥当な場合
　(a)　届出又は申告について口頭又は文章による指示をしたにもかかわらずそれに応じなかったとき。
　(b)　届出又は申告に当たり明らかに作為を加えたとき。
　(c)　届出又は申告に当たり特段の作為を加えない場合でも，実施機関又はその職員が届出又は申告の内容等の不審について説明等を求めたにもかかわらずこれに応じず，又は虚偽の説明を行ったようなとき。
　(d)　課税調査等により，当該被保護者が提出した収入申告書又は資産申告書が虚偽であることが判明したとき。

第3　法63条の返還額

1　保護金品に相当する金額の範囲内

　法63条は保護費の費用返還・徴収の規定であり，その返還・徴収額は支給保護費の範囲内とされています。つまり，法63条の返還は，支給済み保護費に相当する額の返還ですから，資力が生じていた期間内の医療扶助を含めた保護費支給相当額の返還となります。

　そこで，法63条の資力がいつから発生したのかにより返還額が決まりますから，資力発生の時期の確定は重要な問題となります。しかし，法63条の費用返還が生じるのは交通事故の保償金や相続，生命保険，年金の遡及受給など幅広く発生します。特に交通事故などでは医療費，慰謝料，後遺障害など様々な内容の補償金が支払われることで，資力の発生時期の確定がいつなのかの混乱が生じがちとなります。

　このため，『生活保護手帳　別冊問答集』では，資力の発生時期について次のように整理がされています。

別冊問答集

問13−6　費用返還と資力の発生時点

(問) 次の場合，法第63条に基づく費用返還請求の対象となる資力の発生時点はいつと考えるべきか。

（1）障害基礎年金等が裁定請求の遅れや障害認定の遅れ等によって遡及して支給されることとなった場合
（2）被保護者が財産を相続することとなったが，相続人が多数のため遺産分割手続に期日を要した場合
（3）自動車事故等の被害により補償金，保険金等を受領した場合
（4）保護開始前の災害等に対する補償金，保険金等を受領した場合
（5）開始時において保有を容認されていた資産（土地等）が保有を否認された場合
（6）離婚訴訟等に伴い慰謝料等を受領した場合

(答)　（1）国民年金法第18条によると，年金給付の支給は「支給すべき事由が生じた日の属する月の翌月から」支給されることとなっているが，被保険者の裁定請求が遅れたり，又は裁定に日時を要した場合には，既往分の年金が一括して支給されることになる。つまり，年金受給権は，裁定請求の有無にかかわらず，年金支給事由が生じた日に当然に発生していたものとされている。したがって，この場合，年金受給権が生じた日から法第63条の返還額決定の対象となる資力が発生したものとして取り扱うこととなる。

　このように，社会保険庁へ裁定請求した日又は裁定があった日を資力の発生時点として取り扱わないので，受給権が発生しているにもかかわらず本人が裁定請求を遅らせる等悪意的要素によって資力の発生時点を変えることはできないこととなる。

　なお，上記により資力の発生時点が保護の開始前となる場合でも，返還額決定の対象を開始時以降の支払月と対応する遡及分の年金額に限定することのないよう留意すること。

（2）　相続は死亡によって開始され，相続人は相続開始の時から被相続人の財産に属した一切の権利義務を承継するもの（民法第882条，第896条）とされており，また，共同相続人は，協議によって遺産の分割をするこ

とができ，その効力は相続開始のときに遡って生ずること（民法第909条）とされている。

したがって，法第63条に基づく費用返還の対象となる資力の発生時点は，被相続人の死亡時と解すべきであり，遺産分割手続により被保護者が相続することとなった財産の額を限度として，被相続人死亡時以降支給された保護費について返還請求の対象とすることとなる。

（3）自動車事故等第三者の加害行為により被害にあった場合，加害行為の発生時点から被害者は損害賠償請求権を有することとなるので，原則として，加害行為の発生時点で資力の発生があったものと取り扱うこととなる。

しかしながら，ここにいう損害賠償請求権は単なる可能性のようなものでは足りず，それが客観的に確実性を有するに至ったと判断される時点とすることが適当である。

自動車事故の場合は，被害者に対して自動車損害賠償保障法により保険金（強制保険）が支払われることが確実なため，事故発生の時点を資力の発生時点としてとらえることになる。

これに対し，公害による被害者の損害賠償請求等の場合は，請求時点では，加害行為の有無等不法行為成立の要件の有無が明らかではなく，事後的にこれに関する判決が確定し，又は和解が成立した時点ではじめて損害賠償請求権が客観的に確実性を有することになるので，交通事故の場合とは資力の発生時点を異にすることになる。

（4）保護開始前の災害等により補償金（損害賠償金を除く。損害賠償金は上記（3）の公害等の場合と同様に取り扱うこととなる。），保険金等が保護開始後に支給された場合は，被災したことが明らかである限り，被災時より補償金請求権，保険金請求権等は客観的に確実性を有するものであることから，保護開始時より資力があるものとして返還額決定の対象となる。

（5）保護開始時において保有が容認された資産（土地等）については，保有が容認されている限りは，法第63条の「資力があるにもかかわらず」の要件に該当しない状態にあると言える。

しかしながら，処分価値が利用価値に比して著しく大きいと認められ

る場合，ケース診断会議において処分指導が適当と認められた場合等，保有を否認された時点以降は，当該資産は活用すべき資産となり，法第63条にいう資力の発生があったものとして取り扱うこととなる。

具体的には，文書により資産保有の否認，処分指導等を通知した時点以降の保護費が返還額決定の対象となる。

なお，要保護世帯向け不動産担保型生活資金を利用した場合の取扱いは課第3の22により別途定められているので留意されたい。

（６）離婚，婚約不履行等に伴う慰謝料の支払いがあった場合，法第63条に基づく返還額決定の対象となる資力の発生は，調停，審判，訴訟等の結果，慰謝料請求権自体が客観的に確実性を有するに至った時点でとらえる必要がある。

したがって，保護開始時点において調停，審判，訴訟等が継続中の場合は，慰謝料請求権が確定した時点から資力が発生することとなるため，その時点以降収入認定をすれば足りることになる。

なお，ここで子供の養育料等の支払がある場合は，扶養義務者による扶養であるので，将来にわたって収入認定をすることになる。扶養義務者による扶養は，法第4条第1項にいう利用し得る資産等には該当せず，生活保護に優先して行われるべきものであるが，そもそも法第63条の返還額決定の対象とはなり得ないのである。

以上，具体的に法第63条の費用返還額の決定における資力の発生時点のとらえ方を説明してきたが，いずれにせよ法第63条の適用に当たっては，上記の事例の他，国民健康保険加入者が医療費を必要とする場合，他法他施策等を活用した場合には高額療養費の自己負担限度額までの借入れで済むものが，生活保護を適用した場合には医療費の全額が返還額決定の対象となること等を説明し，適正な債権管理が行われるように対応する必要があると言えよう。

* 昭和47年12月5日社保第196号社会局保護課長通知「第三者加害行為による補償金，保険金等を受領した場合における生活保護法第63条の適用について」
* **課** 第3－22 要保護世帯向け不動産担保型生活資金の貸付日以前に支給された保護費の取扱い

また，東京都も「法第63条に係る資力の発生時について」という問答を設け項目ごとに解説を述べています。

1　考え方の基本
（1）　生活に充てることができる形（現金あるいは現物）に具体化しない資力（資産）を保有している場合には，保護費用が生活の糧として当該資力（資産）を代替する期間（保護受給期間）の支給済保護費用に相当する額が法第63条返還金の対象となる。
（2）　給付事由（請求事由）が発生したことにより当然に受領できる保険金，年金，補償金，及相続資産等については，当該事由の発生時から資力があるものとみなす。
（3）　事由が発生したことに伴い，訴訟，調停，和解等により確定しなければならないもの（係争の結果を待たなければ資力を得るかどうかが判らないもの）については，確定した時点で資力が発生したものとする。

2　通知の意味
　　法第63条の費用返還については，あらかじめ法第63条の返還義務を文書により通知しておくことが望ましい。通知をしていなくても返還義務が消滅するわけではないが，後日費用の返還を求める際のトラブルを避けるために，事前に被保護者に対して十分な説明を行っておくことが重要である。

3　資力の発生時点
（1）　土地・自動車
　　　①　保護開始時から保有を認められないもの ……………… 保護開始日
　　　②　保護受給中に保有を認められなくなったもの‥保有を認めないとした日
　　　③　保有を認められているものを売却した場合 ……… 売買契約成立日
（2）　年金
　　　①　障害年金 ……………………………………… 支給事由が発生した日
　　　②　特別障害給付金 ………………… 支給の対象となる最初の月の初日
　　　③　その他の年金 ………………………………… 支給事由が発生した日

＊国民年金死亡一時金，未支給年金は，被保険者の死亡日
（３）生命保険
　　①　開始時の解約返戻金 ……………………………………… 保護開始日
　　②　入院給付金 ……………………………………… 給付の対象となる日以降
　　③　死亡給付金 ……………………………………… 給付事由が発生した日
（４）交通事故の補償金
　　①　自動車損害賠償法（強制保険）による保険金（慰謝料を含む）
　　　　○　傷害による損害 ……………………………………… 事故発生日
　　　　○　後遺障害による損害 ………………………………… 障害認定日
　　　　○　死亡による損害 …………………………………………… 死亡日
　　②　慰謝料 …… 確実に支払われると判断された時点（示談成立時日）
　　（注）任意保険からの保険金のうち治療費部分については，福祉事
　　　　　務所が医療扶助として立て替えていた場合は，事故日を資力
　　　　　発生日とする。
（５）災害補償金
　　①　被災による補償金，保険金 ……………………………………… 被災日
　　②　被災による損害賠償金 ……… 判決確定日または和解が成立した日
　　（注）判決の確定とは，判決が通常の不服申立て方法（上訴等）に
　　　　　よっては争うことのできなくなった状態をいう。判決の確定
　　　　　時期は，通常は上訴期間（抗訴，上告，上告受理の申立て）
　　　　　等満了時である。上訴期間満了前でも，上訴権のある当事者
　　　　　が上訴権を放棄したときは，放棄時に確定する。また，上告
　　　　　審（最高裁）判決は，元々上訴等を行えないので，言渡しと
　　　　　同時に確定する。
　　③　労働者災害補償保険法による保険給付‥労災の支給決定がなされ
　　　　　　　　　　　　　　　　　　　　　　　　　　　　　　　　た日
　　（注）労災保険給付のうち，療養給付（医療費）については，福祉事
　　　　　務所が医療扶助として立て替えていた場合は，災害日を資力発
　　　　　生日とする。
（６）離婚に伴う慰謝料等
　　①　慰謝料 ………… 調停，審判，訴訟等により慰謝料等が確定した日

(7) 相続
　① 遺産（法定相続・遺言による相続など）……… 被相続者の死亡日
　② 遺産（特別縁故者への分与）………………… 請求を行った日
(8) 雇用保険
　① 失業給付 ………………………………… 支給対象期間の始期以降
　② 高年齢求職者給付金 ………… 公共職業安定所の指定する認定日
(9) 傷病手当金 ……………………………… 支給対象期間の始期以降
(10) 健康保険
　① 出産一時金 ……………………………………………… 出産日
　② 埋葬費・葬祭費 ………………………………………… 死亡日
(11) 過払利息返還金 …………………………………… 返還決定通知日」
　　　「東京都生活保護運用事例集（平成27年度修正版＜反映版＞）」
　　　（問11－1　法第63条に係る資力の発生時について）399～400頁

　返還金を法63条で処理をするのか収入認定で処理をするのか区分が必要になることがあります。事情によっては収入認定（戻入の決定）をするべき時でも法63条処理を行う場合もある一方で，理論上は法63条により処理するべき場合であっても，実務的には収入認定（戻入の決定）が認められる場合もあります。

別冊問答集
問13－4　戻入又は返還の適用
（問）　扶助費の返還を要する事情が明らかとなった場合，発見月からその前々月の分の処理は必ず戻入の決定又は局第10の2の（8）によらなければならないか。
（答）　発見月からその前々月の分であっても法第63条の規定による返還として決定しても差し支えない。

上記の『生活保護手帳　別冊問答集』の問答のほか，東京都の次のような問答からも分かります。

　「生命保険の入院給付金など，支給の事由が生じてから，実際に受給するまでに日時を要する収入を被保護者が得た場合，法第63条による返還金として取り扱うのか，それとも，収入認定するのか。」という問いに対して，

　　生命保険の入院給付金の支給事由が生じたときは，法第63条にいう資力が発生しているので，その日以降は『資力があるにもかかわらず保護を受けたとき』に該当することとなる。そのため，入院給付金は，給付の対象となる日（入院給付金の支給対象となる日）以降に支給した保護費の範囲内で，本来，法第63条による返還金として取り扱うものである。
　　また，不動産又は動産の処分による収入，保険金その他の臨時収入等の場合も，実際に収入として受け取るとき以前に，契約締結の時点，保険金の支給事由の発生時点等が通常，存在するものであり，このようなときには法第63条の資力が生じたものとして取り扱うべきである。
　　しかし，資力の発生から実際の収入の受領までの期間が短い場合には，「資力があるにもかかわらず保護を受けたとき」があったとしても，支給済み保護費はごくわずかな額となる。そして，この法第63条による返還対象額を収入総額が上回るときはその上回る部分が収入認定の対象となり，一つの収入について，法第63条による返還対象部分と収入認定の対象となる部分とが生じてくる。
　　このように，支給の事由が生じてから，実際に受給するまでに日時を要する収入があった場合，理論上は，上記のとおり一つの収入について法第63条による返還を求める部分と収入認定する部分に分けて処理する必要があるが，実務上は，「資力があるにもかかわらず保護を受けた」ことを考えずに全てを収入認定の対象とした方が適当な場合も起こってくる。
　　したがって，次の要件のいずれも満たしている場合は，一部又は全部が法第63条による返還金として取り扱うべき収入であっても，そのすべてを収入認定の対象として差し支えないこととする。この場合，当該収入は受領した月の収入として認定するものとする。

> 1 保護開始時点では資力が生じておらず，保護受給中に資力が生じていること。
> 2 資力の発生日が収入認定を行おうとする月又はその前月であること。
> 3 収入認定したとしても保護の適用が継続すること。
> なお，上記の取扱いは実務を考慮した取扱いであることから，保護受給中に資力が生じた場合であってもそれが保護廃止後に収入となったとき，又は保護開始の時点で既に資力が生じている場合には，支給済み保護費の範囲内で法第63条による返還金として取り扱わなければならない。
> 「東京都生活保護運用事例集（平成27年度修正版＜反映版＞）」
> (問7-10) 229頁

このように，法63条を適用するのか収入認定とするのかの区分はあまり厳密ではないように思われます。

2 「実施機関の定める額」とは

法63条の条文では，返還対象額を「実施機関の定める額」としていることから，返還額の決定は福祉事務所の判断とされます。それでは，福祉事務所が事実上の返還金を免除する「法63条　返還金0円決定」という決定もあるのでしょうか。

この問題は，生活保護行政でもその扱いが変遷しています。すなわち，1966（昭和41）年には「法第63条に基づく返還決定にあたって返還額0円の決定は考えられるか。」との設問に対して「事情によっては，法第63条による返還を行なわせないこととする決定も考えられる。」と回答をしています[16]。同内容が1968（昭和43）年の『生活保護手帳（別冊）68』問405に引き継がれ，「法第63条の適用と返還額0円の決定返還額」との見出しで明示され，事実上の全額返還免除が正面から認められていました。この扱いは，「別冊問答集1982」問456まで続きました。

---

16) 厚生省社会局保護課監修『生活保護百問百答第17集—生活保護法の運用　実施要領編』（全国社会福祉協議会，1966年）134頁

第2章　返還決定（法63条）と自立助長／第3　法63条の返還額

　しかし、『生活保護手帳　別冊問答集1988』の問449の目次は、「法第63条の適用と返還額０円の決定」と1982年版と同様ですが、問449の見出しは、「法第63条に基づく返還額の決定」とされており、内容は現在の『生活保護手帳　別冊問答集2016』の問13－５と同様となっています（1993年版以降は目次も変わりました。）。

　現在の『生活保護手帳　別冊問答集2016』問13－５は、「一部又は全部の返還を免除することは考えられるか。」との問いに対して、答えは「原則として当該資力を限度として支給した保護金品の全額を返還額とすべきである。」としながらも、「全額を返還額とすることが当該世帯の自立を著しく阻害すると認められるような場合については、次の範囲においてそれぞれの額を本来の要返還額から控除して返還額と決定する取扱いとして差し支えない」としています。つまり、返還金額０円決定＝全額免除もあるということなのです。

（問456）〔法第63条の適用と返還額０円の決定〕
　法第63条に基づく返還決定にあたって返還額０円の決定は考えられるか。
（答）　事情によっては、法第63条による返還を行わせないこととする決定も考えられる。ただし、この場合、担当職員の判断だけで安易に行うのでなく、法第80条による返還免除の決定の場合と同様、そのような決定を適当とする事情を具体的かつ明確にしたうえで決裁を得て実施機関の意思決定として行うべきであり、特に保護受給中の世帯のような場合、その旨を文書で通知する等将来届出義務の軽視をきたさないよう配慮すべきである。

　　　　　　　　　　『生活保護手帳　別冊問答集1982年版』（問456）314頁

別冊問答集
　問13－５　法第63条に基づく返還額の決定
（問）　災害等による補償金を受領した場合、年金を遡及して受給した場合等における法第63条に基づく返還額の決定に当たって、その一部又は全部

の返還を免除することは考えられるか。
- **(答)** （１） 法第63条は，本来，資力はあるが，これが直ちに最低生活のために活用できない事情にある場合にとりあえず保護を行い，資力が換金されるなど最低生活に充当できるようになった段階で既に支給した保護金品との調整を図ろうとするものである。

    したがって，原則として当該資力を限度として支給した保護金品の全額を返還額とすべきである。

  （２） しかしながら，保護金品の全額を返還額とすることが当該世帯の自立を著しく阻害すると認められるような場合については，次の範囲においてそれぞれの額を本来の要返還額から控除して返還額を決定する取扱いとして差し支えない。

    なお，次第８の３の（５）に該当する必要経費については，当該収入から必要な最小限度の額を控除できるものである。

    ア　盗難等の不可抗力による消失した額。（事実が証明されるものに限る。）

    イ　家屋補修，生業等の一時的な経費であって，保護（変更）の申請があれば保護費の支給を行うと実施機関が判断する範囲のものにあてられた額。（保護基準額以内の額に限る。）

    ウ　当該収入が，次第８の３の（３）に該当するものにあっては，課第８の40の認定基準に基づき実施機関が認めた額。（事前に実施機関に相談があったものに限る。ただし，事後に相談があったことについて真にやむを得ない事情が認められるものについては，挙証資料によって確認できるものに限り同様に取り扱って差し支えない。）

    エ　当該世帯の自立更生のためのやむを得ない用途にあてられたものであって，地域住民との均衡を考慮し，社会通念上容認される程度として実施機関が認めた額。

      なお，次のようなものは自立更生の範囲には含まれないものである。

      ①　いわゆる浪費した額
      ②　贈与等により当該世帯以外のためにあてられた額
      ③　保有が容認されない物品等の購入のためにあてられた額

オ　当該収入があったことを契機に世帯が保護から脱却する場合にあっては，今後の生活設計等から判断して当該世帯の自立更生のために真に必要と実施機関が認めた額。
（３）　返還額の決定は，担当職員の判断で安易に行うことなく，法第80条による返還免除の決定の場合と同様に，そのような決定を適当とする事情を具体的かつ明確にした上で実施機関の意思決定として行うこと。
　なお，上記のオに該当するものについては，当該世帯に対してその趣旨を十分説明するとともに，短期間で再度保護を要することとならないよう必要な生活指導を徹底すること。
『生活保護手帳　別冊問答集2016』410〜411頁

　したがって，返還決定額は全額返還から０円返還決定までの幅があるということになります。この返還額決定に当たっては，なぜ全額返還なのか，なぜ一部返還を認めるのか（残余の◯◯◯円の返還決定か），なぜ全額返還免除とするのか（０円返還か），いずれについても説明できないといけません。
　また，上記のとおり返還免除が行われる場合を1982年版の『生活保護手帳　別冊問答集』では「事情によっては」とされていましたが，現在は「当該世帯の自立を著しく阻害すると認められるような場合」とされ，自立の判断が重要となっています。
　そこで，どのような場合が自立を阻害するのか，すなわち，どのような場合なら自立更生のために認められるのかが問題となるのです。問13－５は定型的に認められる自立更生費の範囲と金額を示していますが，生活保護手帳の各ページにわたっているため，読みにくくなっています。そこで，これを自立更生の範囲と金額について整理していきたいと思います。

⑴　**自立更生を定型的に認めている範囲**
　『生活保護手帳　別冊問答集』問13－５（本書253〜254頁）の答（２）の「次の範囲においてそれぞれの額を本来の要返還額から控除して返還額を決定す

る取扱いとして差し支えない。」の下記各項目は，次のとおりです。

① **事務次官通知第8の3の（5）に該当する必要経費**については，当該収入から必要最小限度の額を控除できる。
② ア 盗難等の不可抗力により消失した額
　　イ 家屋補修，生業等の一時的な経費であって，保護の申請があれば保護費の支給を行うと実施機関が判断する範囲に充てられた額
　　ウ 当該収入が**事務次官通知第8の3の（3）**に該当するものに当たっては**保護課長問答第8の40の認定基準**に基づき実施機関が認めた額
　　エ 当該世帯の自立更生のためやむを得ない用途に充てられたものであって，地域住民との均衡を考慮し，社会通念上容認される程度として実施機関が認めた額
　　　ただし，ⅰいわゆる浪費した額，ⅱ贈与などにより当該世帯以外のために充てられた額，ⅲ保有が容認されない物品等の購入に充てられた額は自立更生の範囲には含まれない。
　　オ 当該収入があったことを契機に世帯が保護から脱却する場合にあっては，自立更生のために真に必要と実施機関が認めた額

(2) 上記(1)の①の**事務次官通知第8の3の（5）に該当する必要経費**とは，以下のとおりです。

保護手帳 収入の認定　局第8-3（認定指針）-（5）
（5）その他の必要経費
　次の経費については，真に必要やむを得ないものに限り，必要な最小限度の額を認定して差しつかえないこと。
　ア 出かせぎ，行商，船舶乗組，寄宿等に要する一般生活費又は住宅費の実費
　イ 就労又は求職者支援制度による求職者支援訓練の受講に伴う子の託児費
　ウ 他法，他施策等による貸付金のうち当該被保護世帯の自立更生のために

当てられる額の償還金
　エ　住宅金融公庫の貸付金の償還金
　オ　地方税等の公租公課
　カ　健康保険の任意継続保険料
　キ　国民年金の受給権を得るために必要な任意加入保険料

(3)　上記(1)の②ウの**事務次官通知第8の3の（3）に該当する範囲**とは，以下のとおりです。

　保護手帳　収入の認定　次第8－3（認定指針）－（3）
（3）収入として認定しないものの取扱い
次　第8－3
（3）次に掲げるものは，収入として認定しないこと。
　ア　社会事業団体その他（地方公共団体及びその長を除く。）から被保護者に対して臨時的に恵与された慈善的性質を有する金銭であって，社会通念上収入として認定することが適当でないもの
　イ　出産，就職，結婚，葬祭等に際して贈与される金銭であって，社会通念上収入として認定することが適当でないもの
　ウ　他法，他施策等により貸し付けられる資金のうち当該被保護世帯の自立更生のために当てられる額
　エ　自立更生を目的として恵与される金銭のうち当該被保護世帯の自立更生のために当てられる額
　オ　災害等によって損害を受けたことにより臨時的に受ける補償金，保険金又は見舞金のうち当該被保護世帯の自立更生のために当てられる額
　カ　保護の実施機関の指導又は指示により，動産又は不動産を売却して得た金銭のうち当該被保護世帯の自立更生のために当てられる額
　キ　死亡を支給事由として臨時的に受ける保険金（オに該当するものを除く。）のうち当該被保護世帯の自立更生のために当てられる額
　ク　高等学校等で就学しながら保護を受けることができるものとされた者

の収入のうち，次に掲げるもの（ウからキまでに該当するものを除く。）
　（ア）　生活保護法による保護の基準（昭和38年厚生省告示第158号）別表第7「生業扶助基準」に規定する高等学校等就学費の支給対象とならない経費（学習塾費等を含む。）及び高等学校等就学費の基準額で賄いきれない経費であって，その者の就学のために必要な最小限度の額
　（イ）　当該被保護者の就労や早期の保護脱却に資する経費に充てられることを保護の実施機関が認めた場合において，これに要する必要最小限度の額
ケ　心身障害児（者），老人等社会生活を営むうえで特に社会的な障害を有する者の福祉を図るため，地方公共団体又はその長が条例等に基づき定期的に支給する金銭のうち支給対象者1人につき8,000円以内の額（月額）
コ　独立行政法人福祉医療機構法第12条第1項第10号に規定する心身障害者扶養共済制度により地方公共団体から支給される年金
サ　地方公共団体又はその長から国民の祝日たる敬老の日又は子供の日の行事の一環として支給される金銭
シ　現に義務教育を受けている児童が就労して得た収入であって，収入として認定することが適当でないもの
ス　戦傷病者戦没者遺族等援護法による弔慰金又は戦没者等の遺族に対する特別弔慰金支給法による特別弔慰金
セ　未帰還者に関する特別措置法による弔慰料（同一世帯内に同一の者につきスを受けることができる者がある場合を除く。）
ソ　原子爆弾被爆者に対する援護に関する法律により支給される医療特別手当のうち36,580円並びに同法により支給される原子爆弾小頭症手当，健康管理手当，保健手当及び葬祭料
タ　戦没者等の妻に対する特別給付金支給法，戦傷病者等の妻に対する特別給付金支給法又は戦没者の父母等に対する特別給付金支給法により交付される国債の償還金
チ　公害健康被害の補償等に関する法律により支給される療養手当及び同法により支給される次に掲げる補償給付ごとに次に定める額

> (ア)　障害補償費（介護加算額を除く。）
>   　　障害の程度が公害健康被害の補償等に関する法律施行令第10条に規定する表（以下「公害障害等級表」という。）の特級又は1級に該当する者に支給される場合
> 　　　　　　　34,020円〔34,290円―平成28年6月1日から適用〕
> 　　障害の程度が公害障害等級表の2級に該当する者に支給される場合
> 　　　　　　　17,010円〔17,140円―平成28年6月1日から適用〕
> 　　障害の程度が公害障害等級表の3級に該当する者に支給される場合
> 　　　　　　　10,220円〔10,300円―平成28年6月1日から適用〕
> (イ)　遺族補償費 34,020円〔34,290円―平成28年6月1日から適用〕

　事務次官通知第8の3の（3）クの（ア）における「就学のために必要な最低限度の経費」については保護課長問答第8の58『就学中のアルバイト等の収入』に記載されています。また、事務次官通知第8の3の（3）クの（イ）における「就労や早期の保護脱却に資する経費」については保護課長問答第8の58-2「『就労や早期の保護脱却に資する経費』を認定する場合の取扱い」に例が挙げられています。ここでは、自動車運転免許修得経費のほか、専修学校、各種学校、大学の入学金も含まれていることに留意が必要です。

(4)　上記(1)の②の**事務次官通知第8の3の（3）に該当するものの認定基準**とは、以下のとおりです。

　保護手帳　**課**第8の問40
　　　　　〔自立更生のための用途に供される額の認定基準〕
問（第8の40）　局長通知第8の2の（3）及び（4）にいう自立更生のための用途に供される額の認定は、どのような基準によるべきか。
　＊　**局**　第8-2-（3）　自立更生を目的とした貸付資金

＊ **局** 第8−2−(4) 自立更生を目的とした恵与金，補償金等
答 被保護世帯の自立更生のための用途に供されるものとしては，次に掲げる経費にあてられる額を認めるものとすること。これによりがたい特別の事情がある場合は，厚生労働大臣に情報提供すること。

　なお，この場合，恵与された金銭又は補償金等があてられる経費については，保護費支給又は就労に伴う必要経費控除の必要がないものであること。

(1) 被保護者が災害等により損害を受け，事業用施設，住宅，家具什器等の生活基盤を構成する資産が損われた場合の当該生活基盤の回復に要する経費又は被保護者が災害等により負傷し若しくは疾病にかかった場合の当該負傷若しくは疾病の治療に要する経費

(2) (1)に掲げるもののほか，実施機関が当該被保護世帯の構成，世帯員の稼働能力その他の事情を考慮し，次に掲げる限度内において立てさせた自立更生計画の遂行に要する経費

　ア　当該経費が，事業の開始又は継続，技能修得等生業にあてられる場合は，生活福祉資金の福祉資金の貸付限度額に相当する額

　イ　当該経費が，医療にあてられる場合は，医療扶助基準による医療に要する経費及び医療を受けることに伴って通常必要と認められる経費の合算額

　ウ　当該経費が介護等に充てられる場合は，生活福祉資金の福祉資金の貸付限度額に相当する額

　エ　当該経費が，家屋補修，配電設備又は上下水道設備の新設，住宅扶助相当の用途等にあてられる場合は，生活福祉資金の福祉資金の貸付限度額に相当する額

　オ　当該経費が就学等にあてられる場合は，次に掲げる額

　　(ア) 当該経費が幼稚園等での就園にあてられる場合は，入園料及び保育料その他就園のために必要と認められる最小限度の額

　　(イ) 当該経費が義務教育を受けている児童の就学にあてられる場合は，入学の支度，学習図書，運動用具等の購入，珠算課外学習，学習塾費等，修学旅行参加等就学に伴って社会通念上必要と認められる用途にあてられる最小限度の実費額

（ウ）　当該経費が高等学校等，夜間大学，又は技能修得費（高等学校等就学費を除く。）の対象となる専修学校若しくは各種学校での就学にあてられる場合は，入学の仕度及び就学のために必要と認められる最小限度の額（高等学校等の就学のために必要と認められる最小限度の額については，学習塾費等を含む。貸付金については，原則として，高等学校等就学費の支給対象とならない経費（学習塾費等を含む。）及び高等学校等就学費の基準額でまかないきれない経費であって，その者の就学のために必要な最小限度の額にあてられる場合に限る。）
　カ　当該経費が，結婚にあてられる場合は寡婦福祉資金の結婚資金の貸付限度額に相当する額
　キ　当該経費が弔慰にあてられる場合は，公害健康被害の補償等に関する法律による葬祭料の額
　ク　当該経費が，当該世帯において利用の必要性が高い生活用品であって，保有を容認されるものの購入にあてられる場合は，直ちに購入にあてられる場合に限り，必要と認められる最小限度の額
　ケ　当該経費が通院，通所及び通学のために保有を容認される自動車の維持に要する費用にあてられる場合は，当該自動車の利用に伴う燃料費，修理費，自動車損害賠償保障法に基づく保険料，対人・対物賠償に係る任意保険料及び道路運送車両法による自動車の検査に要する費用等として必要と認められる最小限度の額
　コ　当該経費が国民年金受給権を得るために充てられる場合は，国民年金の任意加入保険料の額
　サ　当該経費が次官通知第8の3の（3）のクの（イ）にいう「就労や早期の保護脱却に資する経費」に充てられる場合は，本通知第8の58の2の2の（1）から（4）のいずれかに該当し，同通知の取扱いに準じて認定された最小限度の額

＊　**次**　第8－3－（3）－ク－（イ）　就労や早期の保護脱却に資する経費に充てられる必要最小限度の額
　　課　第8の58－2－2　就労や早期の保護脱却に資する経費を認定する場合

このように，法63条の返還決定に当たっては，自立更生費として認められる場合がかなりあります。特に上記（1）②エでは「自立更生のためやむを得ない用途」としていることで，1982年版の『生活保護手帳　別冊問答集』にあった「事情によっては」と同様にその範囲は広くなっています。

　また，その扱いは自立更生の内容だけではなく，法63条が生じる資力＝収入の種類によっても変わることに注意が必要です。例えば東京都では被保護者が交通事故に遭い，補償金を受領した場合に，この補償金は事故に遭ったことによる被害を補償するという性格から，原状回復のための経費については，より積極的に自立更生費に充てられる額とするべきであるとして，返還決定に当たっては返還の免除を行うことを求めています[17]。

　多くの被保護者は自立更生費については知りませんから，ケースワーカーが積極的にこの内容を知らせ，必要な自立更生費については，返還額から控除することで，被保護者がより自立した生活を送れることを支援する必要があります。

　そこで，法63条返還決定に当たって自立更生費の扱いが争いになった裁判例を見ていきます。

第4　最近の裁判例に見る法63条

1　自立更生費の必要性の把握について

　福岡地方裁判所平成26年2月28日判決の事例は，生命共済契約を締結していた被保護者が，入院給付金の給付を受けたところ，法63条に基づき費用返還決定の処分を受けたため，この処分の取消しを求めた事案でした。

　福祉事務所は入院給付金手続の診断書料等の経費は控除した上で返還決定をしていましたが，原告が入院中の諸費用などについて自立更生費用として返還金から控除することを求めたところ，福祉事務所は申出について考慮し，最初の返還決定を取り消し，改めて入院等の諸雑費等を控除して法63

---

[17]「東京都生活保護運用事例集（平成27年度修正版＜反映版＞）」（問7－34)267頁

条の決定をしました。

その際に，自宅のエアコン購入費用について，被保護者から申立てが行われなかったため，福祉事務所はエアコン代についての控除はしませんでした。そこで，エアコン等の代金を自立更生費として控除することについて争われたものです。

福祉事務所側は，エアコン購入費用の控除については事前に申し立てられなかった旨を主張しました。しかし，裁判所は被保護者がエアコンのない生活が長期間継続した結果，扇風機や水風呂を使用することで暑さを耐えしのび，エアコンが必要であるとの思いに至らなかったため，エアコンが必要である旨の主張に至らなかったとしても不自然ではない，として福祉事務所の主張を退けました。

そして，法63条の返還決定時にエアコンの購入費用が自立更生費として認められる余地が十分にあったのであるから，法63条の返還決定の判断要素の選択に合理性を欠いていなければ，返還額が異なった可能性は十分にあり，本件各決定は社会通念に照らし著しく妥当性を欠くものであったと認められ，裁量権の逸脱又は濫用があったものとして違法であるとされたのです。

このことは，法63条の返還決定に当たり，本人からの申出がなくともケースワーカーは生活実態を把握し，自立更生費適用の有無の検討が必要であるということです。検討の結果，自立更生費を認めない場合もあるかと思いますが，福祉事務所としては必要な物品について，被保護者の生活実態を踏まえて丁寧に聴取することが求められているように思われます。

 福岡地方裁判所平成26年2月28日（賃金と社会保障1615・1616号95頁）

○北九州市八幡東生活保護費63条返還裁判

「法63条の趣旨に鑑みれば，保護の実施機関が，返還額決定について有する裁量は，全くの自由裁量ではなく，返還額の決定に当たり，自立更生のため

やむを得ない用途にあてられた金品及びあてられる予定の金品（以下，併せて『自立更生費』という。）の有無，地域住民との均衡，その額が社会通念上容認される程度であるか否か，全額返還が被保護者世帯の自立を著しく阻害するかという点について考慮すべきであると解される。」

「本件で，保護実施機関である処分行政庁が，原告から自立更生費について何らの要望もなかったとして，本件各決定の返還額決定に際し，原告に関する自立更生費の有無について検討をしていないことについては争いがないので，本件各決定において，自立更生費の有無は，判断要素とされなかったと認められる。」

「法63条の趣旨に鑑みれば，被保護者の自立更生費の有無は，返還額を決定する上で重要な判断要素であるといえ，処分行政庁が本件各決定に際し，自立更生費の有無という観点を考慮することなく決定額を定めたことは，判断要素の選択に合理性が欠けていたものといわざるを得ない。」

「処分行政庁は，本件各給付金に相当する生活保護費について，平成23年1月26日，法63条に基づく返還額を定める会議を行い，本件各給付金ごとに，診断書料5250円を必要経費として控除した残額相当額について，返還すべきである旨決定した。

原告は，同年3月25日，処分行政庁に対し，必要経費として，本件共済の保険料，病院への通院移送費，手術の立会人の交通費，手術後の治療材料として必要な胸帯の購入費，手術着レンタル代，入院中のテレビのプリペイドカード等の入院に伴う雑費を，法63条に基づく返還決定額から控除してもらいたい旨，申し出た。なお，この際，原告は，処分行政庁に対して，家電製品などの購入費用を控除してもらいたい旨の申出はしなかった。

処分行政庁は，同年4月15日，本件各給付金に相当する生活保護費の返還額を定める会議を再度開催し，原告の上記申出を考慮した上で，前記オの決定を取消した上で，同日付で本件各決定を行った」

「本件ケース記録票には，原告の家に家具調度品が揃っていることは確認された旨の記載があるものの，家具調度品にエアコンが含まれるとは必ずしも言い難く，このほかに，エアコンなどの家電製品について，確認された形跡はなく，本件ケース記録票に，原告本人の供述を否定するような記録は存在しない。」

第2章　返還決定（法63条）と自立助長／第4　最近の裁判例に見る法63条

> 「なお，被告は，エアコンが必要であった旨の原告の主張は，本件の訴え提起後に初めてされたものであり，本件各決定に対する審査請求では主張されておらず，本訴においても当初は主張されていなかったとして，原告の主張は採用すべきではないと主張する。しかし，前記のとおり，原告本人は，エアコンがない中，扇風機や水風呂を使用することで暑さを耐えしのいでいたと供述しており，その供述を前提とすると，原告はエアコンのない生活が長期間継続した結果，エアコンが必要であるとの思いに至らず，エアコン以外の家電製品や電動アシスト付自転車の購入を先に思うに至り，本件各決定に対する審査請求や，本訴当初の段階で，エアコンが必要である旨の主張に至らなかったとしても，不自然とはいえない。」

2　申請時に申告していた年金の収入認定漏れの保護費の消費済みの扱い

　福岡地方裁判所平成26年3月11日判決は，福祉事務所の誤りにより，生活保護費の過払いが生じたため，過払い分を法63条に基づき返還を決定したことについて争いになったものです。

　被保護者の主張は，きちんと収入申告をしていたにもかかわらず福祉事務所が誤って多くの保護費を支給したものであり，支給された保護費は正当な額と考えて生活費等に使ってしまい，それを後になって返還させられることで，今後の生活に支障が生じ自立を阻害するというものです。

　福祉事務所側は，誤って支払った過払い金は日常の生活費等に既に消費したのだから，自立更生費に充てられておらず，自立更生費として控除して返還額を決定することはできない旨主張しました。

　裁判所は法63条による返還額について，福祉事務所の裁量とされる理由から検討し，福祉事務所が生活保護費の過誤払金相当額全額の返還決定をするに際して，自立更生費の有無や全額返還が被保護者の自立を阻害するかを考慮しなかった場合は，判断要素の選択に合理性を欠き，社会通念に照らし著しく妥当性を欠くものとして，裁量権の逸脱ないし濫用により違法となると判断しました。

ケースワーカーは社会福祉法の標準世帯を大きく超えて担当する場合も多く（第1編第4章第2参照），また各種調査や事務処理に追われることで，裁判例で見たような誤払いや他法による給付のチェックミス，加算変更の誤り・一時扶助の過大支給などが生じやすくなっています。その際の過誤払い分の返還決定額の判断に当たり，この裁判例は参考になるかと思われます。

 福岡地方裁判所平成26年3月11日（賃金と社会保障1615・1616号112頁）

○大野城市生活保護返還金決定処分等取消請求事件

　法63条の「返還すべき額は，その受けた保護金品全額とはせず，これに相当する金額の範囲内において保護の実施機関の定める額としており，被保護者に返還させる金額の決定について，保護の実施機関に一定の裁量を与えている。

　これは，本来支弁されるべきではなかった保護金品の返還について定めるものであるから，不当利得法理や公金の適正執行という観点からは，全額返還とされるはずであるところ，保護金品の一部が被保護者の自立及び更生に資する形で使用された場合等全額を返還させるのが不適当な場合や全額を返還させるのが不可能な場合もあるので，返還額の決定については，被保護者の状況を知悉し得る保護の実施機関の裁量に委ねる趣旨の規定と解される。」

　「生活保護手帳（別冊問答集）2012」（以下「保護手帳」という。）にも，法63条の運用について，法63条に規定する保護金品の全額を返還額とすることが当該世帯の自立を著しく阻害すると認められる場合については，当該世帯の自立更生のためにやむを得ない用途に充てられたものであって，地域住民との均衡を考慮し，社会通念上容認される程度として実施機関が認めた額の範囲において，その額を本来の要返還額から控除して返還額と決定する取扱いをして差し支えないとの方針が示されているところ，この方針は，上記趣旨を示したものといえる。

　このような法63条の趣旨等によれば，保護の実施機関が，返還額決定について有する裁量は，全くの自由裁量ではなく，当該世帯の自立更生のためにやむを得ない用途に充てられた金品及び充てられる予定の金品（以下，併せて「自立更生費」という。）の有無，地域住民との均衡，その額が社会通念上容認される程度であるかどうか，全額返還が被保護者の自立を著しく阻害す

るか等の点について考慮すべきであると解される。そして，その裁量権の行使が逸脱濫用に当たるか否かの司法判断においては，その判断が裁量権の行使としてされたことを前提とした上で，その判断要素の選択や判断過程に合理性を欠くところがないかを検討し，その判断が貴重な事実を欠くか，又は社会通念に照らし著しく妥当性を欠くと認められる場合に限って，裁量権の逸脱又は濫用として違法となるとすべきである。」

「原告は過誤払が生じていたことを知らなかったことを併せ考慮すると，生活保護費を生活費として全て費消した旨の原告の供述は信用することができ，原告が本件過誤払金を浪費したとの事実は認められない。そして，こうした状況において，29万4808円の本件過誤払金につき全額返還を命じることは，原告の自立を著しく阻害する可能性があったものといわざるを得ない。

にもかかわらず，保護の実施機関である処分行政庁は，本件返還金決定に際し，原告の生活実態，本件過誤払金の使途等についての調査を行なわず，また，自立更生費の有無については，『何の資料等の提出が無かったため分からない』として，自立更生費の有無について検討しないで，本件返還金決定をしたものである。

以上のような事情によれば，本件返還金決定は，自立更生費の有無や全額返還が原告の自立を阻害するかを考慮していない点で判断要素の選択に合理性を欠き，その判断は，社会通念に照らし著しく妥当性を欠くものと認められる。

したがって，本件返還金決定は，その余の点について検討するまでもなく，裁量権の逸脱ないし濫用があったものとして違法であり，取消しを免れない。」

「次に，被告は，本件過誤払金は自立更生費に充てられていないから，一定額を控除して返還額を決定すること自体できない旨主張する。

しかし，前記のとおり，保護の実施機関に返還額を決定するに当たって裁量を与えた趣旨が，全額を返還させることが不適当ないし不可能な場合もあるので，実施機関の裁量に委ねるという点にあることからすると，全額返還を命じることにより自立を著しく阻害するような場合には，保護の実施機関が，自立更生費の有無にかかわらず，一定額を過誤払金から控除して返還額を決定することも可能と解される（なお，保護手帳は，自立更生費については，〔1〕浪費した額，〔2〕贈与等当該世帯以外のために充てられた額，〔3〕保有が容認されない物品等の購入に充てられた額は該当しないと規定してい

> るにすぎないことからすると，一定の生活費についても自立更生費に該当すると解釈することも可能と解される。）。
> 　したがって，いずれにせよ，本件過誤払金から一定額を控除して返還額を決定することも可能であるから，上記被告の主張は採用できない。」

第5　まとめ

　法63条の返還決定に当たっては，自立更生費の有無の検討が必要となります。これは，被保護者からの申立てがない場合でも，自立更生費について念を押すなどの確認が必要になるということです。

　忙しいケースワーカーの立場から見ると厳しいように感じられますが，生活保護の目的である自立助長の観点からは，生活実態から自立更生費の必要性の判断を行うことが必要になるのだと思います。このことは基準に基づき適切な保護費を支給することと同様と考えられます。

　法63条の返還決定に当たっての自立更生費については，一定額が被保護者の手もとに残る場合や，新たな商品の購入等に使われるため，ともすると「保護基準以上の給付」や「福祉事務所からのサービス」として考えがちになる場合があります。しかし，自立更生費に対するこのような考え方は，ケースワーカーの主観的な判断による法63条の処理になりかねません。

　ケースワーカーの恣意的な判断ではなく，自立更生費を（全額であれ一部であれ）なぜ認めるのか，認めないのかを制度として確認することが，安定した生活保護行政につながるものと思われます。

第3章　不正受給（法78条）の課題

第1　はじめに

　厚生労働省は，被保護世帯が増加する中で，法78条適用の不正受給件数が増加していると述べています[18]。生活保護の不正受給は，国民の制度への不信を招き，多くの真面目な被保護者に迷惑を掛け，ケースワーカーにも不全感を抱かせるなど，その影響は大きいものといえます。

　また，ごく一部ですが暴力団関係者による組織的なものもあり[19]，その防止は必要と考えられます。しかし，実際に生じている不正受給問題の多くは暴力団等とは関係がないことが多く，また「不正」か否かの判断が明確に行えない場合もあるのではないかと思います。

　そこで，本章では不正受給の費用徴収規定である法78条を適用するのは，どのような場合なのか，不正受給の認定とはどのようなことなのかについて検討を行いたいと思います。

> 法78条　不実の申請その他不正な手段により保護を受け，又は他人をして受けさせた者があるときは，保護費を支弁した都道府県又は市町村の長は，その費用の額の全部又は一部を，その者から徴収するほか，その徴収する額に100分の40を乗じて得た額以下の金額を徴収することができる。
> 2　偽りその他不正の行為によつて医療，介護又は助産若しくは施術の給付に要する費用の支払を受けた指定医療機関，指定介護機関又は指定助産機

---

18) 厚生労働省社会・援護局保護課自立推進・指導監査室「社会・援護局関係主管課長会議資料」4頁（平成27年3月9日）。ただし，不正受給とされる規模・内容についての疑問点の指摘として吉永純「生活保護法改正法案の検討」賃金と社会保障1591・1592号16頁など。
19) 暴力団関係者の不正受給事件としては，北海道滝川市で2006（平成18）年頃から約2年間に総額約2億円以上の不正受給の例（「滝川市生活保護費詐欺事件検証第三者委員会報告書」（平成20年4月））がありましたが，極端な例であると考えられます。

> 関若しくは指定施術機関があるときは，当該費用を支弁した都道府県又は市町村の長は，その支弁した額のうち返還させるべき額をその指定医療機関，指定介護機関又は指定助産機関若しくは指定施術機関から徴収するほか，その返還させるべき額に100分の40を乗じて得た額以下の金額を徴収することができる。
> 3　偽りその他不正な手段により就労自立給付金の支給を受け，又は他人をして受けさせた者があるときは，就労自立給付金費を支弁した都道府県又は市町村の長は，その費用の額の全部又は一部を，その者から徴収するほか，その徴収する額に100分の40を乗じて得た額以下の金額を徴収することができる。
> 4　前三項の規定による徴収金は，この法律に別段の定めがある場合を除き，国税徴収の例により徴収することができる。

第2　法78条の「不実の申請その他不正な手段」の意味

　法78条は，「不実の申請その他不正な手段」により保護を受けた者又は受けさせた者からその費用を徴収することができる旨を定めた規定[20]です。したがって「不実の申請その他不正な手段」とは，どのようなものかが問題となります。

　法制定時の説明では，「不実」とは，積極的に虚構の事実を構成することはもちろん消極的真実を隠蔽することも含むとされ，刑法246条にいう「詐欺」即ち人を欺罔することよりも意味が広く「その他不正の手段」とは，自ら身体を傷害して医療扶助による薬剤を受け又は医療券を他人に貸与して受けさせる場合のごとく，刑法の詐欺に至らない程度の不正手段をいう，とされています[21]。更に小山は，その他の不正な手段の例に「資産調査の際に訪問員の調査に誤のあるのを知りながら黙っていて保護を受けた場合」も加え

---

20)　小山『生活保護法の解釈と運用（改訂増補）』822頁
21)　厚生省社会局「第7回　国会生活保護法案説明資料」349頁

第3 行政実務における法78条適用判断基準の変遷

1 厚生(労働)省の当初の解説

　生活保護では保護費返還決定の規定が法63条と法78条があり，その性格は大きく異なります(第3編第2章参照)。しかし，その判断に当たっては，被保護者の勘違いや「うっかり」，あるいは届出義務や収入申告自体を知らないこと，また行政側の説明不足等もあり，どちらを適用すべきか悩ましい場合が生じます。つまり不正受給か否かの認定の問題となり，その判断が重要となります。

　そこで，1966(昭和41)年に現在のように「法63条によることが妥当な場合」と「法78条とすることが妥当な場合」が，厚生省社会局保護課監修の『生活保護百問百答第17集－生活保護法の運用』に整理・列挙されました[25]。

> 広義の不正受給について，法第63条により処理するか，法第78条により処理するかの区分はおおむね次のような標準で考えるべきであろう。
> 法第63条によることが妥当な場合
> ○実施機関及び受給者が予想しなかったような収入が事後になって得られたとき(これは，むしろ不当受給と解すべきではない。)
> ○受給者に不当に受給しようとする意思がなかったことが立証される場合で届出又は申告を怠ったことについてやむを得ない理由が認められるとき
> ○届出又は申告を怠ったことにある程度の故意は認められるが，実施機関又はその職員が社会通念上妥当な注意を払えば容易に発見できる程度のものであった場合
> 法第78条によることが妥当な場合
> ○故意に届出又は申告を怠り実施機関又はその職員が必要な口頭又は文書による指示をしたにかかわらず収入申告等に関する指示に応じなかった場合
> ○届出又は申告にあたり明らかに作為を加えた場合
> ○届出又は申告にあたり特段の作為を加えない場合でも，実施機関又はその

---

25) 厚生省社会局保護課監修『生活保護百問百答第17集―生活保護法の運用　実施要領編』(全国社会福祉協議会，1966年)139頁

ており[22]。これらの考え方は，現在においても支持されています[23]。

法85条は罰則規定で「不実の申請その他不正な手段により保護を受け，は他人をして受けさせた者は，3年以下の懲役又は100万円以下の罰金にする。」と規定され，ここでも「不実の申請」「不正な手段」と法78条と同文言が使われています。この文言の意味については，法78条も法85条も同意味と考えられますが[24]，その適用については運用の主眼が異なり法78条適用しても必ずしも法85条の告発をしなくてはならないものではありま ん。

別冊問答集
問13－26　不正受給の徴収と罰則
(問) 法第78条により費用の徴収を決定した場合は，必ず法第85条に定める罰則に関し告発等の措置をとらなければならないか。
(答) 法第78条及び第85条の規定はいずれも「不実の申請その他不正な手段により保護を受け」云々と同一の文言が用いられており，また，公務員が職務を行うにつき犯罪があると思料したときには告発の義務が課せられていることから，設問のように解する余地もあろう。
しかしながら，法第85条に基づく罰則の運用はあくまで司法処分として発動されるものであり，法第78条に基づく行政処分とはおのずと運用の主眼を異にするものであるので，法第78条により費用の徴収を決定した場合に必ず法第85条に定める罰則に関し告発等の措置をとらなければならないというものではない。したがって，告発等の措置をとるかどうかは，個々の事例の状況に応じて実施機関が判断することになるが，特に悪質な手段による不正受給の場合は，その社会的影響も考慮して正式に告発の手続きをとることが必要である。

22）小山『生活保護法の解釈と運用（改訂増補）』823頁
23）良永彌太郎「公的扶助費用の法関係」日本社会保障法学会編『住居保障法・公的扶助法』（法律文化社，2001年）301頁。阿部和光「生活保護の費用」古賀昭典編著『現代公的扶助法論』（法律文化社，新版，1997年）283頁
24）小山進次郎は『社会保障関係法Ⅱ』（日本評論新社，1953年）では，法78条の文言解説を法85条で行っています。同書139頁，145頁

> 職員が届出又は申告の内容等の不審について説明等を求めたにもかかわらずこれに応ぜず又は虚偽の説明を行ったようなとき
> 『生活保護百問百答第17集―生活保護法の運用』138～139頁

　これを引き継ぎ1979年版の『生活保護手帳　別冊問答集』までは，法78条の適用に当たって「<u>故意に</u>届出又は申請を怠り実施機関又はその職員が必要な口頭又は文書による指示をしたにもかかわらず収入申告等に関する指示に応じなかったとき」（下線筆者）とされています[26]。また，法78条の適用ではなく「法第63条によることが妥当な場合」としていた項目には，いずれも「届出又は申告を怠ったことに<u>ある程度の故意は</u>認められるが，実施機関又はその職員が社会通念上妥当な注意を払えば容易に発見できる程度のものであったとき。」とされています[27]。

　1979（昭和54）年の次に発刊された『生活保護手帳　別冊問答集』は1982（昭和57）年ですが，ここでは法78条によることが妥当な場合の「故意に」の文言が削除され，現在に至っています[28]。

①　法第63条によることが妥当な場合
(a)　受給者に不当に受給しようとする意思がなかったことが立証される場合で届出又は申告を速やかに行わなかったことについてやむを得ない理由が認められるとき。
(b)　実施機関及び受給者が予想しなかったような収入があったことが事後になって判明したとき（判明したときに申告していればこれは，むしろ不当受給と解すべきではない。）

---

26) 厚生省社会局監修『生活保護手帳　別冊問答集』（生活保護制度研究会，1979年）300頁
27) 前掲注25)『生活保護百問百答第17集』139頁。前掲注26)『生活保護手帳　別冊問答集』（1979年版）299～300頁
28)「届出又は申告について口頭又は文書による指示をしたにもかかわらずそれに応じなかったとき。」厚生省社会局保護課監修『生活保護手帳　別冊問答集』（社会福祉調査会，1982年）309～310頁

第3編　生活保護行政の課題

> ②　法第78条によることが妥当な場合
> 　(a)　届出又は申告について口頭又は文書による指示をしたにもかかわらずそれに応じなかったとき。
> 　(b)　届出又は申告に当たり明らかに作為を加えたとき。
> 　(c)　届出又は申告に当たり特段の作為を加えない場合でも，実施機関又はその職員が届出又は申告の内容等の不審について説明等を求めたにもかかわらずこれに応じず，又は虚偽の説明を行ったようなとき。
> 　　　　　　『生活保護手帳　別冊問答集1982』(問452の答)309〜310頁

2　「生活保護行政を適正に運営するための手引」による法78条の判断基準

　2006(平成18)年に保護課長通知「生活保護行政を適正に運営するための手引」(以下「手引」という。)が法78条の判断基準として示されました。これは「三位一体に関する政府・与党合意」を踏まえ，生活保護行政の適正な運営という観点から，地方自治体の取組事例も参考として，関連事項を業務の流れに沿って整理したもので[29]，法78条の適用判断のほか，「暴力団員に対する生活保護の適用についての考え方」「指導指示から保護の停廃止に至るまでの対応」等がマニュアル的に示されたものです。
　ここでは，法78条によることが妥当であると考えられるものとして，次の項目が示されています[30]。

> ウ　法第78条によることが妥当であると考えられるものは，具体的には以下の状況が認められるような場合である。
>
> 　(ア)　届出又は申告について口頭又は文書による指示をしたにもかかわ

---

29) 厚生労働省社会・援護局保護課「社会・援護局関係主管課長会議資料」(平成18年2月28日)1頁
30) 『生活保護手帳2016年度版』647頁

らずそれに応じなかったとき
（イ）届出又は申告に当たり明らかに作為を加えたとき
（ウ）届出又は申告に当たり特段の作為を加えない場合でも，保護の実施機関又はその職員が届出又は申告の内容等の不審について説明を求めたにもかかわらずこれに応じず，又は虚偽の説明を行ったようなとき
（エ）保護の実施機関の課税調査等により，当該被保護者が提出した収入申告書等の内容が虚偽であることが判明したとき
　　○　したがって，例えば被保護者が届出又は申告を怠ったことに故意が認められる場合は，保護の実施機関が社会通念上妥当な注意を払えば容易に発見できる程度のものであっても法第63条でなく法第78条を適用すべきである。
　　○　また，費消したという本人の申立のみで安易に法第63条を適用し，不正額の一部を返還免除するような安易な取扱いは厳に慎むべきものである。

『生活保護手帳2016年度版』647頁
手引Ⅲ－3 (2)ウ

　この判断基準（ア）（イ）（ウ）は1982年版の『生活保護手帳　別冊問答集』に掲載されていたもので[31]，既に行政実務の判断基準とされており，手引により新設されたものではありません。

　ただし，本手引で設けられた（ア）（イ）（ウ）の後の「○したがって，例えば被保護者が届出又は申告を怠ったことに故意が認められる場合は，保護の実施機関が社会通念上妥当な注意を払えば容易に発見できる程度のものであっても法第63条でなく法第78条を適用すべきである。」「○また，費消したという本人の申立のみで安易に法第63条を適用し，不正額の一部を返還免除するような安易な取扱いは厳に慎むべきものである。」の二文は，現在

---

31) 厚生省社会局保護課監修『生活保護手帳　別冊問答集』（社会福祉調査会，1982年）310頁

の『生活保護手帳　別冊問答集』(2016年版)に至るまで掲載されてはいません[32]。

3　「生活保護費の費用返還及び費用徴収決定の取扱い」通知

　2012(平成24)年に保護課長通知「生活保護費の費用返還及び費用徴収決定の取扱いについて」(平成24年7月23日社援保発第0723第1号[33])が会計検査院の指摘を踏まえたものとして出されました[34]。

　ここでは、会計検査院からの指摘として、収入未申告による返還金について、福祉事務所が不正の意図はなかったと判断して、法63条を適用していたものがあったと述べ、次の事項を挙げています。

○「収入を得ていた世帯員本人に申告義務を十分に周知していなかったこと」
○「収入を得ていた世帯員が申告義務を理解していなかったこと」
○「被保護世帯において、収入申告をしていなかったことについて反省し、収入が未申告であったことが判明した後の調査に協力的であること」
○「収入を得ていた世帯員が高校生の場合、一律に法第63条を適用することとしていること」

　これらについても法63条の適用ではなく、不正受給として法78条の適用を促し[35]、法78条を適用する際の基準として、手引の3項目と同内容を示しま

---

32) 『生活保護手帳　別冊問答集2015』版より、「(d)課税調査等により、当該被保護者が提出した収入申告書又は資産申告書が虚偽であることが判明したとき。」が追加されました(402頁)。このことにより、課税調査の金額と収入申告額が不一致な場合には機械的に法78条の適用が行われているとの指摘があります。しかし、課税調査における不一致の発見は、不正受給調査の「契機」に過ぎず、不一致であることが全て不正受給であるとの認定はできません。また、本問答も「虚偽であることの判明」としており不正の意図の認定が必要であることに注意が必要です。
33) 2014(平成26)年の法改正により本通知の改正がありましたが、ここでは2012(平成24)年時の文言を使用します。
34) 本通知の趣旨は今般、会計検査院より、「これらの費用返還及び費用徴収の取扱いについて、一部の実施機関において……不適切な事案が見受けられ、是正改善を行うべきとの指摘を受けているところです。」このため、今回の会計検査院からの指摘を踏まえ、「下記の事項に留意の上、適正かつ厳格な処理に当たられるよう管内保護の実施機関に対し周知徹底いただくようお願いします。」とされています。
35) 2014(平成26)年の通知の改正では、この会計検査院指摘事項は削除されています。

した[36]。

　更に，実施機関の説明が不十分なために法63条を適用している自治体があると，次の指摘をしています。

　「保護の実施機関が被保護世帯に対して行った収入申告書の届出義務等に関する説明が不十分であり，又は説明を行ったとしても，ケース記録等に記録せず，説明を行ったことを挙証する資料がないなどの理由により，本来，法第78条を適用すべき事案にもかかわらず，法第63条を適用しているという不適切な実態が一部自治体にあることが指摘されているところである。」したがって，法78条適用に最も留意することは「被保護者等に不当又は不正に受給しようとする意思があったことについての立証の可否であり，立証を困難にしているものの原因は，被保護世帯に対する収入申告の義務についての説明が保護の実施機関によって十分になされていない，あるいは説明を行ったとしても当該被保護世帯が理解したことについて，事後になってケース記録等によっても確認できないといったこと等にあると考えられる。」と述べています。

　その上で法78条適用のポイントは，不正受給の意思の立証の可否とし，立証ができないために次のように法63条適用が生じていると述べます。

　「世帯主が世帯員の就労について関知していなかった，就労していた世帯員本人も申告の義務を承知していなかった，保護の実施機関も保護開始時にのみ収入申告書の提出の義務を説明しただけであり，当該被保護世帯の子が高校生になった際に就労収入の申告の義務について説明を怠っていた等の理由により，法第63条を適用せざるを得ないという判断がなされている実態が見受けられる。」

　この通知は，法78条適用のポイントを「不正受給の意思の立証の可否」としており，この部分は妥当と思われます。

　しかし，被保護者に対し説明等を十分に行うことで生活保護制度の理解を促し，収入申告の漏れや不正受給と思われるような事態をなくすという観点

---

36) 手引の「〇したがって，例えば，」「〇また，消費したという」の二文は掲載されていません。また，4つ目として「課税調査等により，当該被保護者が提出した収入申告書等の内容が虚偽であることが判明したとき」が入っています。

ではなく，説明等が不十分なので不正受給認定ができず法78条の適用が行えないことを問題としています。つまり，福祉事務所による被保護者への説明等の目的が不正受給を認定し，法78条適用を容易にするためという考え方になっているのです。

そこで最後に，本通知の目的の1つである被保護者に対し申告義務の説明を受けた旨の署名を稼働年齢層の世帯員全員に求めることを指示しました[37]。

第4 法78条における高校生をめぐる行政実務の考え方の変遷

1 高校生の就労収入の未申告とは

高校生の就労収入の未申告問題については，従来は法63条で処理することが多かったものの，厚生労働省の指導により法78条適用とする事例が増加したとの指摘があります[38]。

高校生自体の法78条適用の件数は不明ですが，法78条が適用された「稼働収入未申告」数の全年齢中，高校生も含まれる20歳未満の者は18％程度にすぎず[39]，高校生の法78条適用の事例が特に多いとは思われません。

また，高校生の就労収入については，基礎控除，未成年控除のほかに就学費用の経費控除等があり，収入申告をしても収入認定に至らない場合が多いと考えられ，収入申告の義務（法61条）を理解していながら，あえて収入申告を行わない理由は少ないように思われます。

しかし，収入申告が行われない場合も考えられます。これは，他の稼働年齢層と異なる高校生の特徴があります。つまり，稼動能力の活用要件（法

---

37)「別添2の様式によって，収入申告の義務について説明を行う際，世帯主以外に稼働年齢層の世帯員（高校生等未成年を含む）がいる世帯については，当該世帯員本人の自書による署名等の記載を求めること。……なお，保護開始世帯については，世帯主及び稼働年齢層の世帯員に対し収入申告の義務について開始時に説明することとし，既に受給中の世帯については稼働年齢層の者がいる世帯への訪問時等に改めて収入申告の義務について説明するとともに，別添2の様式を活用されたい。」
38) 太田伸二「高校生のアルバイト収入未申告に対する生活保護法78条に基づく費用徴収決定を取り消す裁決」賃金と社会保障1624号57頁（2014年）
39) 総務省行政評価局「生活保護に関する実態調査結果報告書」（平成26年8月）61頁

4条1項)の対象外であること，高校生が世帯主でない場合がほとんどであり，日中不在が多いことからケースワーカーとの面談等の機会が少なく，また，その収入の使途が各種就学費用等にあてられることもあり，高校生自身が収入申告義務を承知していない場合ではないでしょうか。自分のアルバイト収入が家族の生活費として収入認定されると考える高校生は少ないと思われます。

更に，保護者が疾病，障害等により収入申告義務を理解できていない場合のほか，親子仲が険悪な場合や，保護者が就労等に追われ高校生のアルバイトを知らないなど，高校生の生活を把握できていない場合もあるように思われます。

2　生活保護指導監査方針における高校生への対応

厚生労働省の「生活保護指導監査方針」において，高校生の稼働収入を問題にし始めたのは2009（平成21）年度です（高校進学費用の生業扶助が新設されたのは2005（平成17）年度）。

そこでは，「収入申告義務については，世帯員全員，例えば高校生のアルバイト収入等についても必要である旨，保護開始ケースについては開始時に，継続ケースについては定期的に資産及び収入の届出義務について記載した『保護のしおり』等を配布するなどし，十分周知するよう助言指導すること」としています[40]。

さらに2010（平成22）年度の同監査方針では「監査の結果，一部の実施機関において，課税調査等で発見された無届の高校生のアルバイト収入等について，申告義務の周知の不徹底等を理由に法第63条が適用されている事例が認められた。」「世帯主が世帯員に対して周知していなかったことなどを理由に安易に法第63条の適用を行うことは……不適切である。」[41]等の内容が示

---

40) 厚生労働省社会・援護局保護課自立推進・指導監査室「平成21年度における生活保護指導監査方針」生活と福祉638号20頁

41) 厚生労働省社会・援護局保護課自立推進・指導監査室「平成22年度における生活保護指導監査方針」生活と福祉650号15頁

されました。

　この監査方針が示されたことにより，実施機関では申告義務の周知の不徹底を理由としては法63条の適用はできないと解し，申告義務が周知されていない場合でも法78条を適用する運用が強化されたように思われます。このことは，高校生が申告義務を知らずに親に伝えなかった場合や，世帯主が高校生の稼働収入申告義務を承知していない場合も不正受給として法78条の決定が行われるということになります。

　2011（平成23年）年度の監査方針も同旨記載がありますが[42]，2012（平成24）年度では，高校生を名指しした法78条適用の指摘はなくなり，従来より同旨記載のある「高校生アルバイト収入については申告漏れのみならず，基礎控除，未成年控除などの勤労控除及びその他必要経費の控除だけでなく」「高等学校就学費の支給対象とならない経費」等を「収入として認定しないことについても併せて周知するよう指導の徹底」[43]とされています。

　以降，同内容が「生活保護法施行事務監査事項」の「着眼点」に掲載され，現在に至っています。

3　「生活保護新任査察指導員研修」における高校生の扱い

　2012（平成24）年度の厚生労働省開催の全国「生活保護新任査察指導員研修」では，「高校生など未成年の被保護者に未申告の稼働収入があることが判明した際に，『悪意が認められない』『かわいそうである』といった情緒的な理由などにより，未申告収入や過少申告があった際に適用すべき78条ではなく，63条を適用している事例がありますので，適用の適正実施をお願いします。」[44]と指示し，「悪意が認められない場合」であっても，高校生に対して積極的に「不正受給」を認定して法78条の適用を求めています。

---

42) 厚生労働省社会・援護局保護課自立推進・指導監査室「平成23年度における生活保護指導監査方針」生活と福祉662号16頁
43) 厚生労働省社会・援護局保護課自立推進・指導監査室「平成24年度における生活保護指導監査方針」生活と福祉674号10頁
44) 東基幸「課税調査の実施と進行管理の実務」生活と福祉676号23頁

第5　小括～行政実務による法78条の判断について

　行政実務による法78条の判断基準は，（ア）届出又は申告について口頭又は文書による指示をしたにもかかわらずそれに応じなかったとき，（イ）届出又は申告に当たり明らかに作為を加えたとき，（ウ）届出又は申告に当たり特段の作為を加えない場合でも，実施機関又はその職員が届出又は申告の内容等の不審について説明を求めたにもかかわらずこれに応じず，又は虚偽の説明を行ったようなときの3項目でした。

　このことについては，機械的・形式的に運用すると「不正受給」の範囲を無限定に拡大する危険性の指摘があるものの[45]，正面から否定する議論は見ません。

　すると，問題になるのは被保護者の「不正の意図」であり，その挙証ということになります。

　1966（昭和41）年の『生活保護百問百答第17集－生活保護法の運用』では，「受給者に不正受給の意図があったことの立証が困難な場合等については，返還額の裁量が可能であることもあって法第63条が援用されている」[46]としていました。

　1979（昭和54）年の『生活保護手帳　別冊問答集』までは「故意に」を明記していましたが，その後の『生活保護手帳　別冊問答集』では，文言から故意が削除されています。また，1979（昭和57）年の同書の法63条によることが妥当な場合としていた「ある程度の故意は認められるが，実施機関又はその職員が社会通念上妥当な注意を払えば容易に発見できる程度のものであったとき。」の文言も削除されました。

　厚生労働省の監査方針では，「申告義務の周知が不徹底」「世帯主が世帯員に周知していなかった」場合でも，法63条ではなく，不正受給として法78条適用を求めています。また，全国査察指導員研修では高校生に「悪意が認められない」場合でも法78条の適用を指示しています。

45）前掲注23）良永302頁
46）前掲注25）『生活保護百問百答第17集』138頁

しかし，2012（平成24）年「生活保護費の費用返還及び費用徴収決定の取扱い」に至り，法78条の適用で，最も留意することは不正な意思の立証であり，立証が困難としている原因を実施機関の説明不十分，当該世帯が理解したことの確認が記録等でできないからと福祉事務所現場の問題としました。
　このように生活保護行政では不正受給の判断基準を緩和し，法78条の適用対象を拡大していることが分かります。その上で確実に不正受給を認定し法78条を適用するためには，不正の意図の証明が必要であり，不正の意図を実施機関が記録等で挙証をしなくてはならないことに議論が整理されてきました。
　そこで，容易に不正受給の意図を認定できるように，収入申告義務について職員が説明し，被保護者が説明を受け理解したこと等を書面で残すこととなったのです。このことから，申告義務の説明を受けた旨の確認書の提出が定められました。
　保護申請時には様々な説明とともに各種書類の署名押印を求められますが，多くの要保護者は不安とともに緊張していることが多いと思われます。そのような状況で不正受給についての説明が不十分な場合や説明が行われない場合でも，慣れない多くの書類の記入がある中で，要保護者が確認書の内容を理解できないまま，促されて署名押印する場合等も十分に考えられます。
　また，生活保護の自立の課題を社会生活，日常生活自立とせざるを得ない状態の被保護者もいる中で，このような署名を求めることの意味は，結局は実施機関が不正受給認定のしやすさ，法78条の適用の容易さを求めているにすぎないように思われます。

第6　裁判例での法78条適用

　裁判例でも法78条の「不実の申請その他不正な手段」とは消極的に本来申告すべき事実を隠匿することも含まれると解するものとされており，問題となるのは，不正に受給しようとする意思の有無と，本来申告すべき収入の事

実を申告しないことに当たっては，事実を申告する義務の認識ということとなります。

①妻の給与収入を申告せず生活保護費を受給したことが法78条の「不実の申請その他不正の手段」とされた事例（札幌地判平成22年4月26日[47]）では，被保護者が職員から申告義務の説明を受け，その際に現物でもらったときはどうすればいいのか等と聞いたなどと述べていることから，収入申告義務の説明の際のやり取り等が具体的であり，被保護者が申告義務を認識していたことが認められています。その上で稼働収入がない旨を記載した収入申告書を提出していたことから「不実の申請その他不正な手段」に当たるとされました。

②生活保護給者が受給中に借入れをしたのに，その収入を申告せず，不正に生活保護費を受給したとしてされた法78条の徴収処分の取消請求が棄却された事例（札幌地判平成20年2月4日[48]）があります。ここでも，被保護者が職員から説明された際に生活費が足りないからといって借りてきてはいけないとの説明を受けており，被保護者自身も，借金をしてはいけないとの認識をしていたと借金についての認識が認められています。そこで判決は「上記借入れ等の事実をケースワーカーに対して申告しないまま保護を受けていたことは，本来申告すべき事実を申告せず，不正な手段により保護を受けていたものといわざるを得ない。」としました[49]。

③原告の高校生の娘のアルバイト収入を申告しなかったことを理由に福祉事務所から法78条に基づく費用徴収決定を受けたことから，その取消しを求めた事例（横浜地判平成27年3月11日[50]）があります。

裁判所は収入申告の有無についてはアルバイト収入の申告はされていなかったと判断しており，問題点は収入申告がされていない場合の法78条適用のあり方でした。

---

47) LEX／DB文献番号25463506
48) 裁判所ウェブサイト
49) 生活保護の上で借金をどのように考えるのかという問題はありますが，ここでは省略します。
50) 賃金と社会保障1637号33頁

ここでは，ケースワーカーの収入申告の説明について「アルバイト収入が発覚するまで，原告夫婦に対し，高校生のアルバイト収入も届出義務の対象になることを説明したことはなかった。」と判断した上で，「高校生のアルバイト収入についても届出義務があることをすくなくとも口頭で念を押して説明しておくというのがケースワーカーとしてのあるべき対応であったと考えられる。」と指摘がされています。

その上で，原告（高校生の両親）の障害，疾病を挙げ，原告は生活保護のしおりやお知らせなどの「書面をよく読んで理解しようとする意欲に乏しく，妻が読んで原告に説明したとも考えられない」ので「原告が理解していたと断定するには不十分である。」としました。

また，収入申告についても「申告書の内容には真実を反映していない部分があるものの」ケースワーカーに「指示されるまま受動的な対応を取っていたにすぎない原告がそのことを認識しつつあえて提出したとは認めがたいから，これをもって原告があえて虚偽の申告書を提出したということは困難である。」としています。

以上の裁判例を見ても，被保護者に不正の意図があったのか否かの議論が重要となっており，その判断に当たってはケースワーカーによる説明の有無が問題とされています。

第7　法78条の控除と返還免除

1　本来の収入算定で収入認定額が生じない場合

法78条の判断に当たり，本来の収入認定処理を行った場合に各種控除などで収入認定額がない場合（認定額0円）にも不正受給といえるのでしょうか。

『生活保護手帳　別冊問答集』では，「収入認定の規定は，収入状況について適正に届出が行われたことを前提として適用されるものである。」として，必要最小限の実費以外は控除できないものとされています（必要最小限の実費は控除できるということです。）。

別冊問答集

問13－23　法第63条・法第78条と控除

(問) 法第63条及び法第78条の返還対象額を算定するにあたり，収入認定の際に認められる控除について適用することはできるか。

(答)

（1）・（2）　省略

（3）　法第78条を適用する場合

　保護の実施要領に定める収入認定の規定は，収入状況について適正に届出が行われたことを前提として適用されるものである。

　したがって，意図的に事実を隠蔽したり，収入の届出を行わず，不正に保護を受給した者に対しては，各種控除を適用することは適当ではなく，必要最小限の実費を除き，全て徴収の対象とすべきである。（以下略）

　つまり，本来の収入認定の算定と法78条による算定は異なることになります。これは，1988（昭和63）年の『生活保護手帳　別冊問答集』が不正に保護を受給した者に対しては勤労控除を認定することは適当ではないと述べたものが[51]，現在に至っているものと考えられます。

（問468）〔法第78条による費用返還義務〕

　法第78条による費用返還額の決定に当たり，次の点はどのように取り扱ったらよいか。

（1）　収入申告を故意に怠った勤労収入について勤労控除を適用すべきか。

（2）　多額の保険金を受領していたにもかかわらず，収入申告をしていなかった者が，その後，保険会社から詐欺を理由に当該保険金の返還を求められているが，生活保護費についても費用返還を求めるべきか。

(答)（1）勤労控除は，被保護者の自立助長を考慮し，義務である能力活用を積極的に行い，かつ，適正にその勤労状況，収入状況について届出がなされたことを前提として認定されるものである。

---

51)『生活保護手帳　別冊問答集』（1988年版）（問468　法78条における費用返還義務）286頁

第3編 生活保護行政の課題

> 　したがって，意図的に勤労の事実を隠蔽したり，収入の届出を行わず，不正に保護を受給した者に対しては，勤労控除を認定することは適当でなく，必要最小限の実費を除き，全て収入額としてとらえれば足りるものである。
> 　（２）　設問の保険金についても受領時に収入申告が行われていれば収入として認定されていたものであり，結果として不当に保護を受け，法に定める最低生活を超える生活を営んだこととなるので，生活保護としても支給した保護費のうち，不正受給額について返還を求めることとなる。
>
> 　　　　　　　　　　　　　　　　　『生活保護手帳　別冊問答集1988』286頁

　法78条の徴収対象額は不正な収入額に対してではなく不正に受給した保護費の額です。法改正により新設された100分の40を乗じた額（法78条1項）も不正に得た保護費の100分の40とされています。

　就労収入がある場合，勤労控除は算定された上で収入認定が行われます。すると，収入申告を行い控除等が行われた場合の保護費と，収入申告を行わない場合の保護費とでは，後者が前者よりも過大な保護費を支給したのは控除後の部分ということとなり，保護者が本来より多くの保護費（不正受給額）を受領したのは収入認定部分ということになります。

　不正受給の罰則としては法85条の規定がありますが，罰則だけでは保護金品に関する損失は補填されないため，保護費を返還させるために法78条が規定されたとの説明がされています[52]。現在も法78条については，「不正に得た保護費に相当する額を返還させるに過ぎない」との説明が行われており[53]，法78条の対象金額は不正に得た保護費部分なのです。

　法78条の決定についての徴収の額は，保護費を支弁した地方公共団体の長

---

52) 厚生省社会局保護課『生活保護後百問百答第16集―生活保護法の運用』（全国社会福祉協議会，1963年）222頁
53) 厚生労働省社会・援護局保護課「改正生活保護法逐条解説（第9回）」生活と福祉713号18頁

としての立場で決定することになり，保護の目的達成という見地からの配慮を要請される実施機関の立場とは異なると説明されています[54]。このことが勤労控除等が行われないことの理由とされていますが，勤労控除等は定型的であり，誰が計算しても同様の控除額となるもので裁量の問題は生じません。

保護費を支弁した地方公共団体の長の立場であるならば，法78条は保護費算定上過大な支出をし，実際に損害を受けた部分（本来の収入認定額）についての返還決定とすることが妥当と思われます。

したがって，収入申告をしても基礎控除や各種控除により収入認定額が生じない場合は，自治体の損害額は生じていないことになり，徴収額を現在のように勤労控除を行わないで法78条返還決定とすることは疑問に思われます。

2　法78条費用徴収金の返還免除

法78条の返還能力がない場合には，その免除（一部免除）はできないのでしょうか。

この問題は，法78条の徴収額である「その費用の全部又は一部」の解釈に関わってきます。生活保護行政における法78条の「その費用の全部又は一部」の解釈は，1982年版の『生活保護手帳　別冊問答集』より掲載されました[55]。

それ以降，生活保護行政ではこの解釈を「その費用の全部」とは，支給した保護費の全額が不正受給である場合を，「その費用の一部」とは，支給した保護費のうち一部が不正受給である場合をいい，法78条の徴収額は，不正受給額を全額決定するものとしています。

54）『生活保護手帳　別冊問答集2016』（問13－25）431～432頁
55）厚生省社会局保護課監修『生活保護手帳　別冊問答集』（社会福祉調査会，1982年）326頁

別冊問答集

問13—22　法第78条の全部又は一部の解釈

（問） 法第78条にいう「その費用の全部又は一部」とは何をさすのか。

（答）「その費用の全部」とは，支給した保護費の全額が不正受給である場合を言い，「その費用の一部」とは支給した保護費のうち一部が不正受給である場合を言うものである。

　　したがって，徴収額は，不正受給額を全額決定するものであり，法第63条のような実施機関の裁量の余地はないものである。

　これに対しては，条文の規定からして無理があるとする見解[56]のほか，裁判例でも徴収額を一部に限る余地がある[57]，全額を徴収することが適当でない場合がある[58]とするものもあります。この問題について，厚生省は1957（昭和32）年当時には返還権利者に裁量権があり法78条の徴収額を減額するか，全く徴収しないことを認めていました。

　　法律の趣旨としては，法第63条の場合と異り，この場合の方が，支給実額を厳重に返還させることを予想しているといえるのである。しかしながら，この場合においても，なお，少くとも返還義務者が被保護者本人である場合のその者の現在の生活の状況については，やはり若干の考慮が必要といえる

---

56) 前掲注23）良永301頁

57) これは，住民が地方自治法242条の２第１項４号に基づき，自治体に対して法78条の返還請求を求めた事案です。仙台地判平成17年６月30日「不正な手段により生活保護費の支給を受けた場合には，そもそも受給資格がないのであるから，その受給費用全額について徴収されるのが原則である。しかし，法78条の文言は，費用の徴収に支弁者の裁量を認めており，これは，被保護者の困窮状態や不正の程度等の事情によっては，徴収額をその費用の一部に限る余地がある場合を考慮した規定と解される。」（LEX／DB文献番号28131527）

58) 仙台高判平成17年11月30日「これが敢えて法78条として立法された趣旨は，本来，普通地方公共団体は不正な手段により受けた保護に要した費用は全額徴収すべきであるところ，被保護者の困窮状態，不正の程度等の事情によっては，全額を徴収するのが適当でない場合があること」（LEX／DB文献番号28131606）

> のであつて，返還権利者の裁量権もこの点に従つて行使されるべきものである。
> 　一例をあげるならば，被保護者がその収入が増加したにもかかわらず故意に届出を怠り，保護の実施機関もその事実を発見することなく数カ月を経過した場合の措置については，届出を怠るという不作為によつて不正に保護を受けたのであるから，法第78条の規定によつて過払分を徴収することになるが，もしもこの徴収によつて再び要保護状態におちいる危険が大きいというような場合には，返還額を適当に軽減するか，又は全く徴収しないように措置することが適当である。また，この場合は被保護者の不作為によるものであるから被保護者の故意の認定が容易でないことも多いと予想されるが，もし被保護者に故意のないことが明らかであり又は被保護者に対して，その届出をすることを期待することが無理な事情の場合には，法第78条は適用されず，実施機関が過誤ある保護をした場合として，法第63条を適用すべきことになる。
> 　　　　厚生省社会局保護課『生活保護後百問百答第10輯―生活保護法の運用』
> 　　　　第4章第2節（社会福祉調査会，1957年）214～215頁

3　法78条の費用返還の性質

　法78条適用に当たっての勤労控除や就学経費等を認めない取扱い，不正受給額を全額返還決定するという取扱いは，不正受給者への事実上の制裁としての機能を持たせているように思われます。平成25年の法改正により，不正に得た保護費に100分の40の上乗せが設けられました。この趣旨は不正受給に対する実質的なペナルテイーとされています[59]。

　そうであるならば，法78条は実質的な損害額である本来の収入認定額を徴収し，不正の制裁が必要な場合は，100分の40を上乗せすることや，法85条の罰則を適用するなどの対応が妥当と思われます。

---

[59] 前掲注53)「改正生活保護法逐条解説（第9回）」生活と福祉713号18～19頁

第8　徴収金と保護費との調整（法78条の2）

　法改正により2014（平成26）年7月より法78条の2が新設されました。その理由を厚生労働省は,「費用徴収を行う時点で,すでに不正受給により得た金銭を費消しているケースが多く,費用徴収の実効性が低いとの課題があった」と述べています[60]。そこで,本人が申し出た場合に,生活に支障がないことを前提に保護費との調整を可能としました。

　これは,法78条により不正受給額の全額返還を決定したものの徴収できないことから,保護費が法58条の差押禁止であるという問題を,本人の申出により保護費との「調整」で徴収を行うというものです[61]。つまり「あらかじめ保護金品の支給の際に徴収金を差し引いた上で,保護費を支給する」[62]という保護費からの「天引き」「相殺」ということです[63]。

　しかし,この扱いは法58条,最低生活保障との兼ね合いが必要になるため,保護課長通知「生活保護費の費用返還及び費用徴収決定の取扱について」（平成24年7月23日社援保発0723第1号）が平成26年4月に改正され,法78条の2の取扱いが示されました。

　そこでは保護費との調整に当たっては,①被保護者からの任意の申出があり,②調整をしても生活の維持に支障がないことが必要とされ,申出に当たっては申出書を徴収することが必要とされています。以下,保護課長通知に沿って見てみましょう。

---

[60] 社会・援護局保護課「社会・援護局関係主管課長会議資料」（平成26年3月3日）36頁
[61] 近藤琢磨「改正法施行に伴う実施要領等の留意事項について」生活と福祉704号5頁
[62] 「生活保護行政を適正に運営するための手引について」平成18年3月30日社援保発第0330001号
[63] 厚生労働省の各種文書では「調整」という文言を使っていますが,法改正の説明の中には本音と思われる「相殺」という文言が使われています。厚生労働省社会・援護局保護課「改正生活保護法について」生活と福祉694号10頁

申出書の提出は任意の意思に基づくものであり，提出を強制するものではないことに十分留意する必要があるが，そもそも全額公費により財源が賄われている制度にあって不正受給は許されるものではないこと，徴収金が発生した場合には当該徴収金を納付する必要があることや保護金品と調整する額の上限額などについて保護の実施機関から説明し，当該申出が行われるよう努めること。

　ここでは，強制をするものではないといいながら，ケースワーカーに対しては当該申出が行われるように「努めること」と強調しています。しかし，最低限度の生活保障である毎月の保護費から調整をするため，調整により生活維持に支障があるか否かが問題となり，具体的な調整金額の問題が生じます。

　そこで，被保護者が家計の合理的な運営が行われれば徴収金にあてることは可能であるとした上で，単身世帯は5000円，複数世帯は1万円程度を上限とし，加算のある世帯については障害加算等を除いた加算額，就労している人には勤労控除額部分を上乗せできるとしています。

被保護者に対して支給された保護金品については，一般的に世帯主等に当該世帯の家計の合理的な運営がゆだねられていることから，支出の節約の努力等によって徴収金に充てる金員について生活を維持しながら被保護者が捻出することは可能であると考えられる。
　具体的に保護金品と調整する金額については，単身世帯であれば5,000円程度，複数世帯であれば10,000円程度を上限とし，生活保護法による保護の基準（昭和38年厚生省告示第158号）別表第1第1章及び第2章に定める加算（障害者加算における他人介護料及び介護保険料加算は除く。）の計上されている世帯の加算額相当分，就労収入のある世帯の就労収入に係る控除額（必要経費を除く。）相当分を，上限額に加えて差し支えないものとする。

この5000円や1万円の金額の根拠も曖昧なように思いますが，加算や勤労控除分も返還金の対象とすることは，最低生活に組み込まれているこれらの加算や勤労控除の趣旨を没却することになりかねないように思われます。
　この金額の決定に当たっては，生活に支障が生じないようにケースワーカーに家計状況や生活状況を個別に把握し判断することを求めています。

> 　生活の維持に支障がないとする徴収金額については，上記によるほか，領収書・レシートなど家計状況や生活状況について可能な限り把握するとともに，被保護者の同意を得た上で，当該被保護世帯の自立の助長についても十分配慮し保護の実施機関にて個別に判断すること。

　「調整」の取消しについては，「調整」自体は任意であることが前提ですから，被保護者から申出取消しの意思表示がされたときには，申出の取消しを認めることとされています。
　不正受給を行った金銭を遊興費等に消費してしまい，返還をしないまま保護を継続して受けているということは釈然としないものがあります。この場合には，生活の支障がない範囲での返還は必要とも思われます。
　しかし，この通知ではケースワーカーに法78条適用者全てに保護費の調整申出をさせることを，事実上「説得」することを求めることにならないでしょうか。また，調整額に当たっての生活に支障があるか否かもケースワーカーが被保護者の領収書やレシートなどをチェックして家計の把握を行うことが必要とされています。
　これは，被保護者から調整申出を「強要された」との訴えや，調整額が多くて生活上の支障が生じて問題が生じたときときには，ケースワーカーの対応や判断の問題にされるということと考えられます。
　このことは，法78条の返還金についてケースワーカーに責任や重い負担を担わせた解決方法であり，危険な扱いであるように思われます。

第9　不正受給とケースワーカー

　被保護者が収入申告の意味を理解できていれば，法78条適用の可否についての議論が減るように思われます。しかし，被保護者の中には複雑な課題を持ち，また理解能力が低い人等もいることから，法制定時よりケースワークの必要性が述べられていました[64]。そこで，ケースワーカーは相手の能力，理解力に応じた生活保護の説明が必要とされており，支援の個別性が求められています[65]。

　一般的には書面をよく読めば理解できる内容であっても，障害，疾病等により関係書面をよく読んで理解しようとする意欲に乏しい人，理解が困難な人については，より丁寧な説明が必要と考えられます。

　課税調査などで被保護者から収入申告が行われていないことが分かる場合があります。この場合は，ケースワーカーも「騙されていた」と感じ不正受給と決めつけがちになりますが，前記第6（282〜284頁）の裁判例で見たように「不正の意図」の有無の判断が不可欠となります。このような場合は，客観的な資料を基に「不正の意図」を検討する必要があります。

　また，法78条の不正の認定についての厚生（厚生労働）省の考え方は変遷しており，現在示されている通知などでも「温度差」があります。

　法78条の2の「調整」については，前述のように厚生労働省は「努めて」行うように指示をしていますが，任意であることが大前提であることの理解が必要です。

　不正受給を行ったことに対する怒りや不信感から，無理に調整に応じさせようとすると，厚生労働省は「任意」「生活に支障がない」との判断責任を

64）小山『生活保護法の解釈と運用（改訂増補）』95〜96頁
65）『生活保護手帳』の冒頭に掲載されている「生活保護実施の態度」では，「被保護者の個々についてその性格や環境を把握理解し，それに応じた積極的な援助をたゆまず行う」（『生活保護手帳2016年度版』2頁），また，『生活保護手帳　別冊問答集』においても「要保護者それぞれのもつ様々な事情を十分に把握するとともに，それらの点に着目した実施要領の引用を行うなど，その個別性，具体性に即応した妥当な取扱いをしなければならない。」（『生活保護手帳　別冊問答集2016』2頁）とされています。

事実上ケースワーカーに委ねていることから，後日ケースワーカーに強要されたとか生活維持ができなくなったとかの争いが生じたときには，ケースワーカーの責任にされかねない危険性が生じます。

　不正受給問題の多くは，収入申告手続やその重要性について被保護者が理解できるまで十分に説明することの不足や，家庭訪問などの日常の相談援助の不足により生じることが多いように思われます[66]。「不正受給」の防止には，これらのケースワーカー業務は欠かせませんが，多くのケースワーカーは社会福祉法の標準とする世帯数を超えて担当していることが多く（第1編第4章第2），また様々な調査等の事務処理に追われ，前記第6の③の高校生アルバイト収入事件の裁判例のように，収入申告等の義務の周知が不十分となっていることがあるように思われます。このような場合には，被保護者の権利の周知も不十分となり，他にも問題が生じていることも考えられます。不正受給の問題は，生活保護行政の実情を写す鏡の面を有しているのかもしれません。

---

66) 不正受給を起こす福祉事務所の特徴として，ケースワーカー不足，家庭訪問等での調査説明不足，知識不足等を挙げているものに下村幸仁「不正受給に対する民主的挑戦」尾藤廣喜ほか編著『生活保護法の挑戦』（高菅出版，2000年）273頁以下。ケースワーカーによる制度の周知不足については，阿部彩「生活保護への四つの批判—研究からの反論—」埋橋孝文編著『生活保護』（ミネルヴァ書房，2013年）28〜29頁。

第4章 就労支援
～生活保護行政における就労支援の意義

第1 生活保護行政が就労支援を行うことの意味

　生活保護行政が就労支援を行うことの大きな理由に，保護要件の問題が挙げられます。

　法4条1項には保護要件として，稼働能力の活用が明記されていることから，これをどのように理解，解釈するのかが大きな問題でした。生活保護行政では2008（平成20）年度に社会・援護局長通知「稼働能力の活用」が示されましたが，この通知が抽象的にならざるを得ないこと，また裁判例からも稼働能力活用を保護要件として判断を行うことの難しさについては既に見てきたとおりです（第2編第5章第4）。

　就労を保護要件として保護の要否の判断を行うことが難しいならば，就労しない人に対しては，どのように考え，どのような対応を行うことが適切なのでしょうか。この問題を生活保護でどのように考えるのかが重要となります。

　就労支援自体は，本来労働行政の問題です。一般に労働行政が支援する対象者とは，就労意欲があり，労働能力のある人たちと思われます。就労のための能力は，その「個人」から切り離すことはできないものです。したがって，健康・学力・職歴・資格だけではなく，コミュニケーション能力，身だしなみ，社会常識など「その人」の全人格的なものにより労働能力の有無，程度の差異が生じることとなります。その上で本人の希望と雇用する側の希望をマッチさせることが必要とされてきたのでした。

　これまでも被保護者も含めて意欲と能力がある人がハローワークなどの労働行政で求職をし，就職してきました。このことは現在でも基本的な形態と考えられます。

　労働行政においても障害者や高齢者，母子家庭，若年層の人たちや就労意欲があっても就労することに課題のある人への支援は行われています。

しかし、生活保護行政による就労支援の対象者は、被保護者であるということ以上に、この労働行政で対応が困難な人たちを支援することなのです。つまり、生活保護行政で問題となる人たちの多くは、労働行政では対応が難しい、就労意欲がないか減退している人たちであり、また労働のスキルが非常に低い人たちが多いといえます。したがって、その支援は職の紹介では済まないことになります。

第2　「就労意欲が低い」ことを考える

1　「働けない」「働かない」とは

就労をしない被保護者は生活保護費のみで生活をしていることとなります。生活保護は最低限度の生活ですから、日々の暮らしでやっとですし、冠婚葬祭はもちろん、友人や知人との交際もままならないと思われます。まして、趣味や娯楽の費用を工面することはなかなかできません。

しかし、就労をすれば生活保護制度では勤労控除等もあり、就労収入の一部が手もとに残る計算となることから、経済的には「トク」なのに働かずに保護費だけでなぜ満足できているのでしょうか。

このように考えると、就労意欲の低い人、働かない人の問題は、経済的な利害得失だけの問題ではないようにも思われます。

ただ、注意しなくてはいけないのは、ケースワーカーが就労収入と生活保護の関係を適切に説明していないことにより（説明をしたつもりでも被保護者が理解できていないこともあります。）、就労をすれば保護が直ちに廃止されるとの誤解や、各種控除の説明がされていないことから、就労収入は全額収入認定され「働いても、働かなくても同じ」との理解をしている場合もあります。

筆者の経験では、保護開始決定を伝えたときに、「これからは働かないようにします。」といわれたことがありました。驚いて理由を聞いてみると、生活保護受給者は働いてはいけないものと思っていたのでした。

このような誤解がないようにケースワーカーの丁寧な説明は必要ですが、

それでは働く意欲が低い人をどのように考えるべきなのでしょうか。

2　支援のあり方

　その人がなぜ働かないのか，なぜ働く意欲がないのかの検討をする必要があります。働く意思のない人を雇う職場はありませんし，稼働能力と稼動意欲，意思の問題は分解できるものではなく一体的なものと考えられます。

　就労支援とは，その人にふさわしい就労についての支援が必要となりますが，ふさわしい就労とは非常に抽象的なものです。しかし，その人にとってふさわしい就労先・収入・仕事内容のイメージがないまま，就労支援をしても効果があるのかは疑問であり，「ふさわしい就労」についての共有化が必要になります。

　それには，どのような仕事をしたいのかについて，本人と支援者との間で共通の理解が必要となります。そこで，生活歴・就労歴を丁寧に聞き取ることが大切となります。また，どのような仕事をしてきたのか，何が辛かったのか，どのような仕事はしたくないのかなど，本人が今，考えられることを聞き，分析・検討をすることになります。したがって，ある程度の時間が必要になり，福祉事務所の都合や，ケースワーカーの恣意的な判断で期限を決めたり，ハローワークへ行くこと自体を目的化することも適切ではありません。

　当然なことですが，本人と支援者との認識が異なっていれば，効果のある支援とならないどころか，認識の違いからトラブルや不信感が互いに生じかねません。

　就労支援に当たり，福祉事務所職員（就労支援員）の対応の不適切さが指摘された裁判例があります。そこでは，被保護者の抱える就労阻害要因等について十分な分析をせず，ただ求職情報を提供し，求職活動を促していたにとどまると指摘がされています。

静岡地方裁判所平成26年10月2日（賃金と社会保障1623号39頁）要旨

　就労支援プログラムを担当した支援員は，原告の生活歴や職歴，原告の抱える就労阻害要因等について十分な分析をすることのないまま，原告に対してただ求職情報を提供し，求職活動を促していたにとどまるものであって，就労支援のあり方として必ずしも適切ではなかったというべきである。

　また，就労支援に当たって，就労とは収入を得るだけではなく社会参加の場という捉え方も必要です。このことは，収入を得るためには職を選べないのか，どのような仕事でもしなくてはならないのかという問題と重なります。

　裁判例では，母子世帯の母親が生活困窮に陥ったために，生活保護申請のために福祉事務所に赴きましたが，面接をした福祉事務所職員は，母親に経験のない水商売に就くことを勧め，生活保護申請を受理しなかったというものです（次頁参照）。

　この福祉事務所職員は他の要保護者の女性に対しても，行きつけのスナック等を紹介していたということですから，日常的に行われていたのかもしれませんが，福祉事務所職員は水商売を勧めた事実はないと主張しており，不適切な対応であることの認識はあったようです。

　水商売自体は一般に否定されるものではないと思いますが（違法な性風俗等は論外です），水商売の経験がなく，子供のいる母親をクラブ（就労時間は夜間ということです。）での就労を勧めることは，法4条の補足性の原理からは逸脱しており，就労支援（判決文では「就職指導」とされています。）ですらないことの理解は必要です（この例は明らかな申請権の侵害ですが，このことは第3編第1章を参照してください。）。

　就労支援に当たり，支援を受ける人の有する様々な課題とともに家族構成や家庭の事情等，その人を取り巻く背景も含めて全体的に理解することも必要となります。

広島高等裁判所平成18年9月27日（LEX／DB文献番号28112456）

○生活保護申請時に水商売に就くことを示唆し，申請受理をしなかった例

「控訴人は，仕事を見つけることができず，手持ちの生活資金も底が見え始めたので，生活保護の受給について相談するため，平成12年11月27日に○○市の福祉課保護係を再び訪ねた。」Aは「『あなたのような母子家庭の人でもちゃんと自立している人たちはたくさんいるし，例えば，パートを掛け持ちするとか，飲食店で働くとか。』，『水商売もあるし。』などと述べて，控訴人に水商売に就くことも示唆した。」

「被控訴人らは，Aが控訴人に対して水商売を勧めた事実はないと主張し，原審Aも同趣旨の供述をする。しかし，証拠によれば，Aは，平成13年3月に生活保護費を受給するために来庁した他の女性に対し，母子係の女性職員からの依頼を受けて，行きつけのスナックを就業先として紹介したことが認められるところ，その時期は控訴人がAから水商売を勧められたと原審で供述する時期と近接している上，控訴人の場合も，上記別件と同じく，初めに応対した女性職員を引き継いだ形でAが就職指導等をしていること，実際，控訴人も，それまで経験のないクラブ店に応募面接していることからすれば，Aが控訴人に対しても同種の仕事に就くことを示唆したと認めるのが相当である。また，Aは，控訴人にスタンドで働くよう勧めたことを認めた上で，それは飲み屋ではなくガソリンスタンドのことだったなどと原審において供述するが，上記経緯に照らすと，同供述をにわかに信じることはできない。」

第3　就労支援の難しさ

それでは具体的には，どのような就労支援が必要なのでしょうか。ポイントは，本人が「働きたい」と思えることが重要であり，そのような支援が必要ということです。しかし，そこがなかなか難しい点でもあります。この難しさとは，ケースワーカーの担当世帯数や事務処理等が多く忙しすぎるという問題だけではなく，就労支援自体の独特の難しさです。

就労意欲や就労能力は数値化・客観化がすることが困難なものです。そこで，支援対象者の就労意欲の低さをどう見るかが重要になりますが，このこ

とが難しいものとなります。

　まず第1に，事案ごと（その人ごと）の個別性が強いということが挙げられます。支援対象者「個人」ごとの属性（年齢・家族・傷病・生活歴・職歴・学歴・労働スキル・意欲等）が全て異なり，それを踏まえた上での求職先の労働内容・職場環境・賃金などをマッチさせることとなります。

　第2に，就労とは「個人」「労働内容」「職場環境」「賃金」の複合であることから，その支援方法を類型化・体系化とすることの困難な点が挙げられます。類型化・体系化が難しいことから，チャート表などでのチェック方式では，おおよその方向が分かっても，支援対象者個人の具体的な支援方法が見出されるわけではありません。

　したがって，社会・援護局長通知で示した「稼働能力活用」基準が抽象的な記述にならざるを得ないのです。また，この「稼働能力活用」通知についても能力があることを前提に議論をせざるを得ませんでした[67]。

　すると第3に，ケースワーカーはどのように支援方法を身につけていくのかが重要になります。生活保護と就労の問題は，生活保護護法が1950（昭和25）年から施行されてから保護要件に関わる問題とされており，就労指導に従わない場合には保護の却下や停止，廃止などの不利益処分の問題に焦点化されてきました。

　つまり，就労意欲の低い人は指導・指示に従わないということで，保護から排除され，生活保護行政ではそこで「決着」がつき，それ以上の検討・検証を行う必要がなかったのです。このため，就労意欲の低い被保護者に対する就労支援の蓄積が，生活保護行政の中ではあまりないのです。そこで，現在実践されている優れた就労支援から学び，実践を積み重ねる必要があるように思われます。

---

67)「稼動能力活用」基準については第2編第5章第4参照。

第4 生活保護行政の実践から学ぶ

　筆者は，生活保護行政における各地のケースワーカーによる就労支援の実践を検討しました[68]。

　そこでは，難病を抱えた被保護者に対して，病気に向き合うことから始め信頼関係を作りながら支援した例。高校卒業後，就労しないために世帯分離した若者に対して，世帯分離を解除し，本人の意向を聞きながら，本人の力を引き出す，信頼し信頼される支援。親子関係を調整しつつ，時間をかけて自信の回復とコミュニケーション能力の向上から始めた支援。自尊感情の回復を目指し，寄り添いながら支援を行った例。当初は分からなかった働かない理由が支援の連携をすることで理解できた「働きたくても働けない」被保護の実態。ケースワーカーが押しつけるのではなく，被保護者が自ら目標を立てて取り組む就労支援。本人の力を信じ寄り添い希望をもって待つ就労支援の例，就労よりも家族の生活課題の解決を優先させた例，就労活動を行わずケースワーカーの支援を拒む若年者を保護から排除せず支援した例などです。

　これらの就労支援の実践の共通の内容としては，支援を受ける人の生い立ち，経歴，職歴，家庭環境から「働かない」「働けない」理由を検討していることが挙げられます。この検討から，厳しい成育歴，辛い職歴，不安定な生活環境などについての理解に繋がっています。

　その上で，就労を保護の要件に関わらせ，不利益変更を背景とした指導・指示とするのではなく，就労を本人自身の権利として捉え，被保護者が「働く権利」をどのように行使できるようにするかという観点により支援がされています。

　これらの考えに基づいて支援を行っても，なかなか就労に至らない人たちもいます。就労意欲の低下は，社会生活上の諸課題とリンクしているから

---

68) 池谷秀登編著『生活保護と就労支援——福祉事務所における自立支援の実践』（山吹書店，2013年）。池谷秀登編著『事例から考える就労支援の基礎〜生活保護行政とケースワーク〜』（萌文社，2016年）

ではないでしょうか。別の見方をすると，就労意欲の低さとは就労の問題だけに限らない，その人の様々な社会生活上の課題を発見するバロメーターともいえます。だからこそ，就労を保護廃止等の要件の問題とすることは妥当ではないのです。

しかし，被保護者の中には，就労意欲が低いだけではなくアドバイスにも耳を傾けない人や，傍から見ると怠けているようにも見える人，保護受給に「依存」しているように見える人もいます。このような人をどのように考えるのかということが重要であり，なぜ，そのような状態になっているのか，なったのかの検討が必要なのです。

第5　就労意欲の低い人への支援とは

これまで見てきたように，生活保護行政が就労支援を行う対象とする人たちの多くは，就労意欲が低い人や，就労のスキルが低い人たちが対象となります。したがって，その支援は難しいものとなり，多くのケースワーカーや就労支援員は，その対応に戸惑うことが少なくありません。

しかし，この問題は就労以外の他の支援困難事例と同様ではないでしょうか。例えば，要介護状態にもかかわらず介護サービスを拒み，不衛生な生活をしている高齢者の方がいます。介護保険と介護扶助を利用することで，より生活しやすく安心できる在宅生活が送れると考えられますが，ケースワーカーの説明や説得にもかかわらず介護サービスを拒みます。

夜間大きな声を上げたりするなど，近隣とトラブルを繰り返している精神疾患と思われる人もいます。話を聞くと精神症状などがあるようであり，精神科への通院が本人にとっても落ち着けると思いますが拒否をします。そこで，保健師や精神保健福祉士などとともに再三家庭訪問や面談を繰り返しますが，なかなか通院に繋がらないことがあります。近隣からの福祉事務所へのクレームも重なるとケースワーカーも対応に苦慮します。

同様に，連続飲酒を続け，身体機能が低下をしていても受診を拒み，飲酒を続けるアルコール依存症者もいます。身体的にも苦しいと思われます

が，通院を拒むことで，飲酒と嘔吐を繰り返していて命の危険もあり，ケースワーカー自身が精神的に追い詰められることもあります。

これらの人たちの行動はケースワーカーから見ると「不合理」と思われるものであり，どのような支援が有効なのか分からず，また確立した支援方法がないことから，ケースワーカーからは『支援困難事例』と呼ばれている事案ではないでしょうか。そして，このことは就労意欲のない人についても同様なのです。いずれも一見不合理なように見えますが，その原因や背景には複雑なものがあるように思います。

このように考えると，就労意欲が低いこと自体が，社会生活上の課題を有しているように思われます。別の見方をするならば，就労意欲の低さが社会生活・日常生活上の課題発見の契機なのです。

これらを検討することが本人への支援の始まりと考えるならば，就労支援を行う中で生活上の課題を明らかにすることが必要であり，その中でこれまで分からなかったその人の背景や原因を整理し，また新たな課題を発見することになります。だからこそ，生活保護行政が経済給付だけでなく，ケースワーカーを配置し，経済給付と相談援助を一体化しているのです。

しかし，これまで就労支援については，保護要件の問題が前面に出ていたため福祉事務所は支援ではなく，不利益変更を背景とした指導・指示の問題として処理をしてきました。したがって，これらの人たちは生活保護から排除することで，生活保護行政上は表面的には「解決」されていたように思われます。しかし，その「働かない」「働けない」人の問題は何も解決していないのです。

また，『生活保護手帳』の「稼働能力の活用」を詳しく検討し，近時の裁判例を見るならば稼働能力不活用を理由に不利益処分を行うことは難しくなります（第2編第5章第4参照）。同時に，生活保護の目的である自立が社会生活自立，日常生活自立も含まれることから，就労を収入を得ることとともに社会参加の場を得るという観点からも不利益変更を背景としたものとは異なる就労支援が求められるように思われます。

第6 まとめ

　保護要件（法4条1項）に「能力活用」が明記されていますが，資産，収入と比べて客観的評価が難しいものであり，福祉事務所（ケースワーカー）の主観的な判断に負う要素が高いものでした。また，「稼働能力活用」は保護要件にかかわるため，不利益処分に結びつきやすい傾向があります。

　稼働能力活用要件を根拠に却下，保護停止・廃止あるいは世帯分離等の不利益処分を行えば，就労を始めることが実証されているわけでもありません。就労ができないまま，保護を廃止され，住居を失いホームレスになることや，疾病の悪化，万一の事態が生じることもあり得ます。また，生活保護の再申請があったときに，急迫保護として対応をすることも必要になります。

　生活保護行政では，「働かない」ことを，どのように見るのかが焦点なのです。そこで，生活保護行政では，「働かない」ことを生活上の課題として捉え，保護の要件（保護するか，しないか）の議論ではなく，より重要な保護の目的である自立助長（経済的自立とともに社会生活自立，日常生活自立）の支援とする位置づけが必要となります。

　それには，ある程度の時間がかかることは必要であり，それを前提に（様々な支援システムと連携した）丁寧なケースワークが求められることになり，この経験を蓄積し全国のケースワーカーが共有する必要があるのではないでしょうか。

第5章　指導・指示・助言

第1　ケースワーカーから被保護者への働きかけの根拠

　福祉事務所のケースワーカーによる被保護者への働きかけには、指導・指示・助言があり、その根拠としては法27条、27条の2が挙げられます。

　法27条1項は「保護の目的達成に必要な指導又は指示」ができるとされています。このことについて、法立案者は法27条1項について、「被保護者の日常生活の中にまで接近して有益な助言、勧告を与え、生活状態を規整するための指導、指示を具体的に適切に行うことが極めて必要」と述べており[69]、指導・指示の対象とする範囲は広いように思われます。

　法27条には口頭で指導・指示する場合と、文書で指導・指示する場合がありますが、法27条1項の指導・指示は、被保護者に指示の履行を求め、従わないときには保護の停止、廃止などの不利益処分につながる可能性があります。

　法27条の2は1999（平成11）年に新設され、更に2013（平成25）年の一部改正により「保護の実施機関は、第55条の6第1項に規定する被保護者就労支援事業を行うほか、要保護者から求めがあつたときは、要保護者の自立を助長するために、要保護者からの相談に応じ、必要な助言をすることができる。」とされました[70]。

　法27条と法27条の2の違いの1つに、前者は被保護者への指導・指示ですが、後者は、要保護者からの相談に応じ助言をすることが挙げられます。

---

69) 小山『生活保護法の解釈と運用（改訂増補）』414頁
70) 法55条の6第1項は「就労の支援に関する問題につき、被保護者からの相談に応じ、必要な情報の提供及び助言を行う事業（以下「被保護者就労支援事業」という。）を実施する」とされており、指導・指示ではありません。

第2 法27条の指導・指示

> **（指導及び指示）**
> 法27条　保護の実施機関は，被保護者に対して，生活の維持，向上その他保護の目的達成に必要な指導又は指示をすることができる。
> 2　前項の指導又は指示は，被保護者の自由を尊重し，必要な最少限度に止めなければならない。
> 3　第1項の規定は，被保護者の意に反して，指導又は指示を強制し得るものと解釈してはならない。

1　指導と指示

　法27条に規定されている指導と指示の違いについては，指導とは，ある目的を達するために行われる強制的な性質を有しない行為を指し，指示とは，ある事項を端的に示す強制的性質を有する行為を指すとされています。また，指導・指示とは一般には事実行為とされていますが，生活保護法では法62条に規定する法律的効果を随伴するので行政処分であることが多いとされています[71]。

　この指導・指示を設けた理由について小山は，生活保護の実質は経済保護であるが，このことは福祉事務所が規定どおりに保護金品の給付を行っているだけであると，給付された保護金品が真に本法の目的とするところの最低生活の維持のために利用されているかの把握ができないだけでなく，被保護者の自立を助長しようとする法の目的が完全に没却されることになることから，被保護者の日常生活の中にまで接近して有益な助言を与え，生活状態を規整するための指導・指示を具体的に行うことが極めて必要であり，これにより初めて法の目的が実を結ぶに至ると述べています[72]。

71）小山『生活保護法の解釈と運用（改訂増補）』415頁
72）小山『生活保護法の解釈と運用（改訂増補）』413～414頁

2　旧生活保護法との関係

　旧生活保護法では，指示について，「市町村長は，保護を受ける者に対して，勤労その他生計の維持に必要なことに関して指示をなすことができる。」(16条)との規定がありました。

　その理由を帝国議会の旧生活保護法提案理由では，保護を受ける者がいたづらにその保護に依存する弊を防止しようとする惰民防止の規定であると述べられています。

　指示事項についての説明では，求職申込みをするように指導することのほか，不必要贅沢な家具調度品の処分や，家計上の無駄の排除等を指示することができるとされています。これらの指示は，被保護者だけではなく，これから保護を受けようとする人も含まれ，口頭によっても行うことができ，指示に従わない者については，保護をなさないとされていました[73]。

　厚生省の担当者執筆による旧法の解説書でも，保護を受ける者が怠惰に陥ったり奢侈に流れたりすることがないように市町村長は指示を行えるとしています。指示の例としては，「求職のために勤労署に行くように」や，「もっと生活を切り詰めるように」「不必要な家具等を売却するように」などの指示ができるとされていました[74]。

　このように旧法の指示は，保護の要件についてだけではなく，生活一般についても含まれており，また口頭による指示も認められ，指示違反と判断されれば保護は行われませんでした。

　口頭指示とは指示内容が残らず，また指示する側の主観的な観点から指示が行われることもあり，保護受給者の立場が不安定なものとなります。

　現行法になり生活保護受給の権利性が明確になったことから，指示についても旧法とは異なり，その手続が厳密となりました[75]。

---

73) 第90回帝国会議「生活保護法提案理由書」44頁
74) 内藤誠夫『生活保護法の解釈』(日本社会事業協会，1947年)50～51頁
75) この点，小山は「市町村長」が「保護の実施機関」に改められただけであって，その趣旨には変更はないとしていますが(小山『生活保護法の解釈と運用(改訂増補)』413頁)，保護の権利性を考えると，この見解は疑問に思われます。

第3　指導・指示とは

1　口頭による指導・指示と文書による指導・指示

　法27条の指導・指示の原則は口頭によるものとされています。

　これは，口頭による指導・指示により履行されることが妥当と考えられるからです。

　『生活保護手帳　別冊問答集』の説明では「生活保護の決定実施は，要保護者の自立更生の意欲を大前提として，担当職員との相互信頼関係に基づく要保護者の積極的協力を得ることによって，法の目的を最もよく具現することが可能となるのである。その意味で，法律上の権限を発動する以前に話し合いによって要保護者の生活保護制度の対する理解を深め，自発的協力を求めていくことが第一段階として，まず必要である。」とされています[76]。

　その上で，口頭の指導・指示だけでは目的が達成できない場合に，文書による指導・指示が行われることになります。

保護手帳　保護決定実施上の指導指示及び検診命令
　　　　　局第11－2（保護受給中における指導指示）－（4）
（4）　法第27条による指導指示は，口頭により直接当該被保護者（これによりがたい場合は，当該世帯主）に対して行うことを原則とするが，これによって目的を達せられなかったとき，または目的を達せられないと認められるとき，及びその他の事由で口頭によりがたいときは，文書による指導指示を行うこととする。当該被保護者が文書による指導指示に従わなかったときは，必要に応じて法第62条により所定の手続を経たうえ当該世帯又は当該被保護者に対する保護の変更，停止又は廃止を行うこと。

---

[76]『生活保護手帳　別冊問答集2016』（第11　保護決定実施上の指導指示及び検診命令）379頁

ケースワーカーが口頭の指導・指示を行ったときに、被保護者から「口頭でされた指導・指示の内容を文書でほしい」といわれることがあります。この根拠に行政手続法35条3項が挙げられます。

行政手続法
（行政指導の方式）
35条　行政指導に携わる者は、その相手方に対して、当該行政指導の趣旨及び内容並びに責任者を明確に示さなければならない。
2　行政指導に携わる者は、当該行政指導をする際に、行政機関が許認可等をする権限又は許認可等に基づく処分をする権限を行使し得る旨を示すときは、その相手方に対して、次に掲げる事項を示さなければならない。
　一　当該権限を行使し得る根拠となる法令の条項
　二　前号の条項に規定する要件
　三　当該権限の行使が前号の要件に適合する理由
3　行政指導が口頭でされた場合において、その相手方から前二項に規定する事項を記載した書面の交付を求められたときは、当該行政指導に携わる者は、行政上特別の支障がない限り、これを交付しなければならない。

この際に交付する文書は口頭による指導・指示を文書にしたものですから、不利益処分を前提としたものではなく、法27条の文書指示とは異なる性格を有したものとなります。

この点について、東京都は「法第27条に基づく口頭による指導の内容を書面で交付した場合」という表題の下に「病状把握の結果に基づいて、被保護者に対して就労指導を口頭で行ったところ、被保護者から、その内容を文書にしてほしいとの申し出があった。このような場合、ケースワーカーは、文書を交付すべきか。また、交付した場合に、この文書は、『法第27条に基づく文書による指導』としての性格を持つことになるのか。」との設問を設け、次のような回答を行っています。

> 　法第27条に規定する指導指示を行おうとする場合には，通常，まず口頭による指導指示が行われることとなるが，これは行政指導と位置づけられるものである。
> 　したがって，病状把握の結果に基づいて，被保護者に対して就労指導を口頭で行い，その指示について書面の交付を求められた場合は，これに応じる必要がある。
> 　次に，当該交付文書の性格だが，そこに記載された指導指示に被保護者が従わない場合でも，不利益処分に至らないという意味でそれ自体が処分性を有しないものである。これに対して，法第27条に基づく文書による指導は，その違反を理由として，法第62条第3項の規定による保護の変更又は停廃止の処分をおこなうことが可能となるものである。
> 　したがって，当該交付文書は，法第27条に基づく文書による指導とはその性格を異にするものである。」
> 　　　　　「東京都生活保護運用事例集（平成27年度修正版〈反映版〉）」
> 　　　　　　　　　　　　　　　　　　　　　　　（問9－2）361頁

2　最小限度の指導・指示

　指導・指示は法27条2項に規定されているように「必要の最少限度」でなくてはなりません。この必要とは被保護者の生活の維持・向上や保護の目的である最低生活保障と自立助長に関するものとなります。

　したがって，保護に関係ない事項や信仰，教育あるいは家庭内の揉めごととそのものについて直接の指導・指示は違法であるとされ[77]，ケースワーカー個人の価値観による指導・指示はあってはなりません。信仰の自由と保護要件については微妙なところが生じます。そこで，この問題についても厚生労働省は問答として示しています。

77）小山『生活保護法の解釈と運用（改訂増補）』415頁

第5章　指導・指示・助言／第3　指導・指示とは

> 別冊問答集
> **問11－7　信仰の自由と指導指示**
> **(問)** 被保護者が宗教団体の普及員となって宗派の宣伝に専念し，今まで従事していた仕事を辞めてしまった。再三現業員が家庭訪問の際注意し，就労するよう指導したが，一向にこれに従おうとしない。このような場合，宗教活動をしないよう指導する必要があると思うが，どうか。
> **(答)** 宗教活動そのものについてこれを禁止することはできない。しかし宗教活動のため本人が就業し得るにもかかわらず就労せず，そのために保護を行うことは，法第4条第1項の要件を欠く者に対して保護を行うことになる。設問のような場合は，文書をもって就労を指示し，これに従わない場合には法第62条第3項の規定により保護の停止又は廃止を検討することになる。
> ＊　**局**　第11－2－（1）－ア　傷病等で離職した者が，傷病が回復し就労が可能となったときの指導指示

　それでは飲酒や喫煙を禁じる指導・指示はどうでしょうか。これらについては，過度の飲酒や喫煙が健康を害することは一般的に理解されていますが，我が国では飲酒，喫煙は20歳以上であれば禁止をされていないばかりか，アルコールや煙草は租税の対象となり，またメディアにより広く宣伝が行われています。

　飲酒，喫煙自体は保護要件にかかわりませんから，保護費の範囲内で楽しむことに対して，指導・指示を行うことは生活保護行政の権限を越えているものと考えられます。ただし，病棟内や施設内など禁止されている場での飲酒，喫煙や，過度の飲酒で健康を害する場合等については，法60条に規定されている生活上の義務[78]を根拠に指導することはあるかと思います。し

---

78) 法60条　被保護者は，常に，能力に応じて勤労に励み，自ら，健康の保持及び増進に努め，収入，支出その他生計の状況を適切に把握するとともに支出の節約を図り，その他生活の維持及び向上に努めなければならない。

かし，法60条に違反しても，これに対する直接の制裁規定はないとされており[79]，不利益処分の対象とはならないと考えられます。

アルコール依存症やニコチン依存症の人は病気ですから，これらの人には，指導よりも保健，医療による支援が必要と考えられます。

ギャンブルはどうでしょうか。公営ギャンブルやパチンコも保護費の範囲内で楽しみ，就労等の保護要件に問題が生じていないのであれば，指導・指示を行うことは妥当ではありません。

飲酒，喫煙，ギャンブル，パチンコなどについては，生活保護の問題にかかわらず拒否的感情を有する人々も多く，これらに眉をひそめる市民感覚も理解できるものです。

しかし，不正な収入によるものでなく，また保護要件としての就労等の問題などが生じないのであれば，生活保護の受給は恩恵ではなく権利であることから指導・指示の対象ではないと考えられます。道徳論や個人の価値観を最低生活保障の問題に含めるべきではないのです。

これは，被保護世帯が子供の誕生日やクリスマスにケーキを食べること，たまに喫茶店で珈琲を楽しむこと，映画や美術館に鑑賞に行くことなど，正当な保護費をやり繰りして行うことに対しては，指導・指示を行うべきでないことと同様なのです。

この問題は生活保護を国民の権利と考えるのか，国からの「施し」と考えるのかという生活保護に対する理解の問題と思われます。

第4　指導・指示の範囲と内容

指導・指示は，具体的にどのような内容まで行うことができるのでしょうか。法27条に規定する指示とは「生活の維持，向上その他保護の目的達成に必要な指導又は指示」です。

---

[79] 小山『生活保護法の解釈と運用（改訂増補）』640頁。ただし，小山は「程度をこして怠る者については」保護の変更，停止又は廃止をすることができると述べていますが，この部分は就労についてと考えられます。

第5章　指導・指示・助言／第4　指導・指示の範囲と内容

　指導・指示の内容が違法なものであれば，被保護者は従う必要はありません。そこで，生活保護で認められる指導・指示の最小限度の範囲とは，どのようなものなのかが問題になります。

1　保護受給中の指導・指示

　指導・指示を行う場合については，局長通知として第11の「2　保護受給中における指導指示」が列挙されています。

　保護手帳　保護決定実施上の指導指示及び検診命令　**局**第11-2（1）
2　保護受給中における指導指示
（1）　保護受給中の者については，随時，1[80]と同様の助言，指導を行うほか，特に次のような場合においては必要に応じて法第27条による指導指示を行うこと。
　ア　傷病その他の理由により離職し，又は就職していなかった者が傷病の回復等により就労（そのために必要な訓練等につくことを含む。）を可能とするに至ったとき。
　イ　義務教育の終了又は傷病者の介護もしくは乳児等の養育にあたることを要しなくなったため就労が可能となったとき。
　ウ　現に就労の機会を得ていながら，本人の稼働能力，同種の就労者の収入状況等からみて，十分な収入を得ているものとは認めがたいとき。
　エ　内職等により少額かつ不安定な収入を得ている者について，健康状態の回復，世帯の事情の改善等により転職等が可能なとき。
　オ　就労中であった者が労働争議参加等のため現に就労収入を得ていないとき。
　カ　アからオまでに掲げる場合のほか，資産，扶養，他法他施策による措置等の活用を怠り，又は忌避していると認められるとき。
　キ　次官通知第8の1による収入に関する申告及び局長通知第3による資産に関する申告を行わないとき。
　ク　世帯の変動等に関する法第61条の届出の義務を怠り，このため保護の

---

[80]「随時，1と同様」とは，保護申請時における助言指導を指します。

決定実施が困難になり，又は困難になるおそれがあるとき。
ケ　主治医の意見に基づき，入院，転院又は退院が必要であると認められるとき。
コ　施設に入所させ，又は退所させる必要があると認められるとき。
サ　施設入所者が施設の管理規程に従わないため，施設運営上困難を生じている旨当該施設長から届出があったとき。
シ　キからサまでに掲げる場合のほか最低生活の維持向上又は健康の保持等に努めていない等被保護者としての義務を怠っていると認められるとき。
ス　その他，保護の目的を達成するため，又は保護の決定実施を行うため，特に必要があると認められるとき。

　列挙されている内容は，①就労関係がア～オ，②資産，扶養，他法関係がカ，③収入申告等の届出義務がキ，ク，④入退院がケ，⑤施設入退所等がコ，サ，⑥上記以外で被保護者の義務を怠っているものとしてシ，⑦その他の保護の目的達成に特に必要なものがス，となっています。
　このように保護要件や義務にかかわるもののほか，生活の維持・向上，自立助長という法の目的達成の必要があるため，シ，スの項目により指導・指示の範囲が広くなっています。

2　違法，不適切な内容の指導・指示

　指導・指示を行うには指導・指示内容が合理的であり，指導・指示に従わないことによって保護の目的達成，保護の適正な実施が維持できなくなるという事情が必要です。したがって，指示内容についても具体的内容を明示し，履行すべき期日，期間の妥当性も必要となります。
　例えば，「就労を開始すること」自体を求める指示内容については，指示内容として適切ではないと考えられます。これは，就労は本人の努力のみで達成できることではなく，「雇用する」という雇用先の判断も必要だからです。

また,「3か月以内に就職すること」「正社員になること」といった指導・指示は無効であるとの指摘があります[81]。これも同様に本人の努力だけでは解決しないからです。

指導・指示の内容に当たっては被保護者の個別の事情についても十分に配慮することが必要になります。

裁判例では,自営の職人に対して収入を11万円まで増収することを求める法27条の指示文書に従わないことを理由に保護廃止としたことについての争いがあります。大阪高等裁判所平成27年7月17日判決では,病気の妻の介護状況や元請けからの仕事依頼状況,就労時間などを判断して,その内容が客観的に実現不可能又は著しく実現困難な指示と判断し,その指示を違法,無効としました。

 大阪高等裁判所平成27年7月17日判決（賃金と社会保障1646号25頁）

「法27条1項に基づく指導又は指示は,被保護者の生活の維持,向上その他保護の目的達成に必要なものとして行われるものであって,被保護者の自由を尊重し必要の最小限度に止めなければならないとされていること（同条2項）に照らすと,その内容は,被保護者にとって実現可能なものでなければならず,指導又は指示の内容が客観的に実現不可能又は著しく実現困難である場合は,その指導又は指示は違法,無効なものとなる。」

「増収の指示を受けたときは,いずれも翌月には増収になったものの,9万3000円に至らず,かつ長続きすることなく間もなく指示前の収入に戻ってしまったこと,被控訴人は,妻の世話や付添い,家事等に充てる時間のほかは,午前9時から午後6時までの時間及び夕食後の2時間を本件請負業務に充てていて,これ以上作業時間を増やすことは困難であるし,また,被控訴人が元請に頼んで単価の高い仕事を常に回してもらうこともできないこと,被控訴人が元請から発注を受ける仕事の内容は時々によって異なるほか,被控訴人が作業に充てることのできる時間は妻の病状によって左右されるため,被控訴人が本件請負業務により安定した収入を得ることは困難であることに

---

[81] 日弁連生活保護問題緊急対策委員会編『生活保護法的支援ハンドブック』（民事法研究会,2008年）129～130頁

> 照らすと，被控訴人において本件請負業務による収入を月額11万円まで増収するよう指示する本件指示の内容は，客観的に実現不可能又は著しく実現困難であるといわざるを得ない。」
>
> 「以上のとおり，本件指示は，その内容が客観的に実現不可能又は著しく実現困難であるから，違法，無効な指示であるといわなければならない。したがって，本件指示に従わなかったことを理由にされた本件廃止決定も違法である。」

　このように指導・指示においては，被保護者の個別の事情を十分に把握，理解した上で実現できる内容である必要があります。

　それでは，ケースワーカーが家庭訪問しても，いつも不在で面談ができない場合に，来所することを求める法27条の文書指示は妥当なのでしょうか。この場合も単に面接できないという理由だけで文書指示は行えず，訪問調査の際に不在等のため保護の目的達成，保護の適正な実施ができなくなる場合において，状況を聴取する必要があるときは，具体的な聴取内容を明示の上で，初めて文書での来所指示を行うことになると考えられます。

　東京都も次のように述べています。

> 　法第27条に基づく文書指示は，これに従わない場合には，保護の変更，停止又は廃止という不利益処分を伴い強制力を持つものである。したがって，保護の目的達成，保護の適正な実施が維持できなくなる場合においてのみ文書指示が可能である。
>
> 　来所を求めることは，保護の実施に必要な事柄が不在等により確認できないため来所させた上で，必要な事柄を聴取するために実施することであり，単に面接できないという理由だけで文書指示は行えない。訪問調査等では不在等のため保護の目的達成，保護の適正な実施が維持できなくなる場合において，状況を聴取する必要があるときは，具体的な聴取内容を明示の上で，

> 文書での来所指示を行うことになる。
>   具体的には，何らかの収入があったと思われる被保護者に収入申告書の提出を促すため再三訪問等により面接を試みたが不在で応答がなく，申告書等の提出がなされない場合，あるいは被保護者から連絡等がなく居住事実が判明しない場合等である。」
>
> 「東京都生活保護運用事例集（平成27年度修正版〈反映版〉）」
> （問9－5）365～366頁

第5　指導・指示の手順

　指導・指示の原則としては，口頭によることが原則であり，文書による指導・指示を行う際の前提となります。

　法27条の手順を，厚生労働省はどのように組み立てているのでしょうか。保護課長通知「生活保護行政を適正に運営するための手引について」[82]では，次のような順序を示しています。

1　口頭による法27条1項の指導・指示

　生活上の義務，届出義務及び能力活用等に関して，定期的に助言指導を行っても，その履行が十分ではなく，法27条による指示が必要な場合が対象となります。

　そこで，処遇方針，ケース記録，挙証資料，指導の経過を踏まえ組織として，法27条の口頭による指導・指示の可否について対応を協議します。

　その結果，法27条の口頭による指導・指示が必要とされた場合は，本人の意見，対応状況をケース記録に詳細に整理，記録をし，具体的に指導・指示の内容，期間等を明示することになります。その上で，直接当該被保護者（これによりがたい場合は世帯主）に対して法27条1項の指導・指示を口頭で

---

[82] 平成18年3月30日社援保発第0330001号

行います。

　この口頭による指導・指示の段階で問題が解決すればよいのですが，解決しない場合は次のステップである文書による指導・指示に移行します。

2　文書による法27条の指導・指示

　文書による指導・指示は一定期間口頭による指導・指示を行っても，目的が達成されないときに行われます。

　まず，ケース診断会議等に諮り組織として，指導・指示の理由，内容，時期等を検討し処遇全般を含めた方針を決定します。その上で指導・指示書を起案し，決定した後に本人に文書による指導・指示を行います。

　この際には，指導・指示書は，当該被保護者に読み聞かせるなど十分に説明した上，手交し，受取証に署名等をさせることが必要になります。ただ，これによりがたい場合には，内容証明し郵送により行います。

　文書による指導・指示後も，その履行状況の把握，必要な助言・指導等を行いケース記録にその状況を記載します。

　被保護者が，文書による指導・指示を履行すれば指導・指示の目的が達成できますが，それでも指導・指示を履行しない場合には，更に次のステップへと移ります。

3　文書による指導・指示内容が履行されない場合

　あらかじめ当該処分をしようとする理由，弁明をすべき日時及び場所を通知し，弁明の機会を与えなくてはいけません。この手続が行われない場合，以降の処分が違法とされます。

　被保護者の弁明によっても，指導・指示に従わないことに対して正当な理由がない場合，又は正当な理由がなく指定場所に来所しない場合は，保護の変更，停止又は廃止の処分決定を行うことになります。

　以上の手続を経て，初めて被保護者に対しての不利益処分が可能になるのです。

　処分については，理由を分かりやすく明記した上で，書面により通知す

ることになります。

第6　不適正な指導・指示

　指導・指示による不利益処分は，生存権にかかわる重大な問題であることから厚生労働省も厳密な手続を示しているのです。
　しかし，福祉事務所によっては，安易な指導・指示による不利益処分が実施されることもあるようで，厚生労働省は監査方針とともに社会・援護局関係主管課長会議で，福祉事務所に対して指導・指示違反による保護廃止手続についての適切な取扱いの徹底を指示しています。

（2）保護廃止について
ア　指導指示違反による廃止について
　　監査において，指導指示違反による保護廃止の取扱いについて，ケース診断会議に諮るなど組織的な検討が十分に行われていない，弁明の機会の付与がなされていないなど，不適切な取扱いが認められたところである。
　　法第27条により指導指示に従わなかったときは，要保護の状態であっても必要に応じて法第62条第3項により当該世帯又は当該被保護者に対する保護の変更，停止又は廃止を行うこととなるため，指導指示が形式化することのないよう的確に行いその所定の手続きについても厳格に行うことが必要である。
　　については，都道府県等本庁におかれては，指導監査時に指導指示違反による保護廃止ケースを抽出した検討をお願いしているところであるが，職員に対するヒアリングを通じて問題点を把握の上，それぞれの職責に応じた具体的な指導をお願いする。
　　また，その際は，法第27条，法第62条，局長通知第11の2，「生活保護法による保護の実施要領の取扱いについて」（昭和38年4月1日社保第34号厚生省社会局保護課長通知。以下「課長通知」という。）第11の1，「生活保護問答集について」（平成21年3月31日厚生労働省社会・援護局保護課長事務連絡）第11の6から20，「生活保護行政を適正に運営するための手引につ

第3編　生活保護行政の課題

いて」の「Ⅱ指導指示から保護の停廃止に至るまでの対応」を踏まえた指導を行うことにより，法第27条による指導指示に係る適切な取扱いを徹底するようお願いする。
　特に，所長等幹部職員及び査察指導員に対し，法第27条に基づく指導指示内容及び弁明の機会の付与などの手続きが適正であるか，ケース診断会議に諮る等組織的に慎重に検討するべきこと，さらに必要に応じ都道府県等本庁へ助言を求めることについて徹底をお願いする。

保護課自立推進・指導監査室「社会・援護局関係主管課長会議資料」第1の3
　　　　　　　　　　　　　　　（平成28年3月3日）6～7頁

生活保護法施行事務監査事項

（3）指導指示違反による廃止

ア　指導指示内容及び期限の設定については，被保護者本人の保護の目的達成上，必要なもので実現の可能性があるものとなっているか。

イ　法第27条による指導指示は，文書による指導指示の前に，原則として，口頭により直接当該被保護者に対して確実に行われているか。

ウ　指導指示違反に対する弁明の機会を設けているか。また，その日時や通知の手続は適切か。

エ　指導指示に従わない場合において，保護を廃止する前に，保護の停止等について組織的に検討しているか。

オ　保護の廃止決定の判断及びその手続は，ケース診断会議等に諮るなど組織的に対応されているか。

保護課自立推進・指導監査室「平成28年度における生活保護指導監査方針」
　　　　（最終改正：平成28年3月29日）生活と福祉722号20～21頁

第7　不利益処分は文書による指導・指示が必要

　保護の廃止，停止，変更等の不利益処分を行うには，文書（書面）による指導・指示は必要であり（生活保護法施行規則19条），文書によらない指導指示に基づいた不利益処分は違法とされます。

> **生活保護法施行規則**
> （保護の変更等の権限）
> 19条　法第62条第3項に規定する保護の実施機関の権限は，法第27条第1項の規定により保護の実施機関が書面によつて行つた指導又は指示に，被保護者が従わなかつた場合でなければ行使してはならない。
>
> （下線筆者）

　それでは，文書による指導・指示を欠いてされた不利益処分が違法とされた裁判例を見てみましょう。
　これは，生活保護を受給していた原告が，処分行政庁から，自宅を売却すること，自動車を処分すること及び持病治療の受診先を近隣の医療機関とすることを指示されたにもかかわらず，その指示に違反したことなどを理由として，生活保護の停止処分を受けましたが，生活保護法施行規則19条に違反しているとして処分が違法とされたものです。
　ここでは，不利益処分を行うに当たっての指導・指示が文書によることの必要性が述べられています。

神戸地方裁判所平成23年9月16日（裁判所ウェブサイト）

> 「保護の実施機関は，被保護者に対し，生活の維持，向上その他保護の目的達成に必要な指導又は指示をすることができ（27条1項），被保護者はこれに従わなければならず，これに違反したときは，保護の変更等をすることが

できるものとする（62条１，３項）。そして，施行規則19条は，保護の変更等の法的効果をもたらし得る法27条に基づく指導指示について単に書面によることと定めるだけではなく，書面による指導指示に従わなかった場合でなければ保護の変更等をすることを禁止しており，これは，生活保護を受ける権利が生存権に由来する重要な権利であることに鑑み，法27条に基づく指導指示を間接的に強制する法62条３項の保護の変更等を実施するための要件として，弁明の機会の付与（法62条４項）とともに定められたものと解される。」

そして「厚生労働省の通達によれば，実務上，法62条３項に基づく保護の変更等の処分を行うためには，まず口頭による指導指示を行い，それによっては目的が達成されないと認められた場合に書面による指導指示が許され，被保護者がかかる指導指示に従わない場合に，弁明の機会を付与するものとされ，各段階において，被保護者に対して指導指示の内容を十分に説明すること，及びケース診断会議に諮る等組織的に十分な検討をすることが求められている。

これらの規定に上記の実務上の運用も併せ考慮すると，法は，法62条３項に基づく保護の変更等の処分を行う場合において，口頭による指導指示，書面による指導指示，弁明の機会の付与という段階的な手続を設け，各段階において，指導指示の内容等に関する慎重な検討を行うとともに，被保護者が置かれている状況を明確に理解させて指導指示に従う機会を与えることで，被保護者の権利保護の要請と指導指示の実効性の要請との調和を図るものと考えられる。」

したがって「書面による指導指示を欠いてなされた本件処分には，取り消しうべき瑕疵があるといわざるを得ない。」「以上の次第で，その余の争点について判断するまでもなく，本件処分は違法であ」る。

第8 指導・指示文書への記載内容

1 法27条の指導・指示文書への記載

被保護者に対する不利益処分に係る法27条１項に基づく指示は生活保護法施行規則19条により書面によって行われなくてはなりませんが，事前に

再三口頭で指示していた内容が指示文書の「指示内容」に記載されていない場合に，指示内容に記載されていない口頭で行われていた内容が，指導・指示の内容に含まれるのか否かが争われた最高裁判所の判決があります[83]。

　この事例の経過は次のようなものです。

　上告人は，自宅において取引先から受け取る白地の反物に手描きで柄を付ける手描き友禅の請負業務に従事し，平成6年に小型自動車を代金約100万円で購入し，請負業務等に使用していました。

　平成8年に保護が開始されましたが，福祉事務所は事業用資産として自動車の保有を認めることとしていました。上告人の当時の収入は，必要経費を除き，平成8年1月の時点で月額約13万円でしたが，同12年以降はおおむね月額約2万円ないし6万円でした。

　福祉事務所は平成18年5月に，法27条1項に基づく指示を記載した書面として，「指示の内容」欄に「友禅の仕事の収入を月額11万円（必要経費を除く）まで増収して下さい。」とし，「指示の理由」欄に「世帯の収入増加に著しく貢献すると認められたため平成18年2月以降自動車の保有を容認していたが既に3箇月が経過したものの，目的が達成されていないため。」と，「履行期限」欄に「平成18年7月末日」とそれぞれ記載した書面による指示をしました。

　福祉事務所は平成18年9月1日，上告人に対し，決定の理由を「指導・指示の不履行」と記載した書面を交付して，本件廃止決定をしたというものです。

　最高裁では法27条1項の指導又は指示の内容は，当該書面自体において指導又は指示の内容として記載されていなければならず，指導又は指示に至る経緯及び従前の指導又は指示の内容やそれらに対する被保護者の認識，当該書面に指導又は指示の理由として記載された事項等を考慮に入れることはできないとしました。

　つまり，この文書の指導・指示内容は「友禅の仕事の収入を月額11万円（必

---

[83] 前述（第5章第4の2）の大阪高等裁判所平成27年7月17日判決は，この最高裁判決の差戻審です。

要経費を除く）まで増収して下さい。」という部分のみということになり、口頭で行われていた指示や理由欄の記載事項は法27条1項の指導・指示とはされません（最高裁の判断はここまででしたが、この指示内容自体も差戻審の大阪高裁で「客観的に実現不可能又は著しく実現困難」と判断されました。）。

最高裁判所平成26年10月23日判決（判タ1408号52頁）

　生活保護法62条1項は、保護の実施機関が同法27条の規定により被保護者に対し必要な指導又は指示をしたときは、被保護者はこれに従わなければならない旨を定め、同法62条3項は、被保護者がこの義務に違反したときは、保護の実施機関において保護の廃止等をすることができる旨を定めている。そして、生活保護法施行規則19条は、同法62条3項に規定する保護の実施機関の権限につき、同法27条1項の規定により保護の実施機関が書面によって行った指導又は指示に被保護者が従わなかった場合でなければ行使してはならない旨を定めているところ、その趣旨は、保護の実施機関が上記の権限を行使する場合にこれに先立って必要となる同項に基づく指導又は指示を書面によって行うべきものとすることにより、保護の実施機関による指導又は指示及び保護の廃止等に係る判断が慎重かつ合理的に行われることを担保してその恣意を抑制するとともに、被保護者が従うべき指導又は指示がされたこと及びその内容を明確にし、それらを十分に認識し得ないまま不利益処分を受けることを防止して、被保護者の権利保護を図りつつ、指導又は指示の実効性を確保することにあるものと解される。このような生活保護法施行規則19条の規定の趣旨に照らすと、上記書面による指導又は指示の内容は、当該書面自体において指導又は指示の内容として記載されていなければならず、指導又は指示に至る経緯及び従前の指導又は指示の内容やそれらに対する被保護者の認識、当該書面に指導又は指示の理由として記載された事項等を考慮に入れることにより、当該書面に指導又は指示の内容として記載されていない事項まで指導又は指示の内容に含まれると解することはできないというべきである。

2 適切な履行期間の設定

　指導・指示に当たっては，適切な履行期限が必要になります。どのくらいの期限が妥当なのかについては，被保護者の状況と指導・指示内容によりますので一概には決められず，被保護者の状況を十分加味した期間が必要になります。

　東京都では，期日の設定について次のように示しています。

　訪問調査等では不在等のため保護の目的達成，保護の適正な実施が維持できなくなる場合において，状況を聴取する必要があるときは，具体的な聴取内容を明示の上で，文書での来所指示を行うことになります。この場合の期日の設定については，当日あるいは翌日等の直近日は好ましくないとし，被保護者の状況にもよるが，1週間ないし10日程度の範囲が望ましいとしています[84]。

　就労阻害要因がなく，これまで口頭により就労指導を行ってきたが，再三の指導にもかかわらず求職活動をしない被保護者に対して文書指示をする場合の期日の設定については，「求職活動の指示の履行状況を検証するには，一定の日時を要するため1週間等の短期間の期限設定は好ましくない。指導指示に違反したときに弁明の機会を供与することになるが，1週間等では求職活動期間として不十分であったと弁明された場合，社会通念上その弁明が不合理とは言い難いと考えられる。概ね1カ月程度の期間の設定が望ましい。なお，6カ月等の長期間の期限設定も好ましくない。1（筆者注：合理的内容であること）に基づき把握した状態が変化する場合も考えられ，文書指示した当初の内容が合理性を欠く場合も起こり得る。」[85]としています。

　いずれにしても，被保護者が実行可能な期間の設定が必要になります。

---

84)「東京都生活保護運用事例集（平成27年度修正版〈反映版〉）」（問9－5）366頁
85)「東京都生活保護運用事例集（平成27年度修正版〈反映版〉）」（問9－4）365頁

第9　弁明の機会の付与（法62条4項）

> **（指示等に従う義務）**
> 法62条　被保護者は，保護の実施機関が，第30条第1項ただし書の規定により，被保護者を救護施設，更生施設若しくはその他の適当な施設に入所させ，若しくはこれらの施設に入所を委託し，若しくは私人の家庭に養護を委託して保護を行うことを決定したとき，又は第27条の規定により，被保護者に対し，必要な指導又は指示をしたときは，これに従わなければならない。
> 2　保護施設を利用する被保護者は，第46条の規定により定められたその保護施設の管理規程に従わなければならない。
> 3　保護の実施機関は，被保護者が前二項の規定による義務に違反したときは，保護の変更，停止又は廃止をすることができる。
> 4　保護の実施機関は，前項の規定により保護の変更，停止又は廃止の処分をする場合には，当該被保護者に対して弁明の機会を与えなければならない。この場合においては，あらかじめ，当該処分をしようとする理由，弁明をすべき日時及び場所を通知しなければならない。

　法27条の文書による指示に従わない場合には，法62条4項により弁明の機会を与えなければ不利益処分を行うことはできません。弁明の機会については，当該処分をしようとする理由，弁明をすべき日時及び場所を通知する必要があります。
　弁明の機会指定通知とは，文書により行われた法27条1項の指導・指示を履行しないことに対する不利益処分を行うことを前提としたものですから，被保護者に実質的な弁明の機会を与えなくてはなりません。
　審査請求における裁決例では「弁明のための準備期間を実質5日しか与えていないが，これは，保護の停廃止処分が予想される請求人にとっては，あまりにも短く，弁明の機会を十分に保障しているとは言えない」[86]という

ものがあります。

　また，弁明聴取通知書を郵送したものの被保護者に配達されないまま，廃止処分を行ったことが違法とされた裁判例があります[87]。これは，8月18日に指示文書を発送したものの，本人に配達されず郵便局から8月28日に福祉事務所に戻されましたが，8月25日に弁明聴取通知を郵送していました。福祉事務所は8月28日に指示文書が戻されたにも関わらず8月29日に停止処分を行ったものです。裁判所は，指示書が届いていないのであるから，弁明聴取通知書が配達されているか否かを確認するくらいの配慮はなすべきであり，しかも容易にできたはずであるのに，それすらもしないまま同月29日に性急に本件停止処分を行ったことは，弁明の機会を保障した法手続を蔑ろにしており，処分の取消理由となると判断しています。

第10　不利益処分（保護の廃止，停止，変更）の妥当な程度

　法27条1項の文書による指導・指示を履行しないときには，手続を経た上で不利益処分が行われることがあります。そこで次に問題となるのは，不利益処分の内容の問題となります。

　法62条3項は，「義務に違反したときは，保護の変更，停止又は廃止をすることができる。」と規定されており，その程度（廃止，停止，変更）についての基準等は規定されていないことから，福祉事務所の判断に委ねられているようにも思われます。

　しかし，生活保護の目的が最低生活保障であることから，処分の程度に当たっては，指示に対する違反の重要性と処分の均衡が必要になります。つまり，どのような指示違反に対して廃止，停止，変更の中で，どの程度の不利益処分を行うことが妥当なのかという判断です。

　そこで，この問題については保護課長通知が示されています。

---

86) 秋田県庁審査請求事案平成16年12月27日（埼玉県福祉部社会課『生活保護裁決例集（下巻）』（2010年）915～922頁）
87) 福岡高判平成22年5月25日・賃金と社会保障1524号59頁

1　処分についての保護課長通知

保護課長通知では次のような基準を示し，廃止処分については慎重に扱っています。

① 軽微な指示違反のときは，実情に応じたもの（廃止，停止以外の処分）
② ①によらないときには保護の停止処分
③ 停止処分後も引き続き指導・指示に従わないでいる場合には，更に書面による指導・指示を行い，これによってもなお従わない場合は，法62条の規定により所定の手続を経た上，保護を廃止
④ 直ちに廃止する場合とは，今回の指示違反以外に，最近1年以内の文書指示違反や不正受給の事実についての指導・指示に従わない場合，停止処分では指導・指示に従わせることが著しく困難な場合

このように全ての指示違反に対して停止や廃止にすることは適切ではなく，それぞれの処分について違反の程度，軽重，経過などから慎重に検討する必要があります。

保護手帳 課第11の問1

問（第11の1） 被保護者が書面による法第27条の規定による指導指示に従わない場合の取扱いの基準を示されたい。

答 被保護者が書面による指導指示に従わない場合には，必要と認められるときは，法第62条の規定により，所定の手続を経たうえ，保護の変更，停止又は廃止を行うこととなるが，当該要保護者の状況によりなお効果が期待されるときは，これらの処分を行うに先立ち，再度，法第27条により書面による指導指示を行うこと。なお，この場合において，保護の変更，停止又は廃止のうちいずれを適用するかについては，次の基準によること。

　1　当該指導指示の内容が比較的軽微な場合は，その実情に応じて適当と認められる限度で保護の変更を行うこと。
　2　1によることが適当でない場合は保護を停止することとし，当該被保護者が指導指示に従ったとき，又は事情の変更により指導指示を必要とした事由がなくなったときは，停止を解除すること。

なお，保護を停止した後においても引き続き指導指示に従わないでいる場合には，さらに書面による指導指示を行うこととし，これによってもなお従わない場合は，法第62条の規定により所定の手続を経たうえ，保護を廃止すること。
3　2の規定にかかわらず，次のいずれかに該当する場合は保護を廃止すること。
　（1）　最近1年以内において当該指導指示違反のほかに，文書による指導指示に対する違反，立入調査拒否若しくは検診命令違反があったとき。
　（2）　法第78条により費用徴収の対象となるべき事実について以後改めるよう指導指示したにもかかわらず，これに従わなかったとき。
　（3）　保護の停止を行うことによっては当該指導指示に従わせることが著しく困難であると認められるとき。
　　なお，1から3に掲げる保護の変更，停止又は廃止は，当該処分を行うことを実際に決定した日から適用することを原則とするが，あらかじめ履行の期限を定めて指導指示を行った場合にはその指定期限の翌日まで遡及して適用して差しつかえない

2　裁判例

　法27条の文書指示違反に対して，廃止処分を行ったことが福祉事務所の裁量逸脱であるとして，違法と判断された裁判例があります。
　これは，生活保護を受けていた原告が，福祉事務所長から自動車の所有等を禁止した指示に違反したことを理由に保護廃止の処分を受けたため，同処分の取消しを請求した事案です。ここでは，指示違反を理由に被保護者に不利益処分を課す場合には，重大でない違反については保護廃止処分より軽い処分を選択すべきであるとして，保護廃止処分は違法とされました。

福岡地方裁判所平成10年5月26日（判タ990号157頁）

「指示違反を理由に被保護者に不利益処分を課す場合には，被保護者の保護の必要性にも十分配慮する必要があり，特に保護の廃止処分は，被保護者の最低限度の生活の保障を奪う重大な処分であるから，違反行為に至る経緯や違反行為の内容等を総合的に考慮し，違反の程度が右処分に相当するような重大なものであることが必要であって，それに至らない程度の違反行為については，何らかの処分が必要な場合でも，保護の変更や停止などのより軽い処分を選択すべきである。

原告の場合，本件指示違反の行為が繰り返されており，しかも従前の経緯からしても，原告の規範意識の希薄さは否定できず，とりわけ，自動車購入を理由に第二次保護が廃止された経験まで有する割には，原告の自動車使用に対する姿勢は余りに安易ではないかとの感が強く，原告側の問題性も決して小さくはない。

しかしながら，原告世帯の要保護性は高い上，本件処分の前提となる本件指示の態様及びその内容等に前記のとおりの問題があること，直接の違反行為自体の内容が自動車の借用による使用であって，しかもそのうちの一部については許容される余地もあること，近時自動車の普及率が著しく高まり，以前に比べると比較的身近な生活用品になってきていることなどの事情も考え併せると，原告の違反行為は直ちに廃止処分を行うべき程悪質なものとまでいうことはできず，保護の実施機関としては，処分に至るまでになお自動車使用に関する適切な指導を試み，又はこの際何らかの処分が必要であるとしても，保護の変更や停止といったより軽い処分を行うなどして，原告の規範意識の涵養に努める必要があったと考えられる。」

「これらの事情を総合して判断すると，被告が原告に対し，平成5年10月の時点で，直ちに最も重大な保護廃止処分を行ったことは重きに失し，処分の相当性において，保護実施機関に与えられた裁量の範囲を逸脱したものというべきであって，本件処分は違法な処分といわざるを得ない。」

第11　法27条の性格

　法27条の指導・指示は被保護者に対して大きな影響を与えます。それでは，法27条の指導・指示は審査請求の対象となるのでしょうか。これは法27条の指導・指示が被保護者に対する行政処分なのか，法的効果を持たない行政指導なのかという問題です。

　この問題は被保護者から見て違法と思われる指導・指示がされたときに，法62条3項による停止，廃止などの不利益処分が行われるまで救済を求められないのか（停止，廃止などの不利益処分がされれば審査請求ができますが，被保護者によるこれらの処分取消しが確定するまでは保護が停止や廃止されることで生活困窮が続きます。），指導・指示段階で審査請求が可能なのか（不利益処分を受ける前ですから保護受給しながら，指導・指示の撤回を求められます。）という問題です。

　厚生労働省は法27条の指導・指示は，不服申立ての対象になる行政庁の処分その他公権力の行使に当たる行為とはいえないとしています。

別冊問答集

問11－20　指導指示及び審査請求

(問)　法第27条に規定する指導又は指示と，法第27条の2に規定する相談及び助言とは，どのような違いがあるのか。また，法第27条に規定する指導指示は，法第62条の規定により被保護者に受忍の義務を負わしている関係上行政処分と解されるので，行政不服審査法に基づく審査請求の対象となるものであるか。

(答)　法第27条に規定する指導及び指示の事項は，局第11の2の（1）に列挙されているが，これらはいずれも実施機関の発意により行われるものであり，被保護者がこれを遵守しなかった場合には，法第62条の規定により保護の停廃止を行うことができるものである。これに対して法第27条の2に規定する相談及び助言は被保護者の求めに応じて行うものであり，被保護者に対する強制力がない点で，両者は異なるものである。

第3編　生活保護行政の課題

> 　　法第27条に規定する指導指示は，被保護者に受忍義務を負わせるものであるが，それによって国民の権利・義務，その他法律上の利益に直接影響を及ぼすものではないので不服申立ての対象となる行政庁の処分その他公権力の行使に当たる行為であるとはいえず，文書でなされるか否かにかかわりなくこれに対して不服申立てを提起することはできない。
> 　　不服申立ての対象となるのは，文書でなされた指導，指示に違反したことにより，保護の変更，停止又は廃止の処分がなされた場合の当該保護の変更，停止又は廃止の処分である。
> ＊　法施行規則第19条　保護の変更等の権限

　これに対して裁判例では，法27条1項に基づく指導及び指示は，法62条3項により，その内容を強制的に実現する手段が予定されているから，その内容が被保護者に対し一般的・抽象的に生活上の努力義務を課するにとどまるものでない場合には，抗告訴訟の対象となる行政処分に当たるとして，その指導・指示が，必要性を欠き，被保護者の意に反してされた重大かつ明白な違法があるとして，無効とされたものがあります[88]。

秋田地方裁判所平成5年4月23日判決（判夕990号157頁）

　「法62条1項は，被保護者に対し，法27条1項に基づく指導指示に従うべき義務を課し，更に，被保護者の右義務違反に対しては保護実施機関が保護の変更，停止又は廃止という不利益処分を課す方法により右指導指示の内容を強制的に実現する手段が予定されていること（法62条3項）からすれば，右指導指示に従うべき義務は，被保護者が負う具体的な法的義務というべきであり，これを単なる一般的努力義務と解することはできない。」
　「右不利益処分が右遵守義務違反を要件として課せられるものである以上，指導指示の遵守義務が不利益処分により強制される法的義務であると解する妨げとなるものではないというべきである。」
　「もっとも，法27条に基づく指導指示であっても，場合によっては，その

88）秋田地方裁判所平成5年4月23日判決（判夕990号157頁）

> 内容が被保護者に対し一般的抽象的に生活上の努力義務を課するにとどまることもあり得るし，その場合には，右指導指示に従うべき義務の性質が抽象的な努力義務となることもあり得る。」
>
> 「以上によれば，本件指導指示は原告の法律上の地位に直接に影響を及ぼす行政処分ということができる。」

　法27条の指導・指示はそれが示されたことだけでも，被保護者に大きな精神的な負担を与えるという自覚がケースワーカーには必要です。指導・指示の内容に納得できず，誤った指導・指示と思った場合でも，多くの被保護者は従わざるを得ません。

　被保護者が保護の停止，廃止された後に審査請求や裁判で不利益処分が取り消されたとしても，それまでには年月がかかり生活困難な状況が長期間生じます[89]。

　だからこそ，法27条の指導・指示については，その手続が法で定められ，行政実務においても口頭指示に至る前から組織的な検討を行う手順が明記されているのです。安易にケースワーカーの「感情」や「思いつき」で法27条の指導・指示を行うべきではないのです。

　不利益処分を実施するに当たっても，指導・指示に従わないことと，処分内容のバランスを十分検討し，廃止処分は特段の場合であることに留意する必要があります。

---

89) 2014（平成26）年の行政手続法改正により，行政指導の中止等の求めに関する規定が新設されました（行政手続法36条の2）。当該行政機関はこの申し出があったときは，必要な調査を行い，当該行政指導が法律に規定する要件に適合しないと認められるときは，当該行政指導の中止その他必要な措置を取らなければならないとされています（宇賀克也『行政手続三法の解説　第2次改訂版』（学陽書房，2016年）173〜174頁）。この中止等の求めには法27条の指導・指示に関しても適用されますが，処分庁が再検討した結果を通知する義務はないとされています（吉永純「生活保護審査請求の現状と改正行政不服審査法実施にあたっての課題」賃金と社会保障1668号13頁）。

第12　法27条の2の相談，助言

> **（相談及び助言）**
> 法27条の2　保護の実施機関は，第55条の6第1項に規定する被保護者就労支援事業を行うほか，要保護者から求めがあつたときは，要保護者の自立を助長するために，要保護者からの相談に応じ，必要な助言をすることができる。
> （平成11年法律第87号・追加）

1　法27条の2の性格

　法27条の2は2000（平成12）年に施行された「地方分権の推進を図るための関係法律の整備等に関する法律」により新設された条文です。この地方分権に関する法律により機関委任事務が廃止され，法27条1項の指導・指示は，地方自治法2条9項1号に規定する第1号法定受託事務，法27条の2の相談，助言は自治事務と区分され，被保護者への働きかけも法定受託事務と自治事務の異なる根拠によることとなりました。

　法27条1項に規定する指導・指示は，被保護者がその指示に従わない場合には，法62条3項により保護の変更，停止又は廃止をすることができますが，法27条の2は法62条の適用対象とはされてはいません。つまり，法27条の2の助言に従わないことを理由に，不利益処分を行うことはできません。

　法27条の2の対象は「要保護者」ですから，被保護者だけでなく保護受給前の人たちにも助言ができることになります。

　そこで，東京都は「法第27条の規定による指導及び指示との相違点は，どのようなことか。」との設問を設けています。

　　　生活保護法第27条の2は，相談及び助言に係る自治事務として，「要保護者から求めがあったときは，要保護者の自立を助長するために，要保護者

> からの相談に応じ，必要な助言をすることができる」と規定している。この場合の相談及び助言は，「本人の発意」があったときに行われるものであり，保護の決定及び実施に関わらない事務である。
> 　一方，法第27条に基づく「実施機関側の発意により行われる指導及び指示」は，「保護の決定及び実施に係る事務」であり，法定受託事務となることから，事務の性格が異なるものである。
> 　なお，相談及び助言に係る自治事務の対象は「要保護者」である。要保護者については法第６条に規定しているとおり，「保護を必要とする状態にある者」であるから，ただ単に，相談窓口に来所して一般的な相談や助言だけを必要とする者は含まれない。
> 　保護の相談段階では，相談者は被保護者ではないため，法第27条による指導及び指示をすることはできない。すなわち，たとえ要保護者であっても，申請前の相談者に対しては基準内家賃の住宅への転宅を指導したり，居住用資産について保有の可否判断なしに売却指導をするなど，保護開始決定後の指導指示はできないことに留意する必要がある。
> 　また，申請受理前に法第28条による検診命令や法第29条による資産及び収入等の調査を行うこともできない。申請書を受理する前の相談段階においては，生活保護の申請手続や他法他施策の活用等について法第27条の２に基づく助言等を行うのみである。」
> 　　　　　　　　　　　　「東京都生活保護運用事例集（平成27年度修正版〈反映版〉）」
> 　　　　　　　　　　　　　　　　　　　　　　　　（問９－９）368〜369頁

　法27条の２は，要保護者が「必要な助言」に従わなくても不利益処分はないことから，生活保護行政における「対等性」をもった支援とも考えられます。ケースワーカーは助言を要保護者に「理解」「納得」してもらうことが必要になり，その理解を得るための過程自体が支援なのです。

２　法27条と法27条の２の境界

　法27条の指導・指示の対象は「生活の維持，向上その他保護の目的達成に必要な指導又は指示」でした。この指導・指示は，２項に「前項の指導又

は指示は，被保護者の自由を尊重し，必要の最少限度に止めなければならない」，3項に「第1項の規定は，被保護者の意に反して，指導又は指示を強制し得るものと解釈してはならない。」とされていますが，場合によっては不利益処分が行われることもあります。

しかし，生活の維持，向上，自立（社会生活自立，日常生活自立，就労自立）は，本人が「その気」にならなければ達成が困難な内容が多く含まれます。

例えば，ごみ屋敷で生活する人や引きこもりの人，拒薬の精神障害者，介護サービスを拒む要介護高齢者等に対して，ケースワーカーによる生活の維持，向上，社会生活自立，日常生活自立へ向けての指導等の働きかけは必要です。

しかし，この人たちに不利益処分をほのめかしても解決に至りません。ケースワーカーが指導・指示を行えば改善，解決するほど単純なものではないのです。

本人自身が理解，納得しなくては生活の改善は難しいのです。すると，これらの部分は法27条ではなく法27条の2による「必要な助言」を根拠に，理解，納得してもらえるような助言を，時間を要しても行うことが妥当のように思われます。

しかし，法27条の2は「要保護者から求めがあったときは，要保護者の自立を助長するために，要保護者からの相談に応じ，必要な助言をすることができる。」とされています。すると要保護者が「ゴミを処分したくない」「通院したくない」「相談を求めない」「放っておいてほしい」等と主張する場合には，法27条の2の助言ができないこととなります。このときの働きかけの根拠は，法27条の「生活の維持向上」のための指導・指示とならざるを得ません。

この場合は，被保護者の生活の維持，向上のために指導・指示をしているわけですから，従わないことをもって不利益処分を行うとしたら，最低生活以下の状態に陥らせることになり矛盾が生じますし，常識的に考えても妥当ではありません。

つまり，法27条の指導・指示であっても不利益処分にはつながらない指

導・指示も多数存在するのです。ただし，法27条の対象は被保護者ですから，保護受給決定前の人に拒まれた場合は働きかけができなくなります。この点が生活保護法を根拠にした働きかけの限界かもしれません。

ケースワーカーが，面談の中で被保護者に対して「歯痛があるならば歯医者に行けばどうですか。」といったときに，ケースワーカーも被保護者も法的根拠を考えていないと思います。この場面でケースワーカーの発言を，法的根拠のない単なるアドバイスか法27条の口頭指導か法27条の2の助言かを議論すること自体の実益はないのです。

法27条と法27条の2の違いとは，対象者（要保護者を含むか否か）と不利益処分の有無でしたが，保護要件にかかわらない問題（例えば前述のごみ屋敷の人等の生活上の支援）では，法27条1項の指導・指示であっても不利益処分に至らないのです。つまり保護要件にかかわらないものは，不利益処分の議論は生じないのです。

このように考えると口頭の助言・指導・指示は，①不利益処分の手続を遵守し，明確にした法27条の口頭による指導・指示，②不利益処分を想定しない法27条の口頭による指導・指示，③法27条の2の助言に区分されることになります。

第6章　死後の生活保護

　生活保護は国民の最低生活の保障と自立助長を目的とした制度ですから，その対象は生きている「人」となります。したがって，被保護者が死亡するとその保護は終了することになりますが，それでは済まない問題が生じています。死後の生活保護とでもいうべきものです。
　この問題が厄介なのは，被保護者が死亡していることから，その意思の確認も協力を得ることもできず，本来のケースワーカー業務である被保護者への最低生活保障や自立支援ではない上に，第三者との関係により「生活保護行政」を進めざるを得ないことになるからです。

第1　葬祭扶助の歴史

1　救護法の埋葬

　埋葬（葬祭）については戦前の救護法にも規定されていました。
　救護法では，10条「救護ノ種類」には葬祭の明記はありませんが，17条1項に「救護ヲ受クル者死亡シタル場合ニ於テハ勅令ノ定ムル所ニ依リ埋葬ヲ行フ者ニ対シ埋葬費ヲ給スルコトヲ得」，2項に「前項ノ場合ニ於テ埋葬ヲ行フ者ナキトキハ救護ヲ為シタル市町村長ニ於テ埋葬ヲ行フベシ」とされており，被救護者埋葬についての費用は救護法で対応することができました。

救護法（昭和4年法律第39号）
10条　救護ノ種類左ノ如シ
　　一　生活扶助
　　二　医療

> 　　三　助産
> 　　四　生業扶助
> 　2　前項各号ノ救護ノ範囲，程度及方法ハ勅令ヲ以テ之ヲ定ム
> 17条　救護ヲ受クル者死亡シタル場合ニ於テハ勅令ノ定ムル所ニ依リ埋葬ヲ行フ者ニ対シ埋葬費ヲ給スルコトヲ得
> 　2　前項ノ場合ニ於テ埋葬ヲ行フ者ナキトキハ救護ヲ為シタル市町村長ニ於テ埋葬ヲ行フベシ

　救護法17条の説明では，埋葬は死亡者に対する取扱いであるから，厳密には救護とはいえないが，被救護者が死亡したときはこれを埋葬することを要し，埋葬については他にその費用の支出をなすべき途がないのはいうまでもないと説明がされています[90]。また，その対象は救護を受けていた者が死亡したときに限るとされています[91]。つまり，被救護者の遺体の埋葬が目的とされていました。

　倫理上，国民感情，治安上，公衆衛生等の観点からも被救護者の遺体を放置することはできず，埋葬費用を支給せざるを得なかったようです。

2　旧生活保護法の葬祭扶助

> **旧生活保護法**
> 11条　保護の種類は，左の通りである。
> 　　一　生活扶助
> 　　二　医療
> 　　三　助産
> 　　四　生業扶助
> 　　五　葬祭扶助

---

90) 木村忠二郎『救貧法制概要』（平野書房，1934年）32頁
91) 山崎巌『救貧法制要義』（良書普及会，1931年）257頁（『戦前期社会事業基本文献集32』（日本図書センター，1996年））

> 17条　保護を受ける者が死亡した場合は、勅令の定めるところにより、葬祭を行ふ者に対して、葬祭費を給することができる。
> 　　　保護を受ける者が死亡した場合に、葬祭を行ふ者がないときは、保護をなした市町村長が、葬祭を行はなければならない。

　旧生活保護法では、11条に葬祭扶助を規定し、17条は葬祭を行う者に対して、葬祭費を給することができると規定されていました。
　11条と17条では葬祭の対象者（死亡者）が異なるものとされています。17条の葬祭の対象は被保護者ですが、11条の葬祭扶助の対象は被保護者でない者とされていました。
　これを、厚生省担当者の解説では「本法の保護を受けている者が死亡した場合には葬祭を行う者に対して」「法第17条第1項の規定によって葬祭費が支給されるから葬祭扶助を行う必要はないのである。従って葬祭扶助は今迄本法の保護を受けていなかった者が死亡してその遺族が葬祭を行い得ない状態にある場合に行われるものである。」と説明されています。法17条1項の「葬祭費は保護を受けている者が死亡したときにこれに伴って葬祭を行う者に対して支給されるものであって本法の保護の中に含まれないものであるから、葬祭を行う者の資力を問うことなく支給される」「保護を受けている者が死亡したときにはこの葬祭費が支給されるからその遺族に対しては葬祭扶助を行う必要はなく、結局葬祭扶助は本法の保護を受けていない者が死亡してその遺族が葬祭を行う資力がないときにその遺族に対して行われるものなのである。」と説明されています[92]。
　つまり、旧生活保護法では葬祭扶助が規定されましたが、その対象は被保護者でない者でした。旧法は救護法と比べ、その対象範囲を広げたことが分かります。

92）内藤誠夫『生活保護法の解釈』（日本社会事業協会、1947年）38頁、52〜53頁

また，救護法，旧法ともに埋葬[93]，葬祭を行う者に埋葬費，葬祭費を支給し，埋葬，葬祭を行う者がいないときには市町村長が埋葬，葬祭を行うこととされていました。

第2　葬祭扶助を行う者の有無と他法との関係

（葬祭扶助）
法18条　葬祭扶助は，困窮のため最低限度の生活を維持することのできない者に対して，左に掲げる事項の範囲内において行われる。
　　一　検案
　　二　死体の運搬
　　三　火葬又は埋葬
　　四　納骨その他葬祭のために必要なもの
2　左に掲げる場合において，その葬祭を行う者があるときは，その者に対して，前項各号の葬祭扶助を行うことができる。
　　一　被保護者が死亡した場合において，その者の葬祭を行う扶養義務者がないとき。
　　二　死者に対しその葬祭を行う扶養義務者がない場合において，その遺留した金品で，葬祭を行うに必要な費用を満たすことのできないとき。
（葬祭扶助の方法）
法37条　葬祭扶助は，金銭給付によつて行うものとする。但し，これによることができないとき，これによることが適当でないとき，その他保護の目的を達するために必要があるときは，現物給付によつて行うことができる。
2　葬祭扶助のための保護金品は，葬祭を行う者に対して交付するものとする。

---

[93] 埋葬とはいわゆる「土葬」を指します（墓地，埋葬等に関する法律2条1項）。埋葬と火葬の割合は，救護法成立直後の1930（昭和5）年は全国では埋葬52.3％，火葬47.2％ですが，地方では埋葬が多く，例えば鹿児島県では埋葬2万8700件，火葬810件でした。生活保護法のできた1950（昭和25）年は埋葬46％，火葬54％でしたが，2010（平成22）年では埋葬0.1％，火葬99.9％となっています（厚生労働省「衛生行政報告例」生活衛生法規研究会監修『逐条解説墓地，埋葬等に関する法律』（第一法規，新版第2版，2013年）282～285頁）。

現行法では，申請主義の原則（第3編第1章）により，葬祭を行う者の申請により葬祭扶助の適用が行われます。夫婦で保護受給をしており夫が死亡したときに，妻が葬祭扶助申請する場合がシンプルな例と考えられます。

　単身被保護者が死亡した場合でも，遺留金が葬祭費を満たしているときには，遺留金で葬祭が行われます。

　しかし，被保護者が単身者で葬祭を行う者がおらず遺留金品がない場合には，死亡者本人は申請ができませんから，死者が被保護者であっても葬祭扶助の対象となりません。つまり，現行法は死亡した被保護者の葬祭を目的としたのではなく，生きている要保護者の葬祭執行に対する費用の給付ということになりました。

　旧法では市町村長が葬祭を行うことが規定されていましたが，現行法では市町村長による葬祭に葬祭扶助の支給はできないこととされています。この場合，1948（昭和23）年施行の「墓地，埋葬等に関する法律」（以下，「墓地埋葬法」という。）9条の「死体の埋葬又は火葬を行う者がないとき又は判明しないときは，死亡地の市町村長が，これを行わなければならない。」の規定によることとなります。

　市町村長に生活保護（葬祭扶助）を適用しないこととした理由として，市町村長（場合によっては福祉事務所長）は生活保護の申請者になれず，職権保護についても死者に対して急迫保護の観念があり得ないこと，法4条2項の他法（墓地埋葬法）があることとされています[94]。

　また，1936（明治32）年の「行旅病人及行旅死亡人取扱法」を適用する場合もあります。ここでの行旅死亡人とは，「行旅中死亡シ引取者ナキ者」（1条1項）を指し，7条1項では「行旅死亡人アルトキハ其ノ所在地市町村ハ其ノ状況相貌遺留物件其ノ他本人ノ認識ニ必要ナル事項ヲ記録シタル後其ノ死体ノ埋葬又ハ火葬ヲ為スベシ」とされています。

　行旅死亡者の場合は，行旅病人及行旅死亡人取扱法が適用されますが，行旅死亡人とは，現在では路上で発見された身寄りの不明な人の遺体の対応

---

[94] 『第7　国会生活保護法案説明資料　8　生活保護法案質疑応答』131頁。小山『生活保護法の解釈と運用（改訂増補）』134頁

【葬祭執行者の有無による葬祭の取扱い】

葬祭執行者の有無	対象	根拠法令
葬祭執行者あり	葬祭扶助申請者	生活保護法
葬祭執行者なし	行旅中死亡シ引取者ナキ者（1条1項） 住所，居所若ハ氏名知レス且引取者ナキ死亡人ハ行旅死亡人ト看做ス（1条2項）	行旅病人及行旅死亡人取扱法
葬祭執行者なし	死体の埋葬又は火葬を行う者がないとき又は判明しないときで，行旅死亡人に該当しないとき（9条1項）	墓地埋葬法

となることが多いようです。

第3 葬祭を行う者

1 要否判定の有無

　被保護世帯の中で死者が出て同一世帯の世帯員が葬祭扶助の申請者となる場合，申請者が要保護状態であることは明らかですから，葬祭扶助の適用に問題が生じることは一般にはないと思われます。また，単身被保護者が死亡した場合でも，扶養義務者，親族等の負担で葬祭を行う場合には，葬祭扶助の議論はなく特に問題は生じないように思います。

　葬祭扶助では，単身被保護者が死亡し，葬祭を行う者がいる場合で葬祭扶助の申請があるときに，死亡者との関係により要件が異なることになります。法18条1項は，死亡者に対して扶養義務者が困窮のため葬祭ができない場合に適用され，同条2項は被保護者が死亡してその葬祭を行う扶養義務者がいないとき，又は遺留金品の乏しい死者に対して，その葬祭を行う扶養義務者がいないときに，その葬祭を行う第三者がいる場合に，その第三者に適用されるものとなります。そこで，同条2項の場合は葬祭を行う者の

要否判定を行うことなく支給されます[95]。

　つまり，被保護者が死亡し，保護を受けていない扶養義務者が葬祭扶助の申請を行った場合には，その扶養義務者についての要否判定を行い，要保護状態であるときに葬祭扶助が決定されます（法18条1項）。

　しかし，葬祭執行をする扶養義務者がおらず，近隣等の者が葬祭を執行する場合には葬祭執行者についての要否判定を行いません（法18条2項1号）。また，死者が被保護者ではないものの，葬祭を行う遺留金品がなく，葬祭執行人が死者の扶養義務者でないときには，葬祭執行人の要否判定を行わず葬祭扶助の支給を行うことになります。この場合は死者も葬祭扶助申請者も生活保護受給者ではないことになります。これをチャート化したものが次頁の表となります。

　単身被保護者が死亡したときに，地域の民生委員が葬祭を執り行うことがあります。民生委員は厚生労働大臣が委嘱し（民生委員法5条1項），都道府県知事の指揮監督を受け（同法17条1項），福祉事務所の協力機関である（同法14条1項5号）非常勤の地方公務員と考えられています。

　そこで，この場合には，民生委員が個人的に葬祭を行った場合には葬祭扶助は適用できますが，市町村長等の依頼により葬祭を執り行ったときには，葬祭扶助の支給ができないことになります[96]。そこで，生活保護の実務上では身寄りのない被保護者が死亡をしたときにケースワーカーが民生委員に「個人的に」葬祭執行を行ってもらえるかを打診する対応があります。この場合は民生委員が葬祭扶助申請書等への記載など書類作成の手続だけの場合も多いようです。

2　香典の扱い

　死者と同一世帯の被保護者が葬祭執行を行ったときに，香典の扱いはどのようになるのでしょうか。

　1959（昭和34）年の『生活保護法の運用（続）』では，葬祭扶助と香典との

---

[95] 小山『生活保護法の解釈と運用（改訂増補）』282〜283頁
[96] 『生活保護手帳2016年度版』（問第7の16）323頁

第6章 死後の生活保護／第3 葬祭を行う者

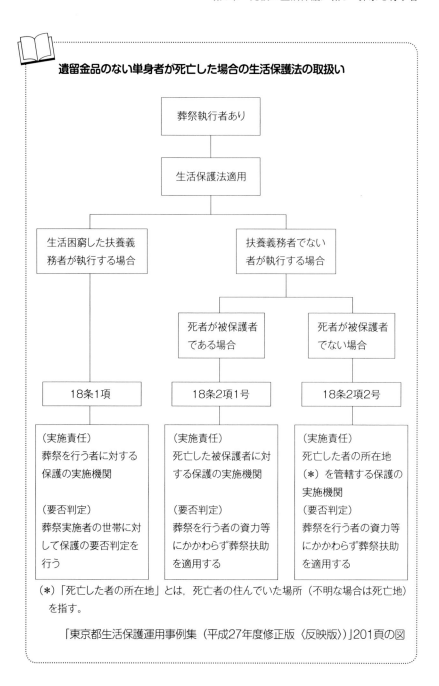

関係について，「収入として認定することを要しない香典の額は，葬祭扶助の内容とならない通常の香典返し，最も質素な通夜等に，当該地域で慣行的に費消される範囲の額に限られる。したがって，これを超える額は，香典であってもすべて収入として認定しなければならないのである」[97]としています。

これによると，収入認定を行うか否かの判断が必要になるので，香典の金額，その使途や葬儀の規模についての報告を求め，場合によっては調査をしなくてはならなくなります。香典の調査というのは，被保護者，ケースワーカーともに抵抗があったのではないでしょうか。

しかし，1970（昭和45）年度の実施要領改正により，この取扱いは，社会通念上認定すべきでないものは認定しない，と現行の通知と同旨内容に変更となりました。

> 「従来は結婚の祝儀，葬祭の香典等で儀式の執行等のために消費される最小限度のものは，収入認定しない取扱いとしていたのであるが，香典袋の中味まで調査せざるを得ないという印象を排除し，冠婚葬祭等人生の慶弔事には最低生活の保障を目的とする生活保護としては，常識的な程度を超えないかぎりあまり詳細に立ち入らないようにすべきであるという考えから，今回の改正を行なったものである。
> 　贈与の主体は公私にかかわらず祝弔意の表現として贈与されるものである限りこの取扱いによって差し支えない。」
> 「葬祭等の『等』の範囲であるが，入院，入学，卒業などいわゆる人生の転機というような場合を想定しているものであって，例えば進級祝とか誕生祝などは予定していない。このようなものは臨時収入の2000円の範囲内で処理できようが，相当金額の収入があれば収入認定せざるを得ない。
> 　社会通念上収入として認定することが適当でないものの範囲は，各福祉事務所の判断によらざるを得ない。その慶弔事の種類，その地域の慣行等様々

97）厚生省社会局保護課『生活保護法の運用（続）—生活保護百問百答第11輯』（社会福祉調査会，1959年）150～151頁

であるからである。要は地域の常識から考えてそれを逸脱しない範囲内であればよいということである。」

厚生省社会局保護課「実施要領の改正」生活と福祉169号14頁

社会通念上，収入として認定すべきか否かの判断については，現在も慶弔の種類，地域慣行，近隣低所得者との均衡によるものとされていますが，この場合でも「判断」を行わなくてはいけないことになり，理屈の上では1970（昭和45）年に否定された「香典袋の中身の調査」が必要になります。

香典の性格から基準を作ることは困難であり，基準がない以上，香典自体を認定除外とすることがより明確であり現実的かと思われます。

別冊問答集

問8－38　祝金等の取扱い

(問) 出産，就職，結婚，葬祭等に際して贈与される金銭について収入認定しない取扱いについて，次の場合どのように考えればよいか。
　(1) 省略
　(2) 出産，結婚，就職，葬祭等の「等」にはどのようなものが含まれるか。
　(3) 収入として認定することが適当か否かの判断はどうすればよいか。

(答)(1)（省略）
　(2) 入院や入学，卒業などいわゆる人生の転機に際しての贈与金及び亡父母の法事に際して香典等が対象となり，進級祝，誕生祝などはこの取扱いは適用できない。（以下略）
　(3) 社会通念上収入として認定すべきか否かは，福祉事務所において個別的に判断を行うべきものであるが，その際には，その慶弔事の種類，当該地域の慣行等を勘案するほか，近隣の低所得世帯との均衡を失しない程度の額について，収入認定しない取扱いとするのが妥当である。

第4　孤独死

　高齢化と核家族が進み単身高齢者が増加しています。

　被保護者も高齢者が増加していますが（第1編第2章第1），被保護世帯には高齢者に限らず病弱者，障害者も多いことから孤独死の可能性も高く，また自殺による孤独死も生じています（第1編第2章第2）。また，親族と疎遠な人も少なくなく，家に来て話をしてくれるのはケースワーカーだけという人もいます。

　その結果，ケースワーカーが遺体の第一発見者になることもあります。東京都監察医務院の平成27年度版統計表によると，一人暮らしの者の死亡発見者5980人のうち，1位が家人で1619人，2位が保健所又は福祉事務所職員で1033人（男性職員604人，女性職員429人）となっています（ちなみに警察官は37人です。）[98]。

　ケースワーカーが定期的な家庭訪問の際に遺体を発見するほか，近所の人の通報や，デイサービス等の職員から迎えに行っても応答がない等の連絡を受け，ケースワーカーが家庭訪問して発見することになるのです。

　夏季や日時が経過していたりすると遺体の損傷が激しく，特に近隣との付き合いがない人や，鉄筋アパート等に居住している場合には死亡後日数が経過し，強い異臭や窓に蝿が群がることで隣人が気づくこともあります。

　一般にこのような遺体に接することなどはないため，発見者となったケースワーカーは精神的に厳しいものが残ります。しかし，倒れた直後であれば，一命を取り留めることもできますから，通報があれば訪問は必要になります。

　孤独死をどのように減らすのかは，生活保護受給の有無とは関係なく生じる問題であるとともに，生活保護行政だけでは解決できない問題と思います。国・自治体・地域を挙げての対策が必要になりますが，多くの地域では有効な対応が取れていない状況ではないでしょうか。

---

[98] 東京都監察医務院「平成27年版統計表及び統計図表」50頁
　　http://www.fukushihoken.metro.tokyo.jp/kansatsu/

扶養義務者のいない単身被保護者の場合，近隣等から通報があり，ケースワーカーが家庭訪問をしても玄関や窓に鍵がかかり安否確認ができないときがあります。管理人等もいないアパートの場合，合鍵がなく室内で倒れているのか，単に外出をしているのかの判断がつかず戸惑うことも少なくありません。

　一命を取り留めるためには，ドアや窓ガラス等を壊すことも必要かもしれませんが，その後の修理の問題が生じることを考えると躊躇してしまう場合もあります。

　この場合，東京都は次のように「安否確認のため玄関や窓を破壊した場合の住宅維持費」という設問を設け，玄関や窓を破壊したときに住宅維持費の支給ができる場合を認めています。

　「近隣等からの通報により被保護者の生死の安否確認を行う必要があり，家主や不動産管理会社の同意なく，警察官立会いの上，玄関や窓を破壊した場合，住宅維持費の支給は可能か」という問に対し，その回答は「被保護者の不慮の事故，病気等により緊急に安否確認を行う必要があったと認められる場合は，家主（貸主）に補修義務を課すことができないと考えられるため，住宅維持費を支給して差し支えない。なお，単身者で安否確認の結果死亡していた場合は，死者に対して行政処分を行うことができないので，住宅維持費の支給はできない。」[99]

　住宅維持費による修理を認めることは評価できますが，死亡していた場合の破損した窓の補修等の問題が残り本質的な解決にはなりません。

　このような場合の精神的な負担をケースワーカーに負わせることで生活保護行政が行われているのです。

第5　遺留金品

　単身被保護者が死亡したときに，親族等（扶養義務者である必要はない。）

---

99)「東京都生活保護運用事例集（平成27年度修正版〈反映版〉）」（問6－62－2）172頁

が葬祭等を行ってくれるのであれば，遺留金品の処理を含めて任せることができます。また，全く遺留金品がない場合や，あっても葬祭に全額充当した場合は遺留金品の問題は生じませんが，葬祭後に遺留金品が残っている場合や，預貯金通帳に残額があったときの扱いも問題になります。

　生活保護行政で問題となるのは，葬祭扶助適用の可否よりも，この遺留金品の扱いではないでしょうか。

　葬祭は葬祭執行を行う親族等がいなければ（いたとしても一切関わりたくないと主張する場合もあります。），例えば民生委員に依頼して「個人的に」葬祭を執り行い，葬祭業者に任せることもできます。

　葬祭には一切関わらなかったのに，遺留金があると受取りに来る扶養義務者，相続人の話を聞きますが，感情論は別にして葬祭扶助充当後の遺留金品を渡すことにより，この問題は解決します。しかし，まったく縁者がいない場合のほか，扶養義務者や相続人がいても遺留金品等の受取りを拒む例も少なくありません。筆者の経験ではそのような人の方が多いように思われます。

　その原因として，何十年も音信不通で福祉事務所から連絡を受けるまでは何をしているのかも知らなかった，借金や暴力で大変な目に遭った，そのような人がいることの話は聞いたことがあるが会ったことはない，そもそも存在を知らないなどの事情のようです。

　このような場合，遺留金品を受け取ることで何かトラブルに巻き込まれないか，借金の尻拭いをさせられるのではないか，という警戒心もあるのかもしれません。遺骨についても同様で結局は自治体が保管する場合や「永代供養」するという葬祭業者に預ける（任せる）ことになります。

　被保護者の死亡を知った法定相続人が相続放棄の法的手続（相続放棄申述書を家庭裁判所に提出）まで行うことは少ないと思いますが，強く関わりを拒まれケースワーカーは遺留金の扱いに困ることになります。また。相続人自体がいない場合もあります。

第6　相続財産管理人の選任による遺留金品の処理

　遺留金品の処理については，生活保護法，生活保護法施行規則に規定があります。ここでは，遺留金は葬祭扶助に充当し，物品は競争入札等で売却し換金する。その結果，残余が出たときには，相続財産管理人の選任を家庭裁判所に請求し，選任された相続財産管理人にこれを引き渡すということです。

生活保護法
（遺留金品の処分）
76条　第18条第２項の規定により葬祭扶助を行う場合においては，保護の実施機関は，その死者の遺留の金銭及び有価証券を保護費に充て，なお足りないときは，遺留の物品を売却してその代金をこれに充てることができる。
２　都道府県又は市町村は，前項の費用について，その遺留の物品の上に他の債権者の先取特権に対して優先権を有する。

生活保護法施行規則
（遺留金品の処分）
22条　保護の実施機関が法第76条第１項の規定により，遺留の物品を売却する場合においては，これを競争入札に附さなければならない。但し，有価証券及び見積価格千円未満の物品については，この限りでない。競争入札に附しても落札者がなかつたときも，同様とする。
２　保護の実施機関が法第76条の規定による措置をとつた場合において，遺留の金品を保護費に充当して，なお残余を生じたときは，保護の実施機関は，これを保管し，すみやかに，相続財産管理人の選任を家庭裁判所に請求し，選任された相続財産管理人にこれを引き渡さなければならない。
３　前項の場合において保管すべき物品が滅失若しくはき損のおそれがあるとき，又はその保管に不相当の費用若しくは手数を要するときは，これを売却し，又は棄却することができる。その売却して得た金銭の取扱については，前項と同様とする。

法76条1項の売却は,「充てることができる」との規定ですから,売却するかどうかは実施機関の任意規定とされています[100]。法のできた1950年代ならばともかく,現在実際に売却をするとしたら,福祉事務所の事務処理負担は大きなものになると思われます。被保護者の所有物で資産性のある物品は少ないと思われますから,日用品,電化製品,家具などで全部合算しても大した金額にはならないように思われます。処分費用の方がかさむこともあり,物品の売却などは現実的ではないのです。

預貯金については,ケースワーカーが通帳を解約することや,通帳から現金を引き出すこともできませんから,葬祭に充当はできないことになります。

郵便貯金の扱いについては『生活保護手帳』課長問答第13の2で示されていますが[101],1954(昭和29)年の郵政省の通知によるもので,相続人の扶養義務者がいないことの証明書などが必要であり,ケースワーカーの負担は大きなものと考えられます。

ある程度の遺留金品がある場合には,相続財産管理人選任手続を家庭裁判所に行い,選任された管理人に通帳等の遺留金品を渡すことで整理はつきます。葬祭扶助費についても債権として主張すれば返還金として処理することも可能かと思われます。

この方法は多少手間ですが,事務処理としては明確です。相続財産管理人の選任を家庭裁判所に請求するには東京都が次のように整理しており,分かりやすいかと思われます。

(問6－90)遺留金品の処理方法(平成27年度修正版)
単身の被保護者が死亡した場合で,葬祭を行った後においても多額の遺留金品があるときの処理方法について示されたい。

---

100)小山『生活保護法の解釈と運用(改訂増補)』814〜815頁
101)『生活保護手帳2016年度版』(問第13の2)324〜325頁

生活保護法施行規則第22条２項の規定により，福祉事務所長は家庭裁判所長に相続財産管理人選任の申し立てをする。
　申立て費用
１　申立人
　　相続人がいない被保護者が死亡した場合，保護を行なっていた実施機関は利害関係人として相続財産管理人選任の請求をすることができる。この場合，福祉事務所長名により，申立てを行なうことになる。
２　申立先
　　被相続人の最後の住所地を管轄する家庭裁判所
３　申立てに必要な費用（東京家庭裁判所の場合）（平成26年度現在）
　　申立書に添付する収入印紙代800円
　　連絡用切手82円×９枚，10円×８枚
　　官報公告料（3,775円）
　　以上は，相続財産の中から支払えない費用となるため，申立人（実施機関）が事務的経費として支払うこととなる。
４　申立てに必要な書類
　①申立書１通（様式）
　　所長名（公印押印のこと）で作成し，申立てに至る経緯を簡潔に記載する。利害関係については，根拠法令を明示しておく。
　②被相続人及び被相続人の両親の出生から死亡までの継続した戸籍謄本・除籍謄本・改製原戸籍謄本　１通
　③被相続人の住民票の除票または戸籍の附票　１通
　④（相続人全員が相続放棄した場合）相続人全員（被相続人より先に死亡した者の分も含む）の戸籍謄本　各１通
　⑤（相続人全員が相続放棄した場合）相続人全員の相続放棄申述受理証明書
　⑥利害関係を証する資料
　　（申立書の「申立ての事情」の欄に経緯と根拠法令の記載があればよい。）
　⑦被相続人の身分関係図（被相続人を中心に親族関係と死亡又は相続放棄の日付を記入）
　⑧財産目録　１通（ひな形様式あるが，任意の様式でも可）
　⑨相続財産の存在を証する書面
　　ア　不動産…不動産登記簿謄本（未登記物件の場合，固定資産評価証明書）

> 　　イ　預金　…残高証明書または通帳のコピー
> 　　ウ　株券　…配当通知書のコピーまたは株券のコピー
> 　　エ　保険　…契約書または保険証券のコピー
> 5　管理人選任に要する期間
> 　　申立ての書類が整っていれば選任の審判は書類審査で行なうため，審問等は特になし。申立書受理から約1か月程度で決定される。（管理人の人選は家庭裁判所が行う。）
> 6　管理人選任後の手続
> 　　管理人が選任されたら，保護を行っていた実施機関（申立てを行なった福祉事務所）は保管する遺留金品を管理人に引継ぎする。
> 　　その後，相続財産管理人選任の公告，相続債権者・受遺者に対する請求申出の公告，相続人捜索の公告の計3回の公告を経て，相続人不存在の確定がされた場合は，国庫に引継ぎとなる。各々の公告期間その他をあわせると，最終的に国庫引継ぎに至るまでは，管理人選任請求から約1年6か月程度かかることになる。
> ※　相続財産が不動産等の固定資産のみである場合，原則として100万円を裁判所により求められる。これを予納金といい，相続財産の管理費用や相続財産管理人の報酬など，手続きにかかる経費の担保となるものである。相続財産に預貯金等の流動資産が含まれ，相殺されるおそれが無く，相続財産から経費を賄えることが確実な場合は，予納金を求められることはない。経費は事案によって異なるが，通常は計30万円〜40万円位が処理のために必要とされる。
>
> 「東京都生活保護運用事例集（平成27年度修正版〈反映版〉）」205〜206頁

　相続財産管理人の選任にあっては，相続財産管理人の報酬などの経費が必要になるため，福祉事務所が相続財産管理人の選任を家庭裁判所に請求する際には，経費以上の遺留金品の存在が必要となります。

　しかし，経費は家庭裁判所の判断によるものとされ，基準等は示されていないため，自治体によって家庭裁判所へ請求する場合の判断の目安として

遺留金品の額を決めている場合があります。東京都の「生活保護運用事例集」では経費が30〜40万円くらいとしており，大阪市は30万円以上，北九州市は20万円を目安としているとの報道がされています[102]。

すると，これ以下の金額の遺留金では相続財産管理人の選任を行うことが難しくなります。

第7　相続財産管理人の選任ができない場合の遺留金の扱い

遺留金が少額の場合等で，相続財産管理人の選任を家庭裁判所に請求できない場合は，どのようになっているのでしょうか。家庭裁判所に相続財産管理人の請求をしない場合は，結局は福祉事務所が保管するしかなくなります。会計検査院の2014（平成26）年の随時報告では，福祉事務所による2011（平成23）年度末の遺留金の保管残高は合計7億4899万円にも上ると，次のように述べています[103]。

「死亡時に遺留金があることが確認された被保護者11,840人について遺留金に係る処理状況をみたところ，図表3−8（編注：次頁参照）のとおり，医療機関の長や民生委員等の葬祭執行者によって葬祭が行われた者は5,926人であり，その遺留金は計6億6810万円であった。そして，このうち5,630人に係る遺留金計3億5967万円が葬祭扶助費に充当されていたが，590人（残りの296人及び5,630人の一部）に係る遺留金計1億1862万円については，金融機関の口座に預けられているため引き出すことができないなどとして，処理が行われていなかった。」

「上記の5,630人のうち，遺留金を葬祭扶助費に充当してもなお残余を生じていた者が545人おり，その遺留金計1億8980万円に係る処理状況をみたところ，

---

102) 読売新聞2014（平成26）年8月13日
103) 会計検査院『国会及び内閣に対する随時報告（平成26年）』「生活保護の実施状況について」

「図表 3 - 9 (編注：次頁参照) のとおり，285人の遺留金1億1847万円については相続人に引き渡され，141人の遺留金3495万円は福祉事務所等で保管されるなどしていた。」

「図表 3 - 9 (編注：次頁参照) のとおり，28事業主体は，管理費用が葬祭執行後の遺留金残額を上回るおそれがあるなどとして，家庭裁判所に相続財産管理人の選任を申し立てることなく，被保護者141人に係る遺留金計3495万円を福祉事務所内の金庫等に保管したり，歳入歳出外現金等として管理したりしていた。

なお，これらの事業主体は21年度以前から遺留金の保管を続けており，これらの事業主体における23年度末の遺留金の保管残高は上記の遺留金も含めて合計7億4899万円（行旅死亡人に係る分も含む。）に上っている。」

「国会及び内閣に対する報告（随時報告）—会計検査院法第30条の2の規定に基づく報告書—平成26年3月生活保護の実施状況について」
「3の（2）エ（イ）　死亡した単身世帯の被保護者の遺留金等の状況」より
http://report.jbaudit.go.jp/org/h25/ZUIJI1/2013-h25-Z1000-0.htm

図表3－8　葬祭執行者によって葬祭が行われた被保護者の遺留金の状況

区　　分	被保護者数	遺留金の額
死亡時に遺留金があることが確認された者	11,840人	13億5466万円
葬祭執行者によって葬祭が行われた者	5,926人	6億6810万円 (A)
遺留金が葬祭扶助費に充当された者	5,630人	3億5967万円 (B)
葬祭執行後，遺留金に残余が出た者	1,135人	3億0843万円 (C) (＝(A)－(B))
遺留金が葬祭扶助費に充当されていない者	590人	1億1862万円 (D)
遺留金が葬祭扶助費に全く充当されていない者	296人	6407万円
遺留金が葬祭扶助費に部分的に充当されていない者	294人	5455万円
遺留金を葬祭扶助費に充当した後，遺留金に残余が出た者	545人	1億8980万円 (E) (＝(C)－(D))

図表 3-9　残余の遺留金の処理状況

処理方法	事業主体数	人　数	金　額
相続人に引渡し	73	285	1億1847万円
福祉事務所等で保管	28	141	3495万円
永代供養料等に充当	32	89	1637万円
保護費に戻入	27	48	1046万円
相続財産管理人に引渡し	9	10	953万円
計	96	545	1億8980万円

注（1）　処理方法が複数ある事業主体があるため、事業主体数の計は、計欄の事業主体数とは一致しない。
注（2）　1人の被保護者の遺留金について複数の処理を行っているものがあるため、それぞれの処理方法の人数の計は、計欄の人数とは一致しない。

　また、読売新聞（2014（平成26）年8月13日）は「約8億7400万円が法的手続のないままに自治体に保管され、塩漬けになっている」と報じています。この報道では、大阪市が6億9400万円、北九州市が4200万円、川崎市が3800万円とされ、いずれも処理ができない「塩漬け状態」となっているとのことです。

　ここで問題とされている遺留金品とは、葬祭充当後の金額が少額で相続人がいない場合や、相続人が受取りを拒否しているもので、家庭裁判所に相続財産管理人の選任を申し立てることができないものです。したがって、遺留金の1件当たりの金額は少額ですが、件数が多くなり、蓄積されたように思われます。

　読売新聞の報道では、遺留金品の保管がない自治体もあると報じていますが、家財処分や永代供養、地元の社会福祉協議会への寄付などで処理をしているようです。福祉事務所が被保護者の遺留金を処分する権限はないと思われますが、家庭裁判所へ相続財産管理人選任の請求ができず、解決のめどがないまま保管も続けられないことからの窮余の策と考えられます。

　このような処理を正面から認めたのが東京都です。東京都は遺留金の「残額が少額で、相続財産管理人選任の手続に要する費用に満たない場合は、当分の間、その残金を家財処分に要する費用、通夜の費用、死者の供養を行う

ための費用等，保護の実施機関が妥当と判断する費用として，葬祭実行者（葬祭を業とする者を除く。）に処分させて差し支えない。この場合，当該残金の清算については，報告書を徴する等事務処理の適正に十分配慮する。」としました[104]。

　これによって，都内福祉事務所，ケースワーカーの負担は減ることとなったとは思います。しかし，親族等で葬祭を行う人がいないため遺留金が生じるわけですから，このような事案の葬祭執行人は，民生委員等の死亡者とは関係のない第三者と考えられます。すると，葬祭執行人に対して遺留金が残らないように葬祭執行してもらうということは，事実上，葬祭業者等の手にわたることになると思われますが，葬祭という性格からその費用の使途内容の検証は難しいと思います。

　死者は単身者ですから，アパート生活をしていた場合の家財等の処分も必要な場合が生じます。特に孤独死等で，室内が酷い異臭や腐敗したものが多い状態の場合，大家さんからのクレームが福祉事務所に来ることもあります。この問題は遺留金の処理の問題だけではなく，大きな問題ですが生活保護行政では解決手段をもちません。しかし，遺留金を使うことにより解決するとしても，これらの処分を福祉事務所が遺留金で行う法的根拠はないのです。

　この点，上述の会計検査院の報告も「事業主体によっては，独自に作成した業務マニュアル等において，残余の遺留金の額が少額である場合は，相続財産管理人の選任の申立ての手続を行わずに，福祉事務所が適当と判断する葬祭扶助の対象となる費用以外の費用に充当して差し支えないことにしていたが，このような取扱いは現行制度上認められていない。」と指摘をしています。

　この問題については，現状では解決策が見当たらないように思われます。会計検査院の所見でも「死亡した単身世帯の被保護者の遺留金について，事業主体に対して，その保有の原因を可能な範囲で確認させることとし，取扱

---

104)「東京都生活保護運用事例集（平成27年度修正版〈反映版〉）」（問6－89)204頁

指針に基づく加算等の計上の停止に係る判断に資するとともに，必要に応じて返還の処理を行わせるようにすること。また，残余の遺留金の取扱いについて，事業主体がその適切な処理を図ることができることとなるよう関係省庁と連携するなどして検討すること。さらに，葬祭執行者により葬祭を行う場合については，口座に預けられている遺留金の活用を図ることができることとなるよう，また，葬祭扶助が申請の手続を経て行われることが徹底され，葬祭執行者としてより適切な者が選任されることとなるよう関係機関と連携を図るなどして検討すること」（報告書要旨より）と述べるにとどまっているのです。

第8 地方自治体の提起

　少額遺留金の問題は福祉事務所が好んで遺留金品を保管しているのではなく，行き場がないために保管せざるを得ないことから生じており，福祉事務所は対応に苦慮しています。

　大阪市は2014（平成26）年10月に「遺留金処理に係る取り扱いに関する要望」を表しています。そこでは，大阪市は遺留金の処理方法について努力をしてきたものの「次の様な課題があり処理を進める事ができず，多額の遺留金を保管せざるを得ない状況であり，その管理や関係書類の保管にも苦慮しているところです。このままでは処理を進める目途すら立たず，遺留金及び関係書類を未来永劫保管し続けることとなります。」とまで述べています。そして，遺留金処理にかかる主な課題としては，①相続人調査，②相続財産管理人選任請求，③選任請求に係る費用の3点を挙げて改善を求めています。

　遺留金が少額の場合でも，自治体が相続財産管理人の報酬を支払う途もあるかと思えますが，遺留金が2〜3万円しかない場合に，その10倍以上の相続財産管理人の報酬を自治体が負担することや，各機関の事務処理効率を考えると得策とは思えません。

　生活保護行政では，この問題について制度としての解決策は示されてお

らず,「遺留金及び関係書類を未来永劫保管し続け」ざるを得ない状況なのです。
　このように被保護者の死亡後も生活保護行政が続くこともあるのです。

著者紹介

池谷　秀登 (IKETANI Hideto)

東京都内の福祉事務所に勤務し，生活保護ケースワーカー，査察指導員として生活保護行政に携わる。
帝京平成大学現代ライフ学部教授を経て，現在立正大学社会福祉学部教授
主な編著書に
『生活保護と就労支援』（山吹書店，2013年）
『事例から考える就労支援の基礎―生活保護行政とケースワーク』（萌文社，2016年）
『支援困難事例から考える生活保護ケースワーク』（日本加除出版，2023年）など。

生活保護ハンドブック
「生活保護手帳」を読みとくために

2017年2月8日　初版発行
2023年9月29日　第6刷発行

著者　池　谷　秀　登
発行者　和　田　　　裕

発行所　日本加除出版株式会社
本　社　〒171-8516
　　　　東京都豊島区南長崎3丁目16番6号

組版　大日本印刷㈱　　印刷・製本　京葉流通倉庫㈱

定価はカバー等に表示してあります。
落丁本・乱丁本は当社にてお取替えいたします。
お問合せの他、ご意見・感想等がございましたら、下記まで
お知らせください。

〒171-8516
東京都豊島区南長崎3丁目16番6号
日本加除出版株式会社　営業企画課
電話　03-3953-5642
FAX　03-3953-2061
e-mail　toiawase@kajo.co.jp
URL　www.kajo.co.jp

Ⓒ Hideto Iketani 2017
Printed in Japan
ISBN978-4-8178-4369-2

JCOPY 〈出版者著作権管理機構 委託出版物〉
本書を無断で複写複製（電子化を含む）することは、著作権法上の例外を除
き、禁じられています。複写される場合は、そのつど事前に出版者著作権管理
機構（JCOPY）の許諾を得てください。
また本書を代行業者等の第三者に依頼してスキャンやデジタル化すること
は、たとえ個人や家庭内での利用であっても一切認められておりません。

〈JCOPY〉　HP：https://www.jcopy.or.jp/、e-mail：info@jcopy.or.jp
　　　　　電話：03-5244-5088、FAX：03-5244-5089

商品番号：40695
略　　号：Q社障

Q&A
実務家が知っておくべき
社会保障
障害のある人のために

佐々木育子 編著

板野陽一・小久保哲郎・藤井渉・藤岡夕里子 著

2017年10月刊 A5判 484頁 定価5,060円（本体4,600円）
978-4-8178-4431-6

- 各分野の実務に習熟した執筆陣が、「法律実務家であれば押さえておきたい」制度と手続について解説した、今までにない、体系的な障害者支援のための実務書。支援をめぐって生じる様々な法的問題を全56問のQ&Aで網羅的に収録。理解を助ける図表、受給金額の算出式も多数収録。

商品番号：40549
略　　号：Q社

Q&A
実務家が知っておくべき
社会保障
働く人・離婚する人・高齢者のために

佐々木育子 編著

赤石千衣子・天野高志・大矢さよ子・
小久保哲郎・山本宏子 著

2014年5月刊 A5判 432頁 定価4,840円（本体4,400円）
978-4-8178-4157-5

- 保険や年金、生活保護、児童扶養手当などの各分野の実務に習熟した執筆陣が、「法律実務家であれば押さえておきたい」制度と手続について、78問のQ&Aで解説。
- 労働、離婚、高齢者に関する「相談を受けるであろう事例」を収録。

日本加除出版

〒171-8516　東京都豊島区南長崎3丁目16番6号
TEL（03）3953-5642　FAX（03）3953-2061（営業部）
www.kajo.co.jp